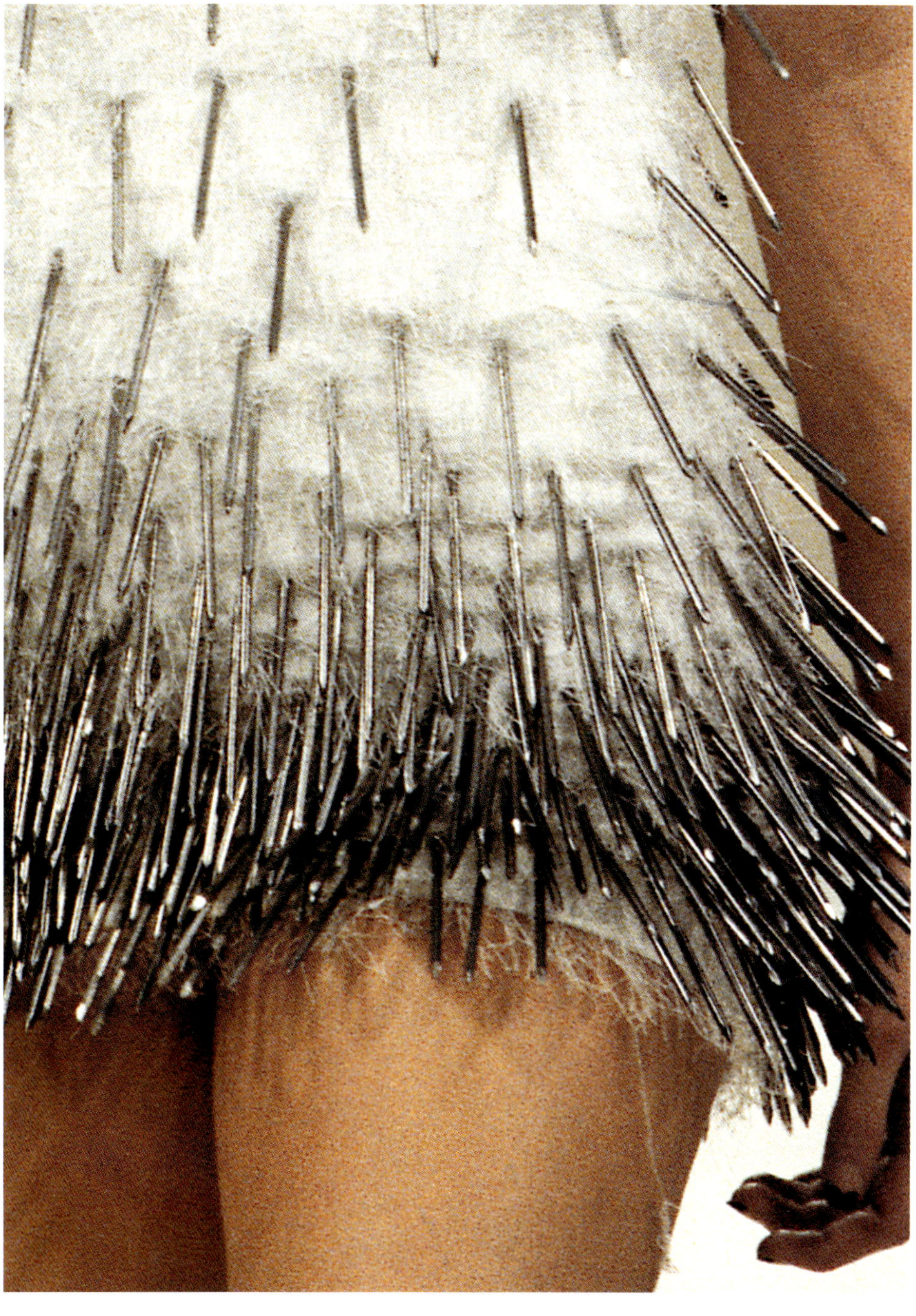

Sue Jenkyn Jones

Mode-
design

stiebner

Einleitung
Zur Zielgruppe dieses Buchs 6
Zur Benutzung dieses Buchs 7
Sind Sie geeignet? 8
Erste Schritte 10
Lehrplan 12

I Kontext
Funktionen der Kleidung 17
Sprache der Mode 22
Geografie der Mode 24
Zwei Arten von Mode 25
Zeit und Zeitplanung 28
Modekalender 30
Modezyklus 31
Mode und Kultur 34
Medien 35
Chronik der Mode 36

II Von der Herstellung zum Markt
Historischer Hintergrund 40
Herstellung heute 40
Produzententypen 44
Marktsegmentierung 47
Einzelhandelstypen 50
Preisschwellen 54
Firmenidentität und Branding 54
Preiszyklus 56

III Körper
Inspirierende Körper 58
Zeichnung und Illustration 64
Einsatz von Computern 73
Designelemente 76
Designprinzipien 80

IV Farben und Stoffe
Farbgrundlagen 88
Stoffe 96
Kollektionsaufbau 106
Stofflieferanten 108
Stoffmessen 110

V Im Atelier
Atelier 112
Maßnehmen und Muster erstellen 113
Schnittentwicklung 115
Entwicklung des Schnittmusters 118
Nessel (Toile) 119
Herstellung eines Nesselmodells 120
Markierungen und Kerben 122
Drapieren an der Schneiderpuppe 123
Zuschnitt des Musterstücks 125
Nähen 126
Passform 127
Fertigstellung 131

VI Projekt
Was ist ein Projekt? 138
Projektarten 138
Anforderungen des Projekts 139
Absichten und Zielvorstellungen 139
Inspiration 146
Kreativität und persönlicher Stil 147
Präsentation 150
Projektkritik 157
Bewertung 158

VII Abschlusskollektion – und danach
Abschluss-/Diplomkollektion 161
Modenschau 161
Studentische Ausstellungen 169
Mappe 172
Erste Arbeitsstelle 174
Karrieren in der Mode 177
Lebenslauf 180
Vorstellungsgespräch: Dos und Don'ts 181

• • •

Glossar 184
Literatur/Adressen 186
Register 188
Bildnachweis/Danksagung 192

© 2002 der Originalausgabe
Laurence King Publishing Ltd.
71 Great Russell Street
London WC1B 3BP

Titel der Originalausgabe:
Fashion design

Copyright © Sue Jenkyn Jones 2002

Grafische Gestaltung: Christopher Wilson

Die Deutsche Bibliothek – CIP-Einheitsaufnahme. Ein Titeldatensatz für diese Publikation ist bei Der Deutschen Bibliothek erhältlich

© 2002 der deutschen Ausgabe:
Stiebner Verlag GmbH
Nymphenburger Straße 86
D – 80636 München

www.stiebner.com

Fachlektorat:
Prof. Dr. Ingrid Loschek
Übersetzung aus dem Englischen:
Ursula Haberl
Satz und Redaktion der deutschen
Ausgabe: bookwise gmbh, München

Alle Rechte vorbehalten. Dieses Buch darf nur nach vorheriger schriftlicher Zustimmung des Copyright-Inhabers vollständig bzw. teilweise vervielfältigt, in einem Datenerfassungssystem gespeichert oder mit elektronischen bzw. mechanischen Hilfsmitteln, Fotokopierern oder Aufzeichnungsgeräten bzw. anderweitig weiterverbreitet werden.

ISBN 3-830-0825-4

Printed in Hongkong

Frontispiz: Detail der Abbildung S. 79
Cover: Kleid entworfen von Elin Hagberg und James Norris
Fotografie: Honey Salvadori

Sue Jenkyn Jones ist Dozentin für Modedesign am Central Saint Martins College of Art & Design in London. Sie graduierte 1975 an der Middlesex University und 1977 am Royal College of Art. Jenkyn Jones arbeitete für große Modeketten und war Inhaberin und Designerin einer erfolgreichen Marke für Damenbekleidung, die in ihren eigenen Londoner Geschäften sowie in großen Bekleidungsgeschäften überall auf der Welt verkauft wurde. In den vergangenen Jahren war sie im Beratungsbereich sowie in der Entwicklung und Vorführung computerunterstützter Designprogramme für die Textil- und Modebranche tätig.

Einleitung

Damenmode

Zur Zielgruppe dieses Buchs

Die Medien erhalten den Mythos des glamourösen und sorgenfreien Lebens der Modeleute aufrecht: man sieht sie in wunderschönen Häusern, auf Partys und Hochzeiten mit den Reichen und Berühmten dieser Welt. Jedoch führen nur wenige Modeprofis – mit viel Talent und Glück – ein solches Leben, und die meisten haben ungeheuer hart für den scheinbaren »Erfolg über Nacht« gearbeitet. Die Mehrzahl der Modedesigner wird nie berühmt oder reich, geht hinter den Kulissen zu mehr oder weniger normalen Gehältern einer Arbeit nach, die sie ausfüllt. Es ist nicht leicht, Modeprofi zu werden; die Anforderungen sind hoch – in kreativer, persönlicher, intellektueller, technischer und sogar physischer Hinsicht. Dennoch kann es höchst befriedigend sein, seiner Lieblingsbeschäftigung nachzugehen und dafür auch noch bezahlt zu werden.

> »Designer müssen viele Rollen spielen – Künstler, Wissenschaftler, Psychologe, Politiker, Mathematiker, Ökonom, Verkäufer – und gleichzeitig die Ausdauer eines Langstreckenläufers besitzen.« Designerin Helen Storey

Modedesign ist eine der überlaufensten Fachrichtungen in der höheren Bildung. Aufgrund der Popularität des Berufsziels haben nur sehr wenige ohne entsprechende Ausbildung Erfolg. Die geringe Zahl von Praktikumsplätzen in der Schneiderei oder der **Haute Couture** erschwert es, in der Branche Fuß zu fassen, ohne zumindest über einen ersten akademischen Grad zu verfügen. Das Studium orientiert sich an den Anforderungen des Markts. Es liefert zwar keine Erfolgsfolgsgarantie, bietet aber eine sorgfältige Ausbildung. Zudem können sich die Verbindungen der Ausbildungsstätten zu Industrie und etablierten Designern als sehr nützlich für die weitere Laufbahn erweisen.

Dieses Buch richtet sich in erster Linie an Studieninteressierte, möchte aber auch Modefans ansprechen. Es wirft einen ausgewogenen Insiderblick auf die Ausbildung in der Modebranche und beschreibt Talente, Fähigkeiten, Spezialgebiete und Techniken, die für eine entsprechende Tätigkeit qualifizieren. Die Mehrzahl der Modebücher ist kulturgeschichtlich, biografisch oder technisch ausgerichtet. Wenige beschreiben Ausbildung, Industrie oder den Prozess, wie aus einem kreativen Impuls ein Produkt entsteht. Dieses Buch zeigt, wie der Designer lernen kann, aktuelle ästhetische Vorstellungen zu erkennen, sie zu verändern, zusammenzufassen und das Ergebnis in eine absatzfähige Form zu bringen. Da die Modebranche in den Bereich der Dienstleistungen fällt, in dem Kreativität vor dem Hintergrund verschiedener Zielgruppen und Marktsektoren, globaler Vermarktung und wachsender technologischer Komplexität gesehen werden muss, erforscht dieses Buch auch die Unterschiede zwischen Märkten und Herstellungsarten, traditioneller Methodik und neuen Verfahrensweisen. Es versteht sich als Leitfaden für diese Bereiche und die verfügbaren Arbeitsmöglichkeiten.

Modedesign spricht im Überblick zahlreiche Aspekte der genannten Themen an. Die technischeren und anspruchsvolleren Facetten der Mustererstellung sowie der Damen- und Herrenschneiderei werden nicht berücksichtigt. Viele dieser Techniken erfordern manuelle Praxis und können nicht vollständig aus einem Buch erlernt werden. Dem Leser werden keine Aufgaben gestellt; vielmehr erhält er Anregungen für eigenes Nachdenken, weitere Lektüre und Recherche. Das Buch gibt weder Ratschläge dazu, wie man sich gut kleidet, noch erstellt es Prognosen für die Zukunft der Mode, aber es bietet jedem, der eine berufliche Laufbahn in der Modebranche anstrebt, einen Einblick, wie das Ziel erreicht werden kann.

Die Lehr- und Lernbeispiele für Stilrichtungen, Projektberichte und Studienplanung sind nicht präskriptiv zu verstehen. Die Erfahrung zeigt, dass jede Gruppe von Studierenden anders ist – in ihrer Persönlichkeit und in ihrer Reaktion auf die Welt, die sich ihr auftut. Dasselbe Projekt kann zu unterschiedlichsten Resultaten führen, je nachdem, von wem und wann es ausgeführt wird. Eine der Freuden des Studentendaseins ist, Überraschungen, Triumphe und Fehler anderer zu teilen und aus ihnen zu lernen.

Zur Benutzung dieses Buchs

Modedesign versucht, einen umfassenden Eindruck von Modedesign als internationalem Markt und globalem Geschäft zu vermitteln. Ziel ist es, Information, Inspiration und Anleitung zu liefern, oft mittels Aussagen von Personen, die auf ihrem beruflichen Weg alle Aspekte der Modebranche kennen gelernt haben. Trotz der hier dargestellten Fakten gibt es jedoch keinen einzig richtigen oder falschen Weg, um in die Branche einzusteigen oder eine effektive Modelösung zu finden. Rebellen der Modewelt wissen: Regeln sind da, um gebrochen zu werden!

Der Lehrplan für Modedesign zielt darauf ab, mit den immer komplexeren praktischen und intellektuellen Anforderungen dieses Berufs vertraut zu machen. Aufgaben und Arbeitsabfolgen werden praxisnah simuliert. Dieses Buch stellt die Informations- und Konzeptvielfalt der Ausbildung in sieben Kapiteln dar, die in beliebiger Reihenfolge gelesen und zum Nachschlagen verwendet werden können.

Kapitel I, »Kontext«, veranschaulicht den historischen und aktuellen Rahmen, in den Modedesigner ihre Waren setzen. Es beleuchtet Grundanforderungen an Kleidung sowie die Art und Weise, in der modische Trends diese fördern oder ihnen widersprechen. Gezeigt wird, wie die Inspiration von Designern durch kommerzielle Kriterien und die Fähigkeit, sich auf aktuelle Bedürfnisse, Trends und grundlegende gesellschaftliche Themen einzustellen, geleitet wird. Zudem führt das Kapitel in die Welt der Mode ein und stellt wichtige Design- und Herstellungszentren vor. Um die Struktur der Industrie – Fakten und Zahlen, Marktsektoren, **Preisschwellen** und den sich ständig wiederholenden **Modezyklus** – geht es in Kapitel II, »Von der Herstellung bis zum Markt«.

Kapitel III, »Körper«, erforscht den Hauptimpuls der Kreativität in der Mode: Modedesign ist von Form, Bewegung und Verhalten des menschlichen Körpers durchdrungen und beeinflusst. Körperformen und zeitgenössische Ästhetik sowie die Anwendung von Proportions- und Designprinzipien in Bezug auf die Form werden diskutiert. Zeichnen und die bildhafte Darstellung von Körper und Kleidung sind zentrale Fähigkeiten für Modedesigner. Verschiedene Stilrichtungen und Ansätze der bildlichen Darstellung sowie industrielle Anforderungen werden in Beispielen dargestellt. Zudem wird der Einsatz von Computern – für die bildliche Darstellung sowie die Präsentation von Bildmaterial, für die kreative Forschung und die Verkaufsförderung – betrachtet.

Kapitel IV, »Farben und Stoffe«, untersucht die stimulierendsten und faszinierendsten Werkzeuge des Modedesigners. Kapitel V, »Im Atelier«, führt in das Entwurfsatelier und macht mit den praktischen Verfahrensweisen des Designs vertraut, vom **Musterschnitt** bis hin zum fertig gestellten Kleidungsstück. Schon seit Jahrhunderten wird auf diese Weise Kleidung hergestellt, aber die Mode und ihre Techniken unterliegen einem kontinuierlichen Erneuerungsprozess.

Kapitel VI macht mit dem Hauptelement akademischer Abschlusskurse vertraut: dem »Projekt«. Es wird untersucht, wie man den Projektauftrag interpretiert und ent-

Herrenmode

sprechend darauf reagiert. Der richtige Rechercheansatz wird ebenso erläutert wie die Zusammenfassung der Ergebnisse zur originellen Modeidee. Das manchmal entmutigende Verfahren der **Projektkritik** kann zu einer spannenden und produktiven Erfahrung werden, die den kritischen Blick schärft, Präsentationsfähigkeiten ausbaut und auf die Arbeit an der Abschlusskollektion und -modenschau vorbereitet.

Das letzte Kapitel, »Abschlusskollektion – und danach«, behandelt die Jobsuche nach Abschluss des Modestudiums. Wo kann der frisch gebackene Designer seine Talente am besten einsetzen? Wie ergattert man einen der seltenen Jobs? Da es nicht leicht ist, eine Anstellung zu finden, möchte dieses Kapitel bei der Vorbereitung auf die raue Modewelt helfen, indem es die Bedeutung der **Mappe** und des Curriculum Vitae (CV) erklärt und das Verfahren bei Vorstellungsgesprächen darstellt.

Am Ende des Buchs folgen Tipps für weiterführende Literatur, Adressen von Verbänden, Forschungs- und Ausbildungsstätten sowie ein Glossar. Wie jede andere Branche hat auch die Modeindustrie einen Fachjargon; wer diesen beherrscht, kommt der Entschlüsselung einiger ihrer Mysterien einen großen Schritt näher. Begriffe, die in diesem Buch in Fettdruck hervorgehoben sind, werden im Glossar erläutert.

Sind Sie geeignet?

Wer sich auf den möglicherweise langen, beschwerlichen Weg einer beruflichen Laufbahn in der Modebranche begibt, sollte prüfen, ob er über die richtigen Eigenschaften verfügt und eigene Stärken und Schwächen realistisch einschätzen kann. Die nachfolgende alphabetische Checkliste führt Eigenschaften und Fähigkeiten auf, die für dieses Arbeitsfeld Voraussetzung sind. Bewerten Sie sich selbst auf einer Skala von eins bis fünf, um so Ihre Begabung einschätzen zu können. Diskutieren Sie das Ergebnis mit Freunden oder Lehrern, um Ihre Talente und Schwächen klarer zu erkennen.

Checkliste der persönlichen Eigenschaften und Fähigkeiten

Bescheidenheit Sich helfen lassen können; den eigenen Platz in der Hierarchie kennen
Bestimmtheit Den eigenen Standpunkt klar darlegen; Überzeugungen treu bleiben
Effizienz Informationen und Material zeitlich planen und organisieren; Fristen einhalten
Ehrgeiz Der starke Wille, etwas zu erreichen – praktisch, konzeptionell und finanziell.
Einfallsreichtum Raffinesse, spielerisches Denken, Problemlösungen finden; Dinge ermöglichen, Ideen artikulieren
Einsatz Hart arbeiten, lernfähig sein, bereit sein, das »bisschen mehr« zu tun
Energie Physische Ausdauer, Gesundheit und die Fähigkeit, etwas zu Ende zu führen
Entschlossenheit Entscheidungen treffen, Verantwortung für ein Vorgehen tragen
Fantasie Kreativität und Inspiration
Farbgefühl Entscheidend für den Entwurf von **Kollektionen,** Dessins, Kinderbekleidung und Strickwaren
Flair Harte Arbeit leicht aussehen lassen; gepflegtes Äußeres, gutes Stilgefühl
Flexibilität Anpassungs- und Kritikfähigkeit; Offenheit für Veränderungen
Geduld Dinge zu Ende bringen; Geduld bei monotoner Arbeit; eine »Engelsgeduld« mit anderen aufbringen
Gewissenhaftigkeit Sorgfalt, Fleiß, auch schwierige Situationen meistern
Initiative Neue Ideen einführen, Projekte ins Leben rufen
Kommunikationstalent Delegieren, erklären, zuhören, verhandeln; vor Gruppen sprechen

Talent und Kreativität

Kooperationsfähigkeit Gut mit anderen auskommen; gut kommunizieren
Kreativität Das angeborene Talent kombiniert mit der Fähigkeit, die Entwicklung und Analyse von Ideen zu erlernen
Künstlerisch – 2-D-Fähigkeiten Zweidimensional visualisieren, zeichnen und malen
Künstlerisch – 3-D-Fähigkeiten Ideen anhand von Material dreidimensional umsetzen
Leidenschaft Begeisterung für Mode; Engagement; die Fähigkeit, andere zu inspirieren
Neugier Interesse an der Gesellschaft, an Menschen, Design, Funktion und Form usw.; gut informiert sein
Praktische Fähigkeiten Diese können zwar erlernt werden, sollten jedoch der Aufgabe angemessen vorhanden sein und ein breites Spektrum abdecken.
Risikofreudigkeit Wagemut; herausforderndes Wesen, Weitblick, unternehmerische Fähigkeiten
Schriftlicher Ausdruck Guter schriftlicher Ausdruck; Berichte verfassen können
Selbstvertrauen Vertrauen in die eigenen Ideen und Fähigkeiten und die der anderen haben; gutes Gleichgewicht zwischen Ichbezogenheit und Bescheidenheit wahren
Temperament Ruhig; mit Situationen heiter und gelassen klarkommen
Unabhängigkeit Dieser Faktor bezieht sich auf die Gedanken, nicht das Verhalten und meint auch die Fähigkeit, ohne Anleitung bzw. freiberuflich zu arbeiten.
Wahrnehmung Schnelle Auffassungsgabe; intellektuelle und grafische Fähigkeiten; Probleme schnell erkennen

In erster Linie zählt aber das Talent. Für Modedesign ist dies nicht unbedingt gleichbedeutend mit der Fähigkeit, gut zeichnen oder nähen zu können, obwohl beides dazugehört. Modedesign geht jedoch weit darüber hinaus. In der Ausbildung wird von Ihnen erwartet, Ideen und Fertigkeiten aufzuspüren, aufzunehmen und zusammenzufügen. Kreativität in der Mode bedeutet, für die uralte Problemstellung der Bekleidung des Körpers neue Varianten und Lösungen zu entwickeln und das Bewusstsein für diese Thematik in einem zeitgenössischen Kontext aufzufrischen und zu schärfen.

> »Der Trick ist, den Leuten etwas zu geben, von dem sie nie wussten, dass sie es wollten.« Diana Vreeland, Chefredakteurin bei der amerikanischen *Vogue* von 1963 bis 1971

Nach der Ausbildung gilt es, weitere Eigenschaften und Fähigkeiten zu entwickeln. Im Folgenden werden zusätzliche Merkmale aufgeführt, die Ihnen der Arbeitsplatz abverlangen könnte:

Anpassung an eine bestimmte Umgebung oder Kultur
Autorität gegenüber anderen
Bereitschaft zu Überstunden und Wochenendarbeit
Bescheidene Erwartungshaltung
Beziehungen
Diplomatie
Diskretion
Fähigkeit, mit sehr wenig Geld auszukommen
Finanzieller Scharfsinn
Führerschein

Genauigkeit bei Entwürfen und Berichten
Geselligkeit nach Feierabend
Gutes Gedächtnis für Namen und Details
Kenntnisse in Computerdesign (**CAD/CAM**)
Loyalität
Prestige
Pünktlichkeit
Rechnerische Fähigkeiten
Reisefreudigkeit
Schnelligkeit
Sprachen
Teamwork
Zuverlässigkeit und gute Gesundheit

Erste Schritte

Sind Sie immer noch überzeugt, dass die Modebranche das Richtige für Sie ist? Dann gehen Sie es an! Vorlesungsverzeichnisse und Broschüren von Hochschulen und Akademien erleichtern die Entscheidung, wo man studieren möchte. Alle Ausbildungsstätten veranstalten am Ende des Abschlusssemesters oder der einzelnen Lehrgänge eine Ausstellung und/oder Modenschau mit Abschlussarbeiten. Über Details informiert die Ausbildungsstätte. Der hohe Standard der Abschlussarbeiten sollte nicht abschrecken. Dies ist das angestrebte Ziel; niemand erwartet, dass es im ersten Jahr erreicht wird. Abschlusspräsentationen vermitteln einen Eindruck von den zur Wahl stehenden Ansätzen sowie von der Lehrgangsqualität und -vielfalt. Sprechen Sie mit Studierenden über ihre Erfahrungen mit dem Lehrgang.

Welche Ausbildungsstätte?
Ziel aller Modeausbildungen ist es, den Studierenden eine reelle Chance bei der späteren Arbeitssuche zu geben. Jedoch weisen die verschiedenen Hochschulen und Akademien große Unterschiede in Schwerpunktsetzung, Ansatz und Ausstattung auf. Einige sind maschinell und technisch besser ausgerüstet; andere verfügen über hervorragende Dozenten. Ein Gleichgewicht dieser Faktoren ist wünschenswert, aber nicht zwingend.

Die Ausbildungsstätten bieten unterschiedliche Ausbildungsschwerpunkte und Wahlfächer an. Neben Fachvertiefungen in Theorie und Praxis werden in Praxisprogrammen oder Praktika bei Unternehmen Erfahrungen gesammelt. Es gibt auch international anerkannte Programme, bei denen an anderen Instituten oder Universitäten bzw. im Ausland Seminarscheine erworben werden. Einige Fächer sind eher technisch orientiert, andere konzentrieren sich auf praktische Fähigkeiten. Einige Studiengänge beinhalten einen Abschluss in Betriebswirtschaft oder Geisteswissenschaften. Die angesetzten Zeiträume für die Arbeit im **Atelier**, selbstständiges Arbeiten oder Anwesenheit allgemein, können enorm variieren. Dies gilt auch für die Gesamtstudiendauer.

Hochschulen und Akademien sind daran interessiert, sich potentiellen Neuzugängen zu präsentieren. Meist werden lange vor Ablauf der Anmeldefrist »Tage der offenen Tür« veranstaltet. Man sollte sich bei der Wahl der Ausbildungsform nicht nur auf Vorlesungsverzeichnisse, Internetpräsentationen oder mündliche Empfehlungen verlassen. Bei einem Besuch kann man sich von Standort, Atmosphäre und Infrastruktur ein bes-

Stoffmuster

seres Bild machen. Oft stehen sonst unzugängliche Institutsräume den Besuchern offen. Zudem macht es beim Vorstellungsgespräch einen schlechten Eindruck, wenn Bewerber zum ersten Mal vor Ort sind – dies gilt natürlich nicht für ausländische Studierende.

Welcher Studiengang?
In den Vorlesungsverzeichnissen der Ausbildungsstätten findet sich eine verwirrende Fächervielfalt. Wer nicht schon von Kindesbeinen an das brennende Verlangen spürte, z. B. Strumpfdesigner oder Hutmacher zu werden, wird sich schwer zurechtfinden. Aber keine Sorge: Man geht davon aus, dass zunächst vielleicht eine falsche Wahl getroffen wird und man sich später umentscheiden möchte. Es hilft aber, das Feld der Möglichkeiten zuvor einzugrenzen. Bevor Sie sich für einen Studiengang bewerben, sollten Sie sich über Voraussetzungen, Lehrplan, Lehrmethoden und den Verlauf bzw. die Optionen innerhalb des Studiengangs informieren. Viele Ausbildungsstätten erwarten im Rahmen der Bewerbung eine Beschreibung des gewählten Studienverlaufs. Andere bieten im ersten Studienjahr ein Diagnoseprogramm, um Begabungen besser zu erkennen.

Der am häufigsten gewählte Studiengang ist Design im Bereich Damenmode. Viele Fächer beschäftigen sich fast nur mit diesem Thema. Gegenwärtig bewerben sich siebenmal mehr Studierende für diesen Bereich als für jeden anderen. Jedoch hat die Damenmode schon lange den Ruf, der unbeständigste Sektor der Bekleidungsindustrie mit der größten Personalfluktuation zu sein. Es kann hilfreich sein, sich in einem großen Kaufhaus von Stockwerk zu Stockwerk »durchzuarbeiten«: Wandern Sie von der Damenabteilung zur Trendmode und achten Sie dabei nicht darauf, was Sie gerne kaufen würden, sondern welcher Marktsektor Sie unter den Gesichtspunkten Design, Verarbeitung und Kundensicht am ehesten interessiert. Sollte dies bei keinem der angebotenen Marktsektoren der Fall sein, dann vielleicht bei Streetwear oder Kleidung für Extremsport. All dies sind Bereiche des Modestudiums.

Im Allgemeinen handelt es sich bei den angebotenen Studienrichtungen um Modedesign für Damenmode, Modedesign für Herrenmode, Modedesign und Marketing, Modedesign und Druck, Modedesign und Strickwaren sowie Kommunikation und Werbung in der Mode. Meist wird auch Mode kombiniert mit Betriebswirtschaft oder Merchandising angeboten. Einige Hochschulen und Akademien bieten zudem Kindermode, Dessous, Sportbekleidung oder Schuhe und **Accessoires** als Optionen an. Man kann eine einzige Studienrichtung oder eine Kombination aus mehreren Bereichen wählen.

Bewerbungsverfahren
Die Bewerbungverfahren der Ausbildungsstätten variieren stark. Neben Angaben zur Ausbildung wird meist ein kurzer Text über den Bewerber, seine Interessen und erbrachten Leistungen sowie eine Erläuterung der Bewerbungsgründe verlangt. Es lohnt, erst einen Entwurf anzufertigen. Fassen Sie sich so kurz wie möglich, vermeiden Sie Klischees. Achten Sie auf die Rechtschreibung – besonders bei Namen von Designern, von denen Sie inspiriert wurden – und lassen Sie den Text von jemandem gegenlesen und kritisch bewerten, bevor Sie ihn einreichen. Behalten Sie eine Kopie des Textes, da im Vorstellungsgespräch vermutlich darauf Bezug genommen wird. Eventuell müssen Sie eine vertrauliche Referenzquelle angeben.

Für die meisten Studiengänge an Designhochschulen müssen Sie eine **Mappe** einsenden, aufgrund deren Bewertung zur Aufnahmeprüfung geladen wird. Die Aufnahmeprüfung besteht meist im Zeichnen eines dreidimensionalen Gegenstandes und/oder einer Collage oder Papierskulptur. So werden zeichnerische Fähigkeiten und gestalteri-

Strick

sches Umsetzungsvermögen geprüft. An manchen Hochschulen bzw. Akademien kommt es auch zu kürzeren Vorstellungsgesprächen. Ihre **Mappe** wird von einem Expertenteam des Lehrkörpers begutachtet. Daher ist es sehr wichtig, zu wissen, wie viele und welche Art von Arbeiten Sie in Ihrer Mappe vorlegen sollen (s. u.). Sie können sich darüber eingehend bei den Assistenten informieren bzw. diesen Ihre Mappe probeweise vorlegen. Einige Volkshochschulen bieten kurze Spezialkurse zur Gestaltung der Mappen an. Die Dozenten dieser Kurse helfen bei der Definition und Präzisierung Ihres Interessengebiets und zeigen Ihnen, wie Sie Ihre Mappe zusammenstellen sollten.

Bewerbungsmappe

Im Vorstellungsgespräch für einen Aufbaukurs oder ein Studium mit erstem akademischem Grad legen die Prüfer Wert auf ein breites Spektrum an künstlerischen Fähigkeiten, weniger auf einen Interessenschwerpunkt, der sich ausschließlich auf Mode konzentriert. Es wird erwartet, dass einige Studien vom lebenden Objekt angefertigt wurden, die das Bewusstsein für den Körper als dreidimensionaler Form zeigen, sowie Skizzenzeichnungen, die fließende Formen und Bewegungen festhalten. Farbstudien (die nicht im Unterrichtsrahmen angefertigt wurden), Bilder und Zeichnungen können die Vertrautheit mit verschiedensten künstlerischen Ausdrucksmitteln verdeutlichen.

Ein weiterer Pluspunkt sind Skizzenbücher, die visuelle Recherche, Ideenentwicklung und Experimente zeigen. Demonstrieren Sie ein Gefühl für Stoffe, indem Sie kleine Proben und Vorschläge für deren Verwendung im Skizzenbuch festhalten. Modezeichnungen werden erwartet, sind aber nicht unbedingt erforderlich. Kopieren Sie niemals aus anderen Quellen oder von veröffentlichten Fotografien. Nutzen Sie Ihre eigenen zeichnerischen Fähigkeiten, auch wenn diese noch unterentwickelt sind, und versuchen Sie, ein gutes Gespür für Linien und Proportionen zu beweisen. Haben Sie dreidimensionale Arbeiten oder Skulpturen angefertigt, dann sollten Sie nur Fotos der Objekte vorlegen. Dasselbe gilt für Kleidungsstücke, denn es wird kaum Zeit sein, diese zu zeigen. Zu diesem Zeitpunkt sind die Dozenten in erster Linie an Ihren Ideen interessiert, weniger an Ihren technischen Vorkenntnissen.

Präsentieren Sie Arbeitsbeispiele in übersichtlicher Form, lieber als Reihe von Einzelprojekten oder sortiert nach Relevanz, als chronologisch. Sie müssen Ihre Arbeiten nicht aufziehen, rahmen oder fertig stellen. Dadurch könnten sie zu wertvoll oder bedeutungsschwer erscheinen. Legen Sie Kohle- oder Pastellzeichnungen in Plastikhüllen oder zwischen Papierbogen, um ein Verwischen zu verhindern. Studieren Sie Ihre eigene Mappe sorgfältig, da Sie vielleicht ein Lieblingsstück benennen oder einige Aspekte eines Projekts erläutern sollen. Bereiten Sie sich darauf vor, Ihr eigenes Entwurfsverfahren zu beschreiben und aufzuzeigen, wie Sie eine Lösung erarbeitet haben.

Kapitel VII befasst sich u. a. mit der Zusammenstellung einer professionellen Mappe. Sie sollten jedoch stets bedenken, dass die Prüfer in diesem frühen Stadium das »ungeschliffene« Potential der angehenden Modedesigner sehen möchten und keine professionelle Präsentation nach dem Motto »Ich weiß schon alles« erwarten.

Lehrplan

Die Lehrinhalte richten sich nach dem Studienprogramm und den Bedürfnissen der Studierenden. Auch die Stundenzahl der einzelnen Fachgebiete variiert, und Dozenten richten ihre Kurse nach ihren individuellen Fachkenntnissen aus. Ein umfassender Lehrplan für Modedesign sollte folgende Aspekte vermitteln:

Aufbau von Kollektionen
Computergestütztes Design (**CAD**)
Entwurfsentwicklung
Grundlagen der Mode: Schnitte, Proportionen, Farben, Details und Stoffbehandlung
Grundprinzipien des **Musterschnitts** und des Stoffdrapierens
Herstellung von Kleidung und entsprechende Technologien
Marketing und betriebswirtschaftliche Aspekte
Präsentation (Mappe) und Kommunikationstechniken
Schriftliche Arbeiten wie Erstellung von Berichten und kulturellen Studien
Recherchetechniken und -methoden
Technische Angaben und Kostenkalkulation
Unabhängige Studien
Wissensvermittlung bezüglich der aktuellen Mode und der visuellen Kultur
Wissensvermittlung im Hinblick auf Stoffe: Art, Nutzung und Einkauf
Zeichnen und Illustrieren

In der Regel dauert ein Modestudium vier Jahre (wobei es auch Lehrveranstaltungen über zwei und drei Jahre gibt). Jedes Jahr ist in Trimester oder Semester unterteilt.

Erstes Jahr
Im ersten Jahr sind die Projekte meist kurz und thematisch breit gefächert, um den Studierenden fundiertes Basiswissen zu vermitteln. Ein Schwerpunkt liegt auf der Vertiefung der Fähigkeit, Informationen aufzunehmen und selbst zu recherchieren – woraus später originelle Entwürfe entstehen können. Zusätzlich zielen praktische Aufgaben darauf ab, Fertigkeiten, Selbstvertrauen und Arbeitsgeschwindigkeit zu verbessern. Die Ergebnisse der Projektarbeit gehen in eine Arbeitsmappe ein, die sich so zu einer professionellen Präsentation von Fähigkeiten und Stil der Studierenden entwickelt.

Zweites Jahr
Im zweiten Jahr verfügen die Studierenden bereits über eine bessere Orientierung und mehr Selbstvertrauen in die eigenen Fähigkeiten. Im Normalfall haben sie die elementaren Fertigkeiten erworben und gelernt, mit Dozenten und Kommilitonen umzugehen. Mit Schwerpunkt auf einem Gleichgewicht zwischen Teamwork und Entwicklung des eigenen Stils werden diese erworbenen Fähigkeiten nun ausgebaut. Die Projekte erstrecken sich meist über vier bis sechs Wochen und fokussieren die feinere Herausbildung der individuellen Interessen und Talente innerhalb des gewählten Studiengangs.

Studierende im zweiten Studienjahr entwerfen häufig mutigere Kreationen und nehmen an Wettbewerben und geförderten Projekten teil. In diesem Stadium arbeiten sie oft im Team oder zu zweit, um ihre Fähigkeiten in der Zusammenarbeit mit anderen zu verbessern. Sie erhalten weniger Anweisungen, um so die Reife und Selbstdisziplin zu erreichen, die sie für die nächste Phase des Studiengangs benötigen.

»Wenn man will, kann man auch gar nichts tun – aber weshalb sollte man?« Studierender im zweiten Jahr

Arbeitserfahrung: Praktikum
Zu einem bestimmten Zeitpunkt während des Studiums – für gewöhnlich zwischen dem zweiten und dritten Jahr – bieten einige Ausbildungsstätten die Möglichkeit, für einen variablen, teilweise verhandelbaren Zeitraum Praktika zu absolvieren bzw. die erworbe-

Freizeitmode

nen Kenntnisse praktisch anzuwenden und so in der Branche Erfahrungen zu sammeln – im Entwurfsatelier, in der Produktion oder Werbung, im In- oder Ausland. Zu diesem Zeitpunkt sollten die Studierenden über ausreichend praktische Fertigkeiten und Engagement verfügen, um als Arbeitnehmer von Nutzen zu sein. Auch sollten sie über die nötige Reife verfügen, um diese Möglichkeit für die Bewertung eigener Qualitäten und Ambitionen in einer realen Arbeitssituation zu nutzen.

Wer lange genug für ein Unternehmen tätig ist, wird möglicherweise den gesamten Zyklus einer **Kollektion** miterleben können, von der Entwicklung über die Fertigstellung bis zur Präsentation – hochinteressant und sehr lehrreich. Den Studierenden eröffnen sich unter Umständen völlig neue und inspirierende Aspekte der Mode und der Herstellung oder bisher ungekannte eigene Talente.

Das Praktikum ist Teil des Studiums, keine studienfreie Zeit, und die Studierenden müssen meist einen Praktikumsbericht schreiben, einschließlich einer kritischen Analyse des Unternehmens, für das sie gearbeitet haben. Bedenken Sie, dass die Branche Studienabsolventen bevorzugt, die während eines Praktikums bereits Erfahrungen in dem jeweiligen Unternehmen sammeln konnten. Ein Praktikumsplatz kann zu einer dauerhaften Arbeitsbeziehung führen – oder zumindest eine Quelle nützlicher Kontakte sein.

»Ich ging nach Indien. Ich traf viele Kunsthandwerker und konnte das Potential der Arbeit mit Stickereien entdecken.« Designer Matthew Williamson

Abschlussjahr

»Als ich im College war, habe ich viel auf dem Papier entworfen und wenig hergestellt. Im ersten und zweiten Jahr hat man nicht die Zeit, um Dinge wirklich herzustellen. Ich fand es sehr frustrierend, nur mit Illustrationen zu arbeiten. Im Abschlussjahr kommt alles zusammen und man kann die Ergebnisse dessen sehen, was man gelernt hat. Das hat mir sehr gefallen.« Designerin Suzanne Clements

Die Projekte im Abschlussjahr gestalten sich intensiver. Die Studierenden haben Zeit, sich eingehend mit Ideen zu befassen und Techniken zu perfektionieren. Das Jahr endet mit dem wichtigsten Projektauftrag: der Abschluss- oder Diplomkollektion (s. S. 161). Sie bietet den angehenden Designern die Möglichkeit, eigene Interessen herauszubilden und Selbstdarstellung, Stil und Können zur Geltung zu bringen. Die Studierenden entwerfen im Rahmen ihres Spezialgebiets eine Kollektion von sechs bis zehn Ensembles. Die Abschlusskollektion soll das gleich bleibende Engagement während des Organisations- und Durchführungsprozesses der Arbeiten sowie die Fähigkeit, selbstständig Entwürfe professionellen Standards anzufertigen, unter Beweis stellen. Vielfach wird auch eine schriftliche Diplomarbeit von etwa 30 bis 60 Seiten verlangt, die den theoretischen Hintergrund und den kreativen Ansatz der Kollektion erläutert.

Am Ende dieses Prozesses haben die Studenten die Möglichkeit, dem Prüfungsausschuss, Dozenten, Kommilitonen und geladenen Gästen (darunter Vertreter der Modebranche) ihre Ensembles im Rahmen einer Modenschau vorzuführen. Ihre **Mappen** können auch öffentlich ausgestellt werden – die Presse, Sponsoren und viele interessierte Hersteller besuchen diese Shows, um nach neuen Mitarbeitern Ausschau zu halten. Die Studierenden haben ihr Ziel erreicht: Als fertig ausgebildete Modedesigner ziehen sie aus, um die Welt der Mode zu erobern.

Kontext I

Funktionen der Kleidung

Mode ist eine spezialisierte Form von Körperschmuck. Entdecker und Handelsreisende waren unter den ersten, die verschiedene Formen von Körperschmuck und Bekleidung, die sie auf ihren Reisen durch die Welt sahen, dokumentierten und kommentierten. Einige brachten Zeichnungen und Kleidungsstücke mit, wodurch nicht nur das Interesse an den Stücken selbst geweckt wurde, sondern auch daran, sie zu verstehen. So entwickelte sich das Studium von Kleidung zum anerkannten Teil der Anthropologie – der Wissenschaft vom Menschen und seiner Entwicklung.

Kulturtheoretiker und Bekleidungsanalytiker konzentrieren sich seither auf vier Hauptmotive, Kleidung zu tragen: Nutzen, Scham (von Sitte und Religion abhängig), Verführung (sexuelle Attraktivität) und Verschönerung (im Sinne einer Angleichung an das herrschende Schönheitsideal). George Sproles' Buch *Consumer behaviour towards dress* (Verbraucherverhalten gegenüber Kleidung; 1979) nennt vier weitere Motive: soziale Differenzierung, soziale Zugehörigkeit, soziale Selbstaufwertung und Modernismus. Diese acht Funktionen werden nun kurz diskutiert.

Nutzen

Bekleidung entstand, um praktische und schützende Funktionen zu erfüllen: Die Umwelt ist voller Gefahren, die Körpertemperatur muss auf einem Mindestlevel gehalten werden, um Blutzirkulation und Wohlbefinden zu sichern. Meist stellen Bekleidungsreformer den Nutzen über ästhetische Gesichtspunkte. So sprach sich Amelia Jenks Bloomer, amerikanische Verlegerin und frühe Frauenrechtlerin, in den 1850er-Jahren gegen den unpraktischen Reifrock und für Damenhosen, die so genannten »Pantalettes« oder »Bloomers«, aus. Der Aspekt des Nutzens ist nicht zu unterschätzen. Verbraucher wählen ihre Kleidung oft nach Kriterien wie Sitzkomfort, Haltbarkeit oder Pflegeleichtigkeit. In den letzten Jahren beherrschten Fitness- und Sportbekleidung – ursprünglich Nutzgegenstände – den Markt der Freizeitkleidung: Mode, die Gesundheit und jugendliche Vitalität symbolisierte.

Vorangehende Seite Mode wird vom Flair der Sportbekleidung inspiriert.

Oben Nutzen: Ein Bergwerksretter in schwerer Schutzausrüstung. Zur Warnung vor Gefahren hat er einen Hänfling im Käfig dabei.

Unten Modestudentinnen betrachten im Jahr 1897 Modegravuren in der Bibliothèque Nationale, Paris.

Scham und Verlockung

Links oben In islamischen Ländern ist es Frauen streng verboten, irgendeinen Körperteil, einschließlich des Gesichts, zu zeigen.

Links unten Verschiebung erogener Zonen: In den 1920er-Jahren standen Beine und Rücken im Zentrum des Interesses, verstärkt durch Modetänze wie Charleston und Tango.

Rechts Dagegen würde diese Art von Bademoden in der heutigen westlichen Gesellschaft als lächerlich und veraltet gelten.

Scham

Kleidung soll Nacktheit bedecken. Die Gesellschaft versuchte so manches Mal, durch (Kleider-)Gesetze Extravaganzen zu unterbinden und den gesellschaftlich vorgegebenen Anstand zu wahren. Die meisten empfinden eine gewisse Unsicherheit bei der Entblößung ihres Körpers, besonders im Alter. Kleidung verhüllt tatsächliche oder imaginäre Fehler. Die Gesellschaft definiert Scham, deren Auslegung mit der Sitte, Religion und Kultur variiert.

Verführung (Sexuelle Attraktivität)

Kleidung kann sexuelle Anziehungskraft und Verfügbarkeit ausdrücken. Die traditionelle Rolle der Frau als Sexobjekt förderte die Erotisierung der Frauenkleidung. Stoffe für Abendgarderobe und Dessous akzentuieren oder imitieren die Textur der Haut, **Accessoires** und Kosmetik verstärken den Reiz. Viele Modekritiker und -theoretiker versuchen anhand eines psychoanalytischen Ansatzes, basierend auf den Schriften von Sig-

mund Freud und Carl G. Jung, den unbewussten Prozess aufzuzeigen, der dem Wandel in der Mode zugrunde liegt.

Schmuck

Schmuck kann physische Reize betonen, Kreativität, Individualität, sozialen Rang und kulturelle Zugehörigkeit manifestieren. Er verstößt zuweilen gegen die Regeln von Bequemlichkeit, Beweglichkeit und Gesundheit, was das Abbinden der Füße, das Tragen von Korsetts oder Piercings zeigen. Künstliche Fingernägel, Kosmetik und Körperfarbe, Schmuckstücke, Frisuren und Rasuren, Perücken, Sonnenbräune, Absätze oder plastische Chirurgie – Schmuck kann dem Körper permanent oder zeitlich begrenzt etwas hinzufügen oder ihn reduzieren. Menschen im Allgemeinen, und junge Frauen im Besonderen, versuchen, dem herrschenden Schönheitsideal zu entsprechen. Die Verformung des Körpers durch Miederwaren, Einschnürungen und Polster veränderte die modische Silhouette über die Jahrhunderte immer wieder.

Schmuck
Links Tätowierungen sind eine dauerhafte Form des Schmucks.

Rechts Eine junge Frau aus dem Jemen wird an ihrem Hochzeitstag mit Blumen und Ornamenten geschmückt.

Soziale Differenzierung

Kleidung dient als Zeichen für Berufsstand, religiöse Zugehörigkeit, sozialen Status oder Lebensstil. Berufskleidung ist ein Ausdruck von Autorität und unterscheidet ihren Träger von der Masse. Die bescheidene Nonnentracht steht für die religiöse Überzeugung der Trägerin. In manchen Ländern tragen Rechtsanwälte Talar und Perücke, um so die Ehrwürdigkeit von Recht und Gesetz zu unterstreichen. Designerlabels, teure Materialien und Schmuckstücke symbolisieren zunächst hohen sozialen Rang. Durchdringen sie jedoch, wie so häufig, langsam alle sozialen Schichten, verblasst ihre Aussagekraft.

Soziale Zugehörigkeit

Einheitliche Kleidung drückt Gruppenzugehörigkeit aus. Wer sich den anerkannten Stilrichtungen nicht anpasst, gilt als Andersdenkender, dem man letzten Endes mit Misstrauen und Ausschluss begegnet. Hingegen wird dem »Fashionvictim«, also einer Person, die sich ohne Feingefühl beinahe sklavisch dem aktuellen Stil unterwirft, ein Mangel an Persönlichkeit und Geschmack sowie ein verzweifeltes Verlangen nach Zugehörigkeit nachgesagt. Manchmal ist Kleidung auch Ausdruck von Rebellion gegen die Gesellschaft oder die Mode selbst. Obwohl Punks keine Uniform tragen, zeichnen sie sich durch verschiedene Merkmale, z. B. zerrissene Kleidung, Bondage-Utensilien, Sicherheitsnadeln und schrille Frisuren, aus. Die britische Modedesignerin Vivienne Westwood kreierte diesen Stil als anarchistische Spöttelei gegen die konventionelle, gepflegte Mode Mitte der 1970er-Jahre.

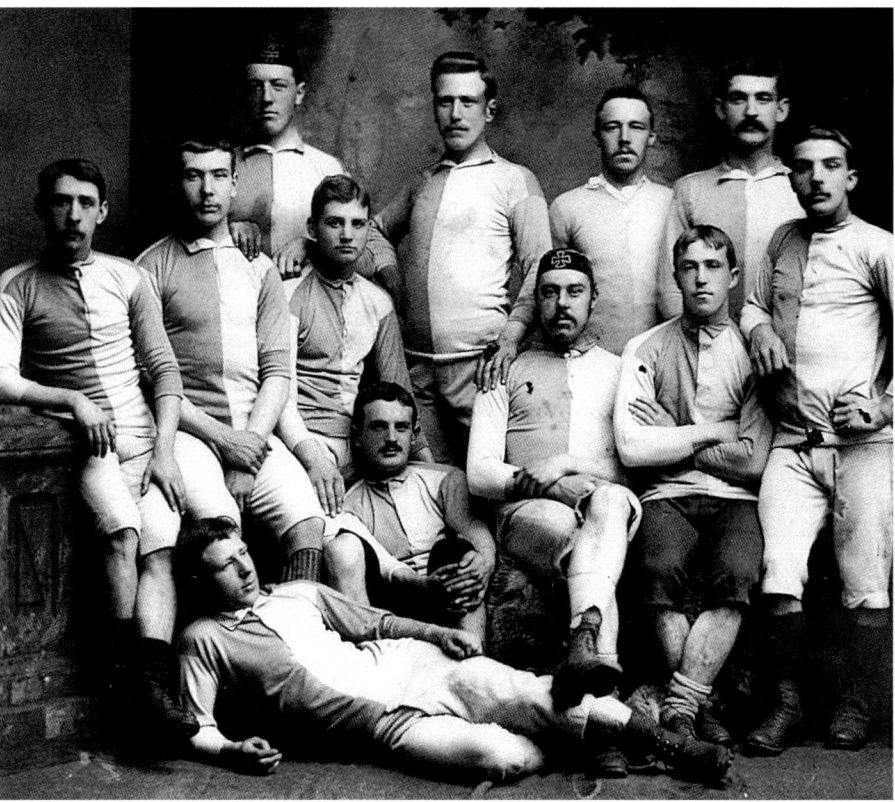

Soziale Differenzierung
Links oben Die Krönungsgewänder von König Georg V. und Königin Maria symbolisieren durch ihr Gewicht und die kostbaren Materialien Autorität und Status.

Links unten Am anderen Ende des sozialen Spektrums zeigt eine »Pearly Queen« ihre Stellung in der Gemeinschaft, indem sie die königlichen Gewänder und Stickereien mit Knöpfen nachahmt.

Soziale Zugehörigkeit
Rechts Fans tragen das gleiche Trikot wie ihre Fußballmannschaft, um Anhängerschaft und Übereinstimmung zu demonstrieren.

Soziale Selbstaufwertung
Nächste Seite Kleiderordnungen gibt es in allen Gesellschaftsschichten. Doc Martens und zerschlissene Jeans waren in der Jugendszene der 1970er- und 1980er-Jahre allgegenwärtig.

Soziale Selbstaufwertung

Trotz des gesellschaftlichen Gruppendrucks und des Vertriebs zahlreicher identischer Moden über riesige **Ladenketten** trifft man selten zwei Menschen, die identisch gekleidet sind. Zwar gehen besonders junge Menschen mit Freunden einkaufen, um sich gegenseitig zu beraten, kaufen jedoch nicht die gleiche Kleidung. Denn der Mensch als Individuum strebt unter allen Umständen danach, durch Make-up, Frisur und **Accessoires** seine persönliche Identität zu wahren und durchzusetzen.

Modernismus

Überall dort, wo modische Bekleidung erhältlich ist, kann sie als Ausdruck von Modernität eingesetzt werden. Auf dem immer härter umkämpften Arbeitsmarkt in der dichten Medienlandschaft der Großstädte kann es von Vorteil sein, stets den Eindruck zu vermitteln, man sei mit den neuesten Stilrichtungen vertraut oder ihnen gar voraus und auch sonst bestens über aktuelle Themen informiert. Kleidung kann uns Zugang zu den richtigen Orten und Menschen verschaffen. Akzeptanz der Modernität, ob bei Designern, Frühadoptern oder Verbrauchern, dient als Indikator für Kreativität, Flexibilität und Zukunftsorientiertheit.

> »Mode ist Kleidung, Kleidung jedoch nicht zwangsläufig Mode ... Im Gegensatz zu Kleidung brauchen wir Mode nicht, um unsere Nacktheit zu bedecken, sondern um unser Selbstbild zu kleiden.« Colin McDowell (1995)

Sprache der Mode

Die Beschäftigung mit Modegeschichte sowie Nationaltrachten und Bräuchen verschiedener Länder zeigt, dass alle Kulturen, von den primitivsten bis zur höchstentwickelten, Kleidung und Schmuck verwenden, um Informationen zu einer Person und ihrer sozialen Stellung zu transportieren. Ebenso wie die Mimik, lesen wir auch die Signale, die uns die Kleidung unserer Mitmenschen übermittelt, und ziehen – teilweise falsche – Rückschlüsse auf unser Gegenüber. Diese nonverbale Kommunikation, die Sprache der Mode, kann wie jede andere Sprache erlernt werden (s. S. 22 f.).

Im Lauf der Geschichte nahmen viele Kleidungsgegenstände und -stilrichtungen eine Symbolik an, welche die Identifizierung von Fremden erleichterte. In *Système de la mode* (1967; *Die Sprache der Mode*, 1985) schreibt der französische Kritiker Roland Barthes über die symbolische Sprache der Kleidung sowie über die Art, in der sie etwas über unsere soziopolitische Orientierung aussagt. Die Wissenschaft von den Zeichen und Symbolen, die Informationen vermitteln, nennt man Semiotik.

Wir tragen Kleidung bewusst oder unbewusst in Kombinationen, die anderen einen wahren oder falschen Eindruck vermitteln. Zu den Eigenschaften, die wir zeigen oder verstecken möchten, gehören Alter, sexuelle Orientierung, Größe, Figur, wirtschaftlicher oder familiärer Status, Beruf, Religion, Selbstachtung und Einstellung. Kostümbildner bei Theater und Film manipulieren die Symbolik der Kleidung, indem sie Charaktere mit Gegenständen ausstatten, über die wir Berufsgruppen und Haltungen erkennen. So entstand ein breites Spektrum von Stereotypen.

Der Modedesigner experimentiert mit Identität und Erscheinung. Die Träger seiner Kreationen müssen ihre Fantasien projizieren können, egal, ob als Popstar oder als Prinzessin. Vor einigen Jahren haben Designer begonnen, die traditionellen Botschaften der Kleidung in Frage zu stellen. Die Vielfalt ethnischer und subkultureller Stilrichtungen führte zur Verzerrung der Codes, was beispielsweise durch das Tragen von Tweedjacketts in Kombination mit Jeans Ausdruck fand. Modedesigner bedienen sich der Semiotik der Kleidung und verschieben Bedeutungsgrenzen: durch übergroße Schnitte, Entwürfe ohne Bezug zu den Körperkonturen, sexuelle Ambiguität, ungewöhnliche Farb- und Stoffkombinationen sowie gewollt mangelhafte oder sichtbare Verarbeitung werden anerkannte Prinzipien und Harmonien missachtet. Für den Modejournalisten, -historiker und -anthropologen ist das Erlernen, Verstehen und Erweitern dieses kreativen Lexikons von größtem Interesse.

Diese Seite Leder, Tätowierungen und Ketten gelten als die stereotype Kluft von Rebellen und Rockern.

Nächste Seite Das Tragen von Pelz und Juwelen steht nach wie vor für Reichtum, kann aber auch vulgär erscheinen.

Traditionelle Botschaften westlicher Kleidung des 20. Jahrhunderts

Männlichkeit	Hosen, Krawatten, breite Schultern, grobe oder schwere Stoffe, Outdoor-Kleidung
Weiblichkeit	Röcke, tiefe Ausschnitte, betonte Taillen, zarte Stoffe
Sexuelle Reife	Enge Kleidung, transparente oder glänzende Stoffe, hohe Absätze
Unreife	Formlose, weit geschnittene Kleidung, Latzhosen, kindlich-verspielte Dessins, helle Farben, flache Schuhe
Dominanz	Uniformen, steife Stoffe, überbreite Schultern, dunkle Farben, Leder, Metallknöpfe, große Hüte und **Accessoires**
Unterwürfigkeit	Unpraktische Stoffe, Rüschen, blasse Farben, dekorative Schuhe
Intelligenz	Lesebrille, blaue bzw. dunkle Strümpfe, düstere Farben, Aktenkoffer
Konformität	Kaufhauskleidung, Bügelfalten, unaufdringliche Farben
Rebellion	Extreme Kleidung und Frisuren, Tätowierungen, Piercings, ungewöhnliche bzw. keine Schuhe
Beruf	Uniformen, Anzüge, Werkzeuge bzw. gewerbetypisches Zubehör
Herkunft	Ausgedrückt durch städtische, ländliche oder regionale Kleidung.
Reichtum	Goldschmuck und Edelsteine, saubere bzw. neue Kleidung, perfekter Sitz, **Labels,** auffällige Farben, Pelz, Parfum
Gesundheit	Freizeit- oder Sportbekleidung und entsprechende **Logos,** körperbetonte Schnitte, schlanke Figur, Turnschuhe (Sneakers)
Alter	Festhalten an veralteten Stilrichtungen

Diese Seite Ein Turnüren-Kleid von Charles Frederick Worth von 1875

Nächste Seite Das Haus Givenchy, Paris

Geografie der Mode

Mode ist heute ein globaler Wirtschaftszweig. In den meisten Großstadtzentren werden Kleidung und Mode entworfen. Zudem hat die florierende Textilindustrie im Fernen Osten das Wachstum einer inländischen Modebranche gefördert. Modedesigner werden vielerorts ausgebildet. Für Designer und andere Branchenmitarbeiter ist es die Norm, von einer Modestadt zur nächsten zu ziehen. Chanel, Donna Karan und Calvin Klein, oft im Besitz internationaler Konzerne, können durch ihr finanzielles Potential und Gütesiegel auf bislang ungenutzte Märkte zurückgreifen. Großstädte von Seoul bis Rio de Janeiro, wo man sich im westlichen Stil kleidet, stellen einen nicht unerheblichen, anspruchsvollen Absatzmarkt dar. Reisen und Warentransport sind billiger und effizienter geworden. Neue Technologien und Satellitenkommunikation beschleunigten Bestellung und Bezahlung. Dank Fax und Internet verbreiten sich Nachrichten und Trends in Windeseile. Denn auch in der Mode geht es darum, in jeglicher Währung schnellstmöglich Geld zu machen.

Obwohl sich die Modewelt beständig vergrößert und ausbreitet, hat die französische Hauptstadt Paris nach wie vor ihre Vorrangstellung inne. Nach wie vor gilt, dass nur »der Designer, der in Paris Erfolg hat, wirklich erfolgreich ist« (Holly Brubach, *New York Times*, 1989). Die Erklärung hierfür findet sich im 19. Jahrhundert: 1858 gründete der Engländer Charles Frederick Worth, als erster **Couturier** anerkannt, ein Modeunternehmen in Paris, damals das kulturelle und künstlerische Zentrum Europas, wenn nicht gar der Welt. Aufgrund des Erfolgs seiner Kleider, die z. B. Königin Viktoria und Kaiserin Eugénie trugen, fanden sich bald Nachahmer seiner Kreationen. Um seine Entwürfe zu schützen, gründete Worth 1868 die *Chambre Syndicale de la Couture Française*. Verantwortlich für Vermarktung und Herstellung von Mode, entwickelte sich der Verband zur heutigen *Fédération Française de la Couture du Prêt-à-porter des Couturiers et des Créateurs de la Mode*. 1975 kam eine Abteilung hinzu, die sich mit Prêt-à-porter (Designermode) beschäftigt. Der Verband unterteilt sich in drei Kammern: die *Chambre Syndicale de la Couture Parisienne*, die *Chambre Syndicale de Prêt-à-porter des Couturiers et des Créateurs de Mode* und die *Chambre Syndicale de la Mode Masculine*. Strenge Auflagen regeln die Mitgliederaufnahme: Für die **Haute Couture** gilt, dass der Anwärter ein **Atelier** oder einen **Salon** in Paris besitzen, mindestens 20 Mitarbeiter in Vollzeit beschäftigen und zweimal im Jahr, im Frühjahr und Herbst, zwei **Kollektionen** von mindestens 75 Ensembles präsentieren muss.

Schon immer förderte die französische Regierung die verschiedenen Gewerbezweige der Modebranche. Französische Modefirmen arbeiten eng mit den ihnen angeschlossenen Industriezweigen zusammen und sind offen für Experimente. Das in Staatsbesitz befindliche französische Fernsehen stellt der französischen Modebranche kostenlose Sendezeiten zur Verfügung, um den Absatz im In- und Ausland zu fördern. Zudem erhalten Modeschöpfer staatliche Subventionen, wenn sie mehr als 90 % französische Stoffe für ihre Kollektionen verwenden. Da Designer hier kreative Ambitionen vergleichsweise einfach verwirklichen können, entwickelte sich Paris zum internationalen Branchenzentrum. Viele britische, japanische und europäische Designer zeigen dort mittlerweile ihre Kollektionen und haben ihre Hauptgeschäftsstellen und Salons nach Paris verlegt. 1989 investierte die französische Regierung sieben Millionen Francs in den Bau eines Modesalons für die Präsentation von Kollektionen im Louvre. Der Salon besteht aus vier Sälen, in denen insgesamt 4.000 Besucher Platz finden.

Zwei Arten von Mode

Es gibt zwei Hauptansätze für den Entwurf und die Herstellung von Kleidung: In der **Haute Couture** (frz. für »Maßschneiderei«) werden Kleidungsstücke individuell vermessen, zugeschnitten und für Kunden maßgeschneidert bzw. nach Wunsch entworfen. In der **Prêt-à-porter** (frz. für »fertig zum Tragen«) wird die Kleidung en gros in Standardgrößen für einen bestimmten Zielmarkt produziert.

Haute Couture

Die Haute Couture, das obere Ende des Marktes, gründet sich auf Prestige und Erfolg maßgeschneiderter, handgenähter Unikate für wohlhabende Kunden. Haute Couture präsentieren momentan Balmain, Chanel, Dior, Féraud, Gaultier, Givenchy, Lacroix, Lanvin, Ungaro, Valentino, Versace u. a.

Die Haute Couture war eine von Natur aus langsam wachsende, auf den einzelnen Kunden zentrierte Form der Mode. In der Nachfolge des 1947 von Christan Dior kreierten, revolutionären »New Look« wurden **Kollektionen** jedoch zunehmend unabhängig von den Wünschen einzelner Personen und eher gemäß der Vision des Modeschöpfers erstellt. In den 1960er-Jahren waren Designer wie Pierre Cardin, André Courrèges und Paco Rabanne Wegbereiter für die Idee der Haute Couture als einer experimentellen, künstlerischen Modeform. Aufgrund ihrer hohen Preise verlor die Haute Couture bei Designern für Boutiquenmode, z. B. Mary Quant, und amerikanischen Designern, wie Rudi Gernreich und Ralph Lauren, stetig an Bedeutung.

Diese Seite Eine private Modenschau für Couture-Kunden im Hause Balmain, Paris (1953)

Nächste Seite Der Hosenanzug wurde in den 1960er-Jahren durch Mary Quant in London bzw. Courrèges in Paris berühmt. Die Nachfrage nach preisgünstiger, modischer Kleidung führte zu einer sprunghaften Zunahme an Boutiquen und unabhängigen Modegeschäften (1967).

Heute gilt das Tragen von Haute Couture beim Kunden vergleichsweise weniger angemessen und für Designer weniger lukrativ. Die Preise reduzieren den Kundenkreis auf ca. 2.000 Frauen, meist wohlhabende Amerikanerinnen. Viele Couture-Häuser sind Teil mächtiger **Mischkonzerne** wie LVMH (Louis Vuitton Moët-Hennessy). Die Luxusmarken wechseln für riesige Summen den Besitzer, oft unbemerkt von der Öffentlichkeit. In den vergangenen Jahren kam es regelmäßig zu Übernahmekämpfen und Rechtsstreitigkeiten. Die Kollektionen dienen als Werbung für andere Produkte der Firmengruppe, etwa Kosmetik, Parfum, **Accessoires, Zweitlinien** und -lizenzen. Die Lebensfähigkeit der Haute Couture wird konstant diskutiert: 1991 erklärte Pierre Bergé, Geschäftsführer von Yves Saint Laurent, die Haute Couture sterbe innerhalb von zehn Jahren aus.

> »Die Couture ist dabei, im eigenen Hintern zu verschwinden. Moderne europäische Luxusmode ähnelt zunehmend moderner Kunst: nach innen gewandt, elitär und, was das Schlimmste ist, lächerlich.« Colin McDowell (1994)

Die Tage der Haute Couture scheinen gezählt. Dennoch haben einige Unternehmen 1996/1997 begonnen, junge Designer mit »eigenen kreativen Vorstellungen« – und zum Teil mit häufigen Wechseln – einzustellen: z.B. John Galliano bei Dior, Alexander McQueen bei Givenchy, Stella McCartney bei Chloé und Michael Kors bei Céline. Auch die Entwicklung von **Prêt-à-porter-** und **Zweitlinien** wie Versus (Versace), Miu Miu (Prada) und YSL Rive Gauche, die höhere Investitionsrentabilität bieten, hat sich für diese Unternehmen ausgezahlt.

Die Präsentation der Haute-Couture-Kollektionen in Paris folgt jenen der Prêt-à-porter für dieselbe Saison. Nur geladene Gäste sind zugelassen. Durch den kleineren Kundenkreis benötigt die Haute Couture nicht denselben Zeitrahmen oder Auslieferungszyklus wie die Massenherstellung oder eine Produktion auf mittlerer Marktebene. Die Kleider werden fast nur im eigenen Hause, im **Atelier,** hergestellt, teils aufgrund der Notwendigkeit von Anproben und teils aus Gründen der Geheimhaltung.

Prêt-à-porter – Designermode

Prêt-à-porter-Kollektionen werden von der *Chambre Syndicale* in Paris organisiert und jährlich im Februar/März und im Oktober präsentiert. Im Gegensatz zur **Haute Couture** mit Schauen im Januar und Juli/August hat die Prêt-à-porter Konkurrenz durch Designerschauen in anderen Modestädten – London, Mailand und New York – die etwa zur gleichen Zeit stattfinden. In Paris ist der Standard hoch; viele Kollektionen sind Nebenlinien der Couture-Häuser oder stammen von Topdesignern. Zudem zeigt man **Kollektionen** und **Accessoires** der niedrigeren Preisklasse in einer Ausstellungshalle an der Porte de Versailles. Die erste Prêt-à-porter-Kollektion präsentierte Pierre Cardin 1959. Heute arbeiten viele Designer sowohl für Couture-Häuser als auch an ihren eigenen Prêt-à-porter-Labels. Während der Modewoche (jetzt zwölf Tage) sehen einige **Einkäufer** acht bis zehn Schauen am Tag und werden von früh bis spät mit Bussen von einem Veranstaltungsort zum nächsten gefahren. Obwohl sowohl Paris als auch London offizielle Veranstaltungsorte für die Modenschauen bieten, präsentieren Designer und v. a. neue Talente oft **off-schedule**, also »inoffiziell« an selbst gewählten Veranstaltungsorten.

Besuch von Modenschauen

Die globale Modeindustrie zu verstehen ist eine Herausforderung. Den besten Einblick erhält man beim Besuch der Modestädte – sowohl der kommerziellen Zentren als auch der Produktionsstätten. Vielleicht unternehmen Sie im Rahmen Ihrer Ausbildung Reisen nach London, Paris, Mailand oder New York, um dort Kollektionen zu sehen oder Fachmessen für Stoffe zu besuchen (s. S. 30). Informieren Sie sich vor Reiseantritt im Internet über die aktuellen Neuigkeiten zu Geschäften sowie angesagten Locations und Bars. Für alle neuen Kontakte sollten Sie Visitenkarten zur Hand haben. Im Gepäck sollten weiter sein: Skizzenbuch, Fotoapparat, Sprachführer, Adressbuch und ein guter Stadtplan, um die **Off-schedule**-Schauplätze zu finden. Sie sollten gepflegte, modische Kleidung und bequeme Schuhe tragen, da Sie viel laufen werden.

Hochschulen bzw. Akademien können manchmal Besuche in Fabriken und Ateliers sowie in Ausstellungen, Museen und Galerien arrangieren. Während der Modewoche versuchen viele Geschäfte, mit besonderen Schaufensterdekorationen die Vertreter der internationalen Modeszene anzulocken. Notieren Sie Ähnlichkeiten und Unterschiede der in Geschäften und **Boutiquen** angebotenen Waren sowie Preise und Auslagen. V. a. Studierende mit Schwerpunkt Marketing, sollten auf die nationalen Stilrichtungen und Verkaufsstrategien achten, die heute das Marketing im Modesektor bestimmen. Denken Sie daran, dass die Modenschauen und Ausstellungen mit all ihrem Glamour und Unterhaltungswert einen ernst zu nehmenden geschäftlichen Hintergrund haben und den entsprechenden Respekt fordern.

Zeit und Zeitplanung

Neben der Geografie ist ein weiterer Kontextfaktor in der Mode von größter Bedeutung: die Zeit. Mode hat ein eingebautes Verfallsdatum. Kleidung muss der Saison, verschiedenen Anlässen oder Tageszeiten angemessen sein. Der ehemals übliche formelle Stil am Arbeitsplatz und bei bestimmten Anlässen ist mittlerweile zwar hinfällig, doch rechnen die meisten von uns damit, z. B. im August in die Ferien zu fahren oder im Dezember Partys zu besuchen. Zudem ist Kleidung oft anfällig für Abnutzungserscheinungen. Sie muss gewaschen, geändert und ersetzt werden. Waschen, Bügeln und Ausbessern sind jedoch nur für bestimmte Zeit möglich. Wie akzeptabel abgetragene

Kleidung ist, hängt von Alter und Status des Trägers ab. Der Handel profitiert von dieser Vergänglichkeit der Kleidung; ein ungeschriebenes Gesetz besagt, wir sollten unsere Garderobe zumindest teilweise in jedem Frühjahr und Herbst erneuern.

Um der Nachfrage gerecht zu werden und die Verwaltung der Warenbestände sowie die Buchhaltung effizient zu gestalten, kalkulierten Geschäfte üblicherweise mit zwei Saisons pro Jahr: Frühjahr/Sommer und Herbst/Winter. Auf beide Saisons folgte ein Schlussverkauf, um die Lager schnell zu räumen, die finanziellen Auslagen einzubringen und so über die erforderlichen Mittel für die nächste Zahlungsrunde an Lieferanten zu verfügen. Designer der gehobenen Marktebene lieferten ihre neuen Kollektionen im Januar und August an die Geschäfte und **Boutiquen**. Im November erfolgte oft noch eine zusätzliche Lieferung von Abendgarderobe für die Partysaison im Winter. Der Terminkalender der Modebranche orientierte sich an diesem Modell (s. S. 30).

Angesichts der zunehmenden Komplexität der Welt kann jedoch nicht mehr länger von einem echten »Modejahr« gesprochen werden. Während sich die meisten Modegeschäfte der gehobenen Klasse nach dem traditionellen Kalender richten, arbeiten die großen Ketten, die keine Kollektionen, sondern einzelne bzw. aufeinander abgestimmte Stücke anbieten, mit einem engeren Produktionszyklus, bei dem vom Hersteller oder von **Private-Label**-Lieferanten alle sechs bis acht Wochen neue Ware angeliefert wird. Auch überschneiden sich die Saisons in der Praxis, und manche Artikel wie Wintermäntel oder Badeanzüge werden in jedem Jahr angeboten. Viele Unternehmen wie Armani und Gap wiederholen beliebte Stilrichtungen Jahr für Jahr. Jede Modefirma hat also ihren individuellen Modezyklus; Kollektionen, Verkaufsperioden, Produktions- und Auslieferungszyklen werden nach der saisonalen Nachfrage und den Schwankungen in der Beliebtheit bestimmter Designs ausgerichtet. Dieser Modezyklus ist ein komplexes Ineinandergreifen von Textil- und Modebranche (s. S. 31).

Terminkalender für Modenschauen

Mode ist ein riesiges kommerzielles Unternehmen. Daher sind Zeitplanung und Auslieferung für den erfolgreichen Absatz einer **Kollektion** von größter Bedeutung. Die vier Zentren des Modedesigns – Paris, London, Mailand und New York – wetteifern um Käufer und kämpfen um Termine im internationalen Kalender für Modenschauen.

Der sich zweimal im Jahr wiederholende Turnus von Modenschauen für Konfektionskleidung erstreckt sich über vier Wochen und wandert von London nach Mailand, Paris und schließlich New York. Der Turnus für die Kollektion Frühjahr/Sommer beginnt normalerweise in der zweiten Septemberwoche, nachdem die Herbst/Winter-Kollektionen, die im vorangegangenen März gezeigt wurden, an die Geschäfte ausgeliefert sind. Um die Dinge noch weiter zu komplizieren, verläuft der Kalender für Herrenmode normalerweise acht Wochen vor diesem Zeitplan. Da Designer wie Paul Smith, Yohji Yamamoto und Helmut Lang jedoch sowohl Herren- als auch Damenmode produzieren, können sie ihre Schauen leichter aufeinander abstimmen. Da die traditionellen Termine auf der Prämisse beruhen, Trends hätten ihren Ursprung in Europa, beginnen amerikanische Modehäuser und **Einkäufer** zudem, diesen Status Quo immer mehr in Frage zu stellen.

Der Kampf um Zeit und Platz auf den Runways der Modewoche ist sehr hart. Wer seine Waren zuerst präsentiert, kann auch die Produktion als Erster planen und gewinnt einen Vorteil durch die frühzeitige Auslieferung an die Geschäfte. Pünktlich zum Termin der Schauen zwei oder mehr Kollektionen pro Jahr zu produzieren, ist harte Arbeit für den Modedesigner. Die Modelle müssen sich in Farbe und Fabrikation deutlich von je-

Modekalender

Monat	Veranstaltungen	Zeitplan für Designer
Januar	Mailand – Herrenkollektionen Herbst/Winter Paris – Damen-Couture-Kollektionen Frühjahr/Sommer, Herrenkollektionen Herbst/Winter	Produktionsschluss Frühjahr/Sommer für Auslieferung Ende Januar. Herstellung Abschlussmuster Herbst/Winter; Produktionplanung
Februar	New York – Herrenkollektionen Herbst/Winter Madrid – Herren- und Damenkollektionen Herbst/Winter Florenz – *Pitti Filati*, Garnmesse für Strickwaren Paris – *Première Vision*, Stoffmesse Frankfurt – *Interstoff*, Stoffmesse	Stoffauswahl für Frühjahr/Sommer, Beginn der Entwürfe des Folgejahres. Ausarbeitung der Vorschau Herbst/Winter für die Kundenkollektion
März	Mailand – Damen-Designerkollektionen und Moda-Pronta-Ausstellung Herbst/Winter London – Damen-Designerkollektionen und Ready-to-Wear-Ausstellung Herbst/Winter Paris – Damen-Designerkollektionen und Prêt-à-porter-Ausstellung Herbst/Winter New York – Messewoche für Damenmode, Auslieferung Herbst 1	Auslieferung letzter Frühjahr/Sommer-Bestellungen, Annahme neuer Herbst/Winter-Bestellungen – Verhandlungen mit Käufern und Presse; Recherche, Analyse von Verkaufsrückmeldungen etc.
April		Anfertigung erster Muster Frühjahr/Sommer
Mai	Zwischensaison-Shows – schnelle Auslieferung mittlere Marktebene New York – Messewoche für Damenmode, Auslieferung Herbst 2	Musteranfertigung Frühjahr/Sommer-Kollektionen. Produktion Herbst/Winter-Kollektion
Juni/Juli	Abschlusspräsentationen der Studierenden; Unternehmen stellen neue Mitarbeiter ein.	Anfertigung von Mustern Frühjahr/Sommer-Kollektionen. Produktion Herbst/Winter-Kollektion
Juli	Mailand – Herrenkollektionen Frühjahr/Sommer Paris – Damen-Couture-Kollektionen Herbst/Winter Paris – Herrenkollektionen für Frühjahr/Sommer Florenz – *Pitti Filati*, Garnmesse für Strickwaren	Anfertigung Abschlussmuster Frühjahr/Sommer-Kollektion. Produktion Herbst/Winter-Kollektion
August	New York – Herrenkollektionen Frühjahr/Sommer Europa – Textilfabriken schließen für einen Monat.	Produktion der Herbst/Winter-Kollektion. Produktionsplanung Frühjahr/Sommer-Kollektion
September	Mailand – Damenkollektionen Frühjahr/Sommer Madrid – Herren- und Damenkollektionen Frühjahr/Sommer Paris – *Première Vision*, Stoffmesse	Auslieferung Herbst/Winter-Kollektion. Stoffauswahl für nächsten Herbst/Winter – erste Entwürfe. Ausarbeitung der Frühjahr/Sommer-Vorschau für die Kundenkollektion
Oktober	London – Designerkollektionen Frühjahr/Sommer Paris – Designerkollektionen Frühjahr/Sommer New York – Messe für Damenmode Frühjahr/Sommer Zwischensaison-Shows – schnelle Auslieferung mittlere Marktebene	Auslieferung letzter Herbst/Winter-Bestellungen, Annahme neuer Frühjahr/Sommer-Bestellungen – Verhandlungen mit Käufern und Presse; Recherche. Produktion Frühjahr/Sommer-Kollektion
November		Auslieferung der Urlaubs- und Cocktailmode. Entwürfe für Herbst/Winter. Produktion der Frühjahr/Sommer-Kollektion
Dezember	Paris – *Expofil Exhibition*, neue Farbtrends und Garne	Auslieferung Kreuzfahrt- und Wintersportmode. Musteranfertigung für Herbst/Winter. Produktion Frühjahr/Sommer-Kollektion

Modezyklus

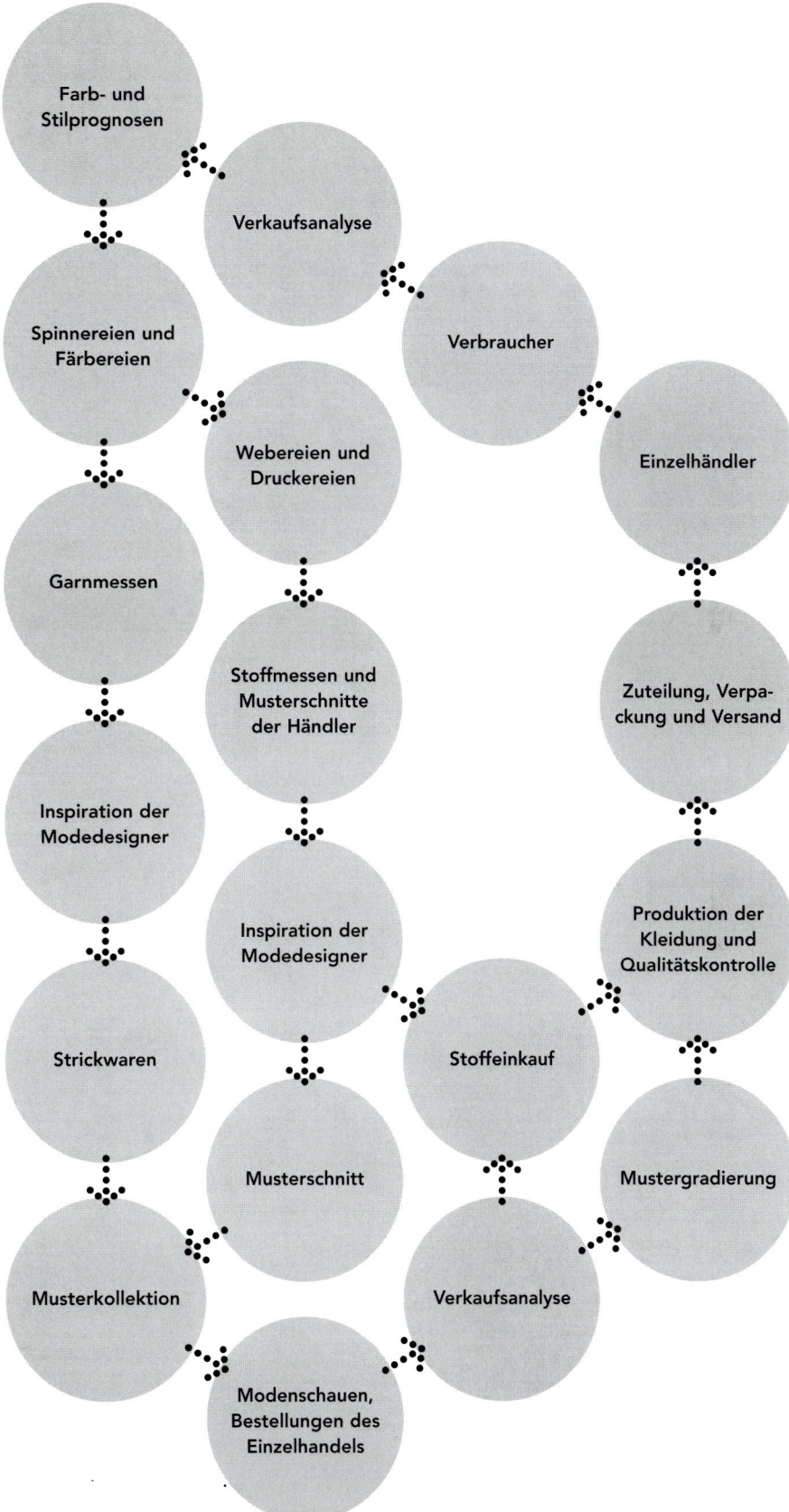

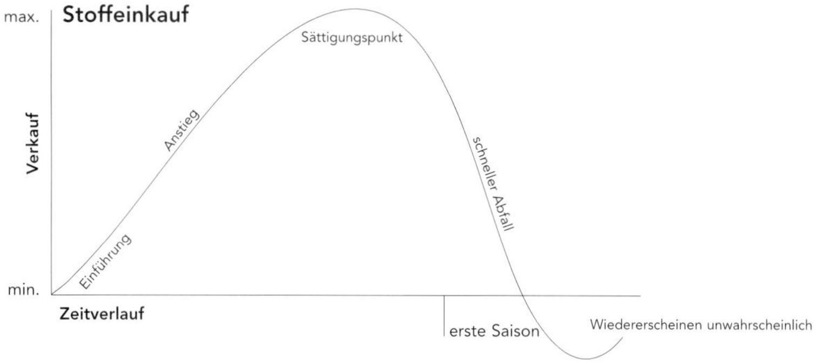

Stoffeinkauf

- Einführung
- Anstieg
- Sättigungspunkt
- schneller Abfall
- Wiedererscheinen unwahrscheinlich

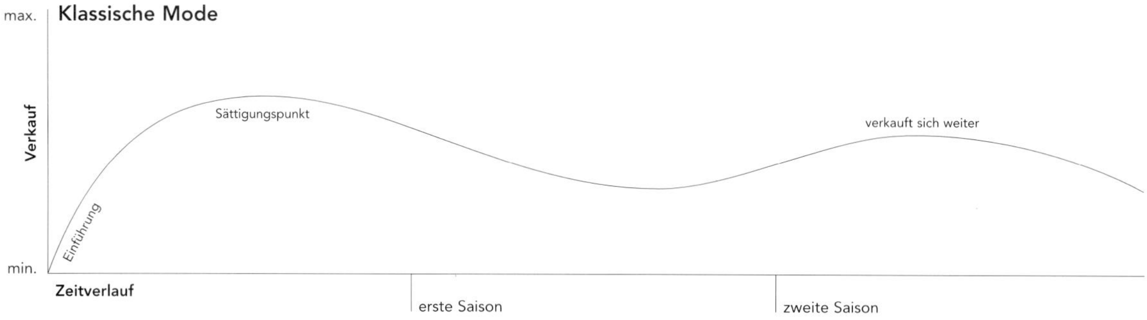

Achsen: Verkauf (min./max.) – Zeitverlauf – erste Saison

Klassische Mode

- Einführung
- Sättigungspunkt
- verkauft sich weiter

Achsen: Verkauf (min./max.) – Zeitverlauf – erste Saison – zweite Saison

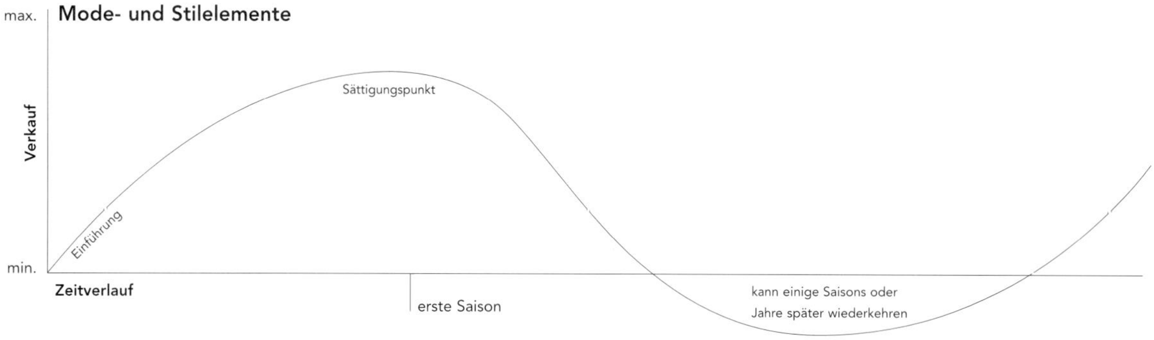

Mode- und Stilelemente

- Einführung
- Sättigungspunkt
- kann einige Saisons oder Jahre später wiederkehren

Achsen: Verkauf (min./max.) – Zeitverlauf – erste Saison

»Trickle-down«-Effekt

- Exklusive Hochkultur; Film- und Popstars
- Das Umfeld, Frühadopter
- Zeitschriften- und Zeitungsleser. Unabhängige Läden – erste Kopien
- Mittleres Marktsegment – Waren in großen Ladenketten erhältlich
- Allgemeinheit und Subkultur – Waren überall erhältlich

»Bubble-up«-Effekt

- Teure Versionen erscheinen in exklusiven Geschäften.
- Modeliebhaber verlangen nach Spezialversionen.
- Trend wird von Zeitschriften, Zeitungen und TV aufgegriffen.
- Mittleres Marktsegment gibt dem Trend einen Namen.
- Streetfashion und Subkultur

nen der letzten Saison unterscheiden und dennoch eine gewisse Kontinuität in der **Handschrift** erkennen lassen. Neue Ideen und Trends müssen eingeführt werden, um Kunden anzulocken und die Presse zu begeistern.

Zudem werden die Schauen immer mehr zu öffentlich zugänglichen Events mit Unterhaltungswert. Die *London Fashion Week* beispielsweise hat ihren Zeitplan erweitert, um Galavorstellungen der »Highlights« anzubieten, für die Eintrittskarten erworben werden können.

»Wenn die Waren der Designer in den Schaufenstern ihrer Boutiquen erscheinen, sind sie schon von den großen Modeketten kopiert.«
CMT-Hersteller Tim Williams

Mode und Kultur

Das Wissen, was zu entwerfen ist und wie es innerhalb des zeitlichen Zyklus präsentiert wird, ist keine Zauberei oder reine Intuition, sondern eine Frage von sorgfältiger Recherche und Planung, Experimenten, Inspirationen und einem Gespür für kulturelle Trends.

Aufspüren von Trends

Wer heute im Modebereich tätig ist, benötigt das Gespür für Entwicklungen und Ereignisse, die überall auf der Welt, in Modestädten, regional begrenzt und auch auf individueller Ebene stattfinden. Von den acht Motiven für das Tragen von Kleidung zu Beginn dieses Kapitels sorgen soziale Selbstaufwertung und Modernismus dafür, dass aus Kleidung Mode wird. Die meisten Menschen möchten jung aussehen und sich dem wechselhaften kulturellen Klima der Welt anpassen. Werbung und Zeitschriftenartikel können ein Gefühl der Unzulänglichkeit und Unsicherheit suggerieren, wenn man sich nicht die angepriesenen Produkte und den passenden Lifestyle zulegt. Mode ist ein Phänomen, das über die Kleidung hinaus auch unsere Freizeitgestaltung beeinflusst – wie wir kommunizieren, reisen, unser Haus dekorieren, essen, eben unser Leben leben.

Die Beobachtung dessen, was auf globaler Ebene passiert – und insbesondere innerhalb des Mikrokosmos »angestrebter Zielmarkt« – gehört zu den wesentlichen Aufgaben des Designers. Das Aufspüren von Trends ist nicht nur eine bewusste Handlung, sondern eine Feinabstimmung auf den **Zeitgeist,** die durch kreative Sensibilität für Veränderungen innerhalb der Geschmackswelt erreicht wird. Diese Fertigkeit wird über viele Jahre aufgebaut und beinhaltet die Fähigkeit, in die Erinnerung abzutauchen und Vergleiche zu ziehen sowie Sinnzusammenhänge herzustellen.

Einige Kleidungsstücke (engl. **Fads** für »Modetorheit«) durchlaufen das System schnell, andere Artikel (Klassiker), z. B. Polohemden, haben eine längere Lebensdauer. Jeans und T-Shirts haben keine Saison, doch gibt es feine Unterschiede bei Passform und Verarbeitung, die manchmal selbst von Markenfirmen erst langsam wahrgenommen werden. Die Verkäufe von Levi's gingen stark zurück, als weiter geschnittene Hosen hip waren und der Markt für Jugendmode nach Cargo- und Combat-Hosen verlangte.

Drei Kulturen

Man geht von drei Hauptquellen neuer Trends aus: der Hochkultur (schöne Künste, Literatur, klassische Musik, Theater etc.), der Popkultur (Fernsehen, Popmusik, Filme und Stars) und der Subkultur (Aktivitäten, die örtlich begrenzt von kleinen Gruppen mit selben Interessen jenseits des Mainstream verfolgt werden, z. B. Skateboarding). Keine dieser Kulturen funktioniert für sich allein, sie können sich gegenseitig beeinflussen.

In seinem Buch *The Theory of the Leisure Classes* (1899; *Theorie der feinen Leute,* 1971) beobachtet der Soziologe Thorstein Veblen, wie die »unteren« Gesellschaftsschichten den Kleidungsstil der »oberen« Schichten so gut wie möglich nachzuahmen versuchen. Dieses kulturübergreifende Nacheifern, auch »Trickle-down«-Effekt (engl. für »durchsickern«), ist ein Phänomen, das Händler und Designer aufmerksam beobachten müssen, um zu wissen, was in oder out ist. Ebenso bemerkenswert ist das Gegenteil, der »Bubble-up«-Effekt (engl. für »aufsteigen«), wie ihn Ted Polhemus in *Streetstyle: From Sidewalk to Catwalk* (Streetstyle: Von der Straße auf den Laufsteg, 1994) beschreibt. Dabei wird der Mainstream durch Stilrichtungen und Aktivitäten beeinflusst, die von Einzelgruppen mit bestimmten Interessen oder anderen Randgruppen außerhalb der zentralen Modeströmung entwickelt werden und als neu und »cool« gelten. Für die schnelle Verbreitung bestimmter populärer Stilrichtungen sind größtenteils die Massenmedien wie Musik und Fernsehen verantwortlich.

Abhängig davon, für welche Märkte oder Preiskategorien man entwirft, sind diese Kulturebenen von unterschiedlichem Interesse. Beim Aufspüren von Trends geht es nicht nur um die Beobachtung der Kleidung innerhalb dieser Kulturebenen, sondern auch um Veränderungen in der Demografie sowie in Verhalten und Lebensstil der Menschen. Durch die Analyse können wir uns ein Bild von der Kleidung und den Accessoires machen, die Verbraucher benötigen werden (s. Kapitel III).

Modeprognosen
Um sich über die Entwicklung aktueller Trends, Sittenkodizes und kultureller Strömungen zu informieren, stehen den Designern nicht nur die Möglichkeiten zur Verfügung, die die Öffentlichkeit hat; sie werden darüber hinaus von Modeprognosen unterstützt – einem kleinen aber lukrativen Ableger der Modebranche selbst. Modeprognosen werden von Marktforschungsspezialisten und Analysten erstellt, die Modefirmen gegen eine Gebühr Finanzdienstleistungen und anschauliche Berichte bieten, welche auf umfangreichen statistischen Untersuchungen zur relativen Beliebtheit von Stoffen, Farben, Details und Merkmalen basieren. Einige Unternehmen beschäftigen Trendforscher oder »Trendscouts«, die eine besondere Begabung besitzen, Trends in einem frühen Stadium zu erkennen sowie vorauszusagen, welche Produkte zum jeweiligen Image passen würden. Viele Prognosefirmen stellen darüber hinaus Stilvorschriften und Spezifikationen zu aktuellen und aufkommenden Stilrichtungen zusammen, die Voraussagen und Empfehlungen für die nächste Saison beinhalten. Die größten Unternehmen für Modeprognosen beschäftigen mehr Modedesigner als die meisten Bekleidungsfirmen.

Medien
Modejournale und die Boulevardpresse – darunter Zeitschriften, Fernsehen und Internet – berichten heute über die wichtigsten Modeereignisse und Designershows. Früher handelte es sich hierbei um vergleichsweise private Veranstaltungen, für die man eine Einladung benötigte. Informationen drangen nur durch den Filter der wenigen geladenen Topjournalisten an die Öffentlichkeit und erreichten den Rest der Welt zum Teil erst Monate später. Heute sind Modenschauen ein Medienzirkus, der v. a. veranstaltet wird, um Interesse zu wecken und die Aufmerksamkeit der Medien auf sich zu ziehen.

Presse
Redakteure von Zeitungen und Modezeitschriften wie Anna Wintour von der US-*Vogue* und die auch in deutschen Fachkreisen bekannte Suzy Menkes vom *International*

Chronik der Mode

Datum und Hauptereignisse	Einflussreiche Designer	Silhouette und Stil
Spätes 18. Jahrhundert Amerikanische Unabhängigkeitserklärung; Französische Revolution	Rose Bertin, Putzmacherin von Marie Antoinette; Schneider Andre Scheling. Kleiderordnungen und Luxusgesetze	Luxuriöse Brokate, flache, breite Reifröcke, Korsetts und Perücken wurden von Kleidern im Schäferinnenstil für den Adel abgelöst. Revolutionärskleidung mit Pantalons, phrygischer Mütze (»bonnet rouge«) und patriotischen Farben
19. Jahrhundert 1. Hälfte 19. Jh. Napoleonisches Reich; Industrielle Revolution.	Hippolyte Leroy, Schneider von Kaiserin Josefine. Romantik, Biedermeier; Beau Brummel gibt korrekte Männermode vor.	Empire-Chemisen mit hoher Taille aus Baumwollbatist, Kaschmirschals. Turbanhüte à la grecque. Frack mit hohem Regency-Kragen oder Gehröcke, Kniehosen oder enge Pantalons; Incroyables. Biedermeier mit Keulenärmeln, flache Dekolletés, glockenförmige Silhouette
Mitte 19. Jh. Erfindung von Fotografie sowie Näh- und Strickmaschinen. Großbritannien ist Zentrum von Industrie und Welthandel; Frankreich ist Zentrum von Kunst und Kultur. 1837–1901 Königin Viktoria. 1854–1898 Kaiserin Elisabeth von Österreich	Charles Frederick Worth kleidet Kaiserin Eugénie und Königin Victoria.	Krinoline und Korsett. Herrenmode weniger extravagant; weiße Hemden, Frack, Gehrock oder Cut, lange Hosen, Stiefelette
Spätes 19. Jh. Erfindung von Glühbirne, Telefon, Radio; 1892 Ersterscheinung der US-Vogue; Kaufhäuser eröffnen in Großstädten; öffentliche Verkehrsmittel	John Redfern, Madame Paquin, Jacques Doucet, Lucile. Herrenmode von Henry Creed und Henry Poole	Turnüre bzw. Cul de Paris, drapierte Röcke, Pumphosen für den Sport. Berufstätige Frauen tragen Bahnenröcke, Jerseyblusen und Paletots. Sakkoanzug
20. Jahrhundert Russische Revolution; Anfänge des Spielfilms und des Luftverkehrs	Jeanne Lanvin, Callot Soeurs, Mariano Fortuny, Paul Poiret. Ausbildungsprogramme für Damenschneider, Etablierung von Modeschöpferinnen	Enge Jugendstilroben mit »Sans-ventre«-Korsett konkurrieren mit Reformkleidern (Hänger) ohne Korsett; Poirets Chemisen zum Teil mit Lampenschirm-Tunika. Erste lange Hosenröcke und Staubmäntel zum Autofahren. Viskosekunstseide, später »Rayon« genannt
1914–1918 Erster Weltkrieg; Wahlrecht für Frauen	Robert Delaunay, Léon Bakst. Einfluss der modernen Kunst, Fauvisten, Kubisten, Vortizisten	Emanzipation durch Hosen und kürzere Röcke, Jersey-Kostüme. Schlichte Herrenmode
1920er-Jahre Weimarer Republik in Deutschland; Prohibition in den USA; Erfindung von Fernsehen und Verbreitung des Grammofons. Jazz und Nachtclubs 1926 Generalstreik in Großbritannien 1929 Börsenkrach am Schwarzen Freitag	Madeleine Vionnet, Nina Ricci, Jean Patou, Coco Chanel, Lucien Lelong	Knabenhafter Garçonne-Look mit Bubikopf, flache Brust, tiefe Taille, kniekurze Hängerkleider. Weiter Herrenanzugstil Branchendepression, körperbetontere Silhouette, wadenlang. Einfluss durch Hollywood-Stars
1930er-Jahre Extreme von Reichtum und Armut. 1936–1939 Spanischer Bürgerkrieg. 10.12.1936 Abdankung König Eduards VIII. 1937 Wiederheirat 1938 Erfindung von Nylon in den USA	Mainbocher, Elsa Schiaparelli, Madame Grès, Adrian (Filmkostüme), Edward Molyneux, Norman Hartnell	Anliegende Prinzesskleider in Vionnets Schrägschnitt, Gürtel, Kostüme, Trotteur-Schuhe
1940er-Jahre 1939–1945 Zweiter Weltkrieg; Atombombe. 1941 Erfindung von Perlon in Deutschland 1945 Teilung Deutschlands in vier Besatzungszonen 1949 Gründung der Deutschen Demokratischen Republik (DDR)	Entstehen des »American Look« Bonnie Cashin, Claire McCardell, Charles James, Norman Norell Christian Diors »New Look«, Pierre Balmain und Jacques Fath	Damenkostüme und -hosen in Uniformstil, Plateauschuhe. Verwertung von Vorhandenem Wespentaille, weite knöchellange Röcke. Ensembles mit passenden Accessoires; begehrt: Nylonstrümpfe
1950er-Jahre Königin Elisabeth II.; Ära Adenauer; Rock and Roll	Cristobal Balenciaga, Hubert de Givenchy, Wiedereröffnung von Chanel. Gründung der Alta Moda Italiana, u.a. mit Emilio Schuberth und Emilio Pucci; Schuhkreateur Salvatore Ferragamo. Hardy Amies in London. Heinz Oestergaard in Berlin	»Backfisch«-Look (Audrey Hepburn), Petticoatröcke, Pullover, flache Ballerinas; schwarze Existenzialistenmode (Juliette Greco). Unisex-Stil. Jeans und Gingham. Leichte, pflegeleichte synthetische Stoffe

1960er-Jahre Kubanische Revolution. 1961 Bau der Berliner Mauer 1962 Erste deutsche Antibabypille; die Beatles feiern Erfolge; »sexuelle Befreiung« 1963 Ermordung von Präsident Kennedy;	Yves Saint Laurent, Pierre Cardin, André Courrèges, Paco Rabanne. Erstmals werden Kunsthochschulabgänger Modedesigner: Thea Porter, Jean Muir, Marion Foale und Sally Tuffin	Etuikleider, Tulpenrock, Chanel-Kostüme, Beatniks und die Beatles; figurbetonte Herrenanzüge
1965 Eintritt der USA in den Vietnamkrieg; Wettrennen im Weltall; Kalter Krieg	London Zentrum von Pop-Fashion: Mary Quant, Biba, Bus Stop, Mr. Freedom	Miniröcke, Kleider aus PVC und Papier, farbenfrohe geometrische Dessins, Nylon-Strumpfhosen; Einfluss der Pop-Art auf die Mode; Hosenanzüge
1967 Hippies: Sommer der Liebe 1968 Studentenunruhen in Paris 1969 Erste bemannte Mondlandung	Einfluss der Pariser Couture schwindet. Bill Gibb, Ossie Clarke, Zandra Rhodes in London. Rudi Gerneich in den USA; Kult der Modefotografen und »Kindchen«-Models: Twiggy und Jean Shrimpton	Die Hippie-Bewegung bringt den fernöstlichen Stil: »Maxi«-Röcke, langes Haar, Blumenmuster, Stickereien, Perlen, Wildleder und indische Baumwolle. Farbe und Romantik kehren in die Herrenmode zurück.
1970er-Jahre 1973 Energiekrise 1974 Nixon und Watergate-Skandal. 1975 Ende Vietnamkrieg; Konjunkturkrise 1976 Tod von Mao Tse-tung bringt Wandel in China	Bill Blass, Halston, Perry Ellis und Ralph Lauren in den USA; Gucci, Fiorucci in Italien; Anthony Price, Katherine Hamnett in London. Kenzo, Jean-Charles de Castelbajac, Karl Lagerfeld, Claude Montana, Thierry Mugler in Paris	Glamour versus Unisex-Emanzipation. Disco-Mode, sexy und glitzernd, versus Gesundheitsschuhe von Dr. Maertens, Latzhosen, Jeans
1979 Margaret Thatcher wird erste Premierministerin	Vivienne Westwood, Body Map	Mode schließt eine Allianz mit junger Musik. Punk, SM- und Fetischkleidung, Streetfashion
1980er-Jahre Verbreitung von Videos und PCs; Greenpeace-Aktionen 1981 MTV in USA	Internationale Modehäuser nehmen zu: Adolfo Dominguez, Calvin Klein, Donna Karan, Giorgio Armani, Missoni, Gianni Versace, Valentino. Avantgarde: Azzedine Alaïa, Christian Lacroix, Jean-Paul Gaultier, Romeo Gigli. Jil Sander und Wolfgang Joop in Deutschland	»Power Dressing«, Chanel-Kostüme und Schulterpolster, voluminöse Frisuren. Streetstyle versus High Style, verkörpert durch Madonna und Prinzessin Diana. Fitness- und Aerobic-Kult bringen Sportswear und Stretch-Jersey in Mode.
1985 Live Aid-Konzert für Hungerhilfe 1987 MTV Europe Späte 1980er-Jahre Verbreitung von AIDS	Etablierung japanischer Designer in Paris: Issey Miyake, Yohji Yamamoto, Rei Kawakubo für Comme des Garçons	Kontra-kulturelle, anti-exzessive Kleidung als Ausdruck intellektueller und künstlerischer Ästhetik kontra Oversize-Look. Lockere, architektonische Schnitte, Schwarz, getragen mit flachen Schuhen
1989 Fall der Berliner Mauer; Massaker am T'ien-an-men-Platz in Peking	Große internationale Labels wie Esprit, Benetton, Gap, H&M und deutscher Edel-Konfektion wie Bogner, Boss und Escada Belgische Designer Dries van Noten, Ann Demeulemeester u.a. zeigen in Paris	Berühmtheiten machen legere Sportkleidung mit Jeans und Turnschuhen und andererseits auch Cocktailkleider im Tutu-Look populär. Androgynie
1990er-Jahre 1990 Deutsche Einheit; Golfkrieg; Ende der Apartheid in Südafrika 1991 Republik Russland begründet	Wachsende Zahl von Designerlabels im Besitz großer Modekonzerne. Wiedergeburt von Marken: Prada, Hermès, Gucci, Fendi. Große Vielfalt von Stilrichtungen weithin erhältlich	Rezession, Grunge- und Dekonstruktions-Stil, umweltfreundliche Fasern, Recycling, Anti-Pelz-Kampagne. Die Mode der 1960er- und 1970er-Jahre erfährt ein Revival. Markenbewusstsein, Supermodels
1995 Verbreitung mobiler Telefone, so genannter »Handys«		
1997 China erhält Hongkong zurück; Tod von Prinzessin Diana	Postmoderne Designer: Martin Margiela, Helmut Lang, Hussein Chalayan	Der Osten öffnet sich für die internationale Herstellung. Handelsbarrieren werden aufgelöst. Das Internet beschleunigt die weltweite Kommunikation und Hightechproduktion. Revival des Schrägschnitts und hoher Absätze, Neo-Feminismus. Konzeptuelle Mode kontra Eklektizismus
21. Jahrhundert 2001 Zerstörung des World Trade Center in New York durch einen Terroranschlag; Afghanistankrieg	Britische und amerikanische Designer arbeiten im Couture-Bereich in Paris: John Galliano, Alexander McQueen, Julien MacDonald, Stella McCartney, Marc Jacobs, Tom Ford und Michael Kors	Individualismus, Laufsteg-Mode wird als Spektakel inszeniert. Demontage des glamourösen Mythos. Ablehnung von Massenlabels, Wiederentdeckung handwerklicher Techniken

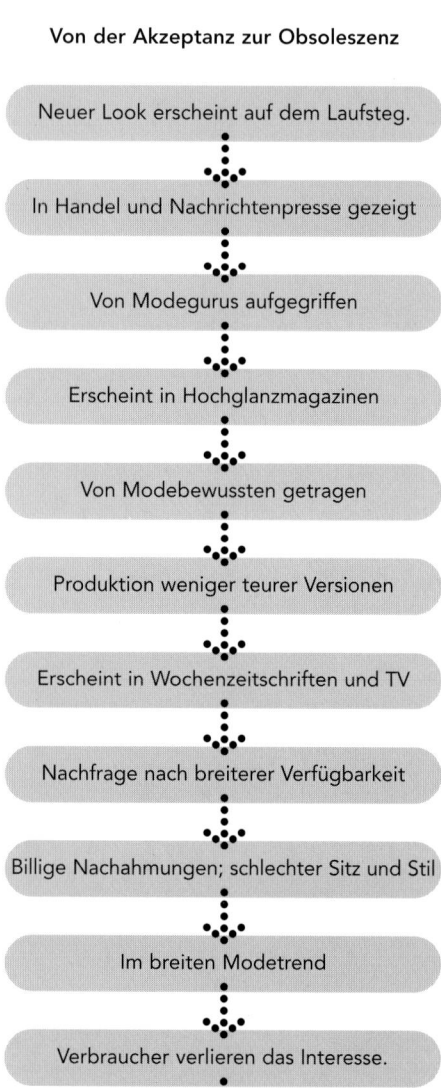

Von der Akzeptanz zur Obsoleszenz

- Neuer Look erscheint auf dem Laufsteg.
- In Handel und Nachrichtenpresse gezeigt
- Von Modegurus aufgegriffen
- Erscheint in Hochglanzmagazinen
- Von Modebewussten getragen
- Produktion weniger teurer Versionen
- Erscheint in Wochenzeitschriften und TV
- Nachfrage nach breiterer Verfügbarkeit
- Billige Nachahmungen; schlechter Sitz und Stil
- Im breiten Modetrend
- Verbraucher verlieren das Interesse.
- Ausverkauf der Linie
- Modegurus würden »lieber sterben, als darin gesehen zu werden« – man wendet sich einem neuen Look zu.

Herald Tribune haben eine unglaubliche Machtstellung und werden von Designern und Model-Agenturen ehrgeizig umworben. Dies gilt auch für Franca Sozzani von der italienischen *Vogue* und für Angelica Blechschmidt von der deutschen *Vogue*. Auch Tageszeitungen wie die *Frankfurter Allgemeine Zeitung* und die *Süddeutsche Zeitung* bringen eigene Berichte. Die Redakteure geben Ratschläge, wie man neue Mode trägt und illustrieren dies oft anhand von Beispielen, welche die neue Stilrichtung in Mainstream-Produkten umsetzen. Die passenden Accessoires, Pflegeprodukte, Frisuren und Make-ups runden den Look der Saison ab.

Die Öffentlichkeit wird mit den neuen Modetrends und -stilrichtungen meist unmittelbar vor der Hauptverkaufssaison vertraut gemacht. Leitartikel und oft auch Beilagen der Frühjahrs- (Februar/März) und Herbstausgaben (August/September) monatlich erscheinender Zeitschriften informieren über die internationalen Kollektionen, die drei Monate zuvor in Paris, Mailand, London und New York präsentiert wurden.

Modedesigner und v. a. Modehäuser kaufen regelmäßig Zeitschriften, die auf den für sie relevanten Marktsektor ausgerichtet sind. Konnten ihre PR-Agenten ihre Kreationen in Sonderausgaben platzieren, lassen sie Pressekarten für die Händler drucken, um den Verkauf zu fördern. Zudem informieren sie sich, mit welchen Händlern die Konkurrenz arbeitet, um diesen in der nächsten Saison ebenfalls ein Angebot vorzulegen.

Fachpresse

Wichtiger als die Hochglanzmagazine sind für den Designer jedoch die Fachzeitschriften. Obwohl es wichtig ist, zu wissen, über wen und was geschrieben wurde, ist vieles von dem, was die allgemeine Presse berichtet, zum Zeitpunkt der Erscheinung bereits nicht mehr aktuell. In Fachzeitschriften wird über alle Veranstaltungen und Modenschauen der Branche berichtet. In den USA informiert die Tageszeitung der Modebranche, *Women's Wear Daily*, an jedem Wochentag ausführlich über bestimmte Marktsegmente. Neben allgemeinen Nachrichten finden sich hier auch Statistiken und Listen zu Lieferanten und Herstellern sowie eine Rubrik für Stellenangebote.

In Großbritannien erfüllt *Drapers Record* eine ähnliche Aufgabe. Vierteljährlich erscheinende Zeitschriften wie *International Textiles* berichten über das Neueste aus der Welt der Stoffe. *Textile View, Viewpoint* und *View Colour* sind aufwendig gestaltete Zeitschriften voller Reportagen, Modeprognosen und Berichte zur Stoffentwicklung. In vielen Bibliotheken findet man einige oder alle dieser Publikationen.

Wichtige Fachorgane für Handel und Industrie im deutschsprachigen Raum sind u. a. die wöchentlich erscheinenden Zeitschriften *TextilWirtschaft* und *Textil-Mitteilungen*.

Internet

Im Internet können sich Studierende zeit- und kosteneffektiv über Stoffe, Posamente und Herstellungsverfahren informieren. Hat man einen Lieferanten im Internet gefunden, kann man meist per E-Mail eine Bestellung aufgeben. Zusätzlich gibt es eine wachsende Zahl von Informationsquellen der Modeindustrie, die zwar für die Öffentlichkeit unzugänglich sind, von Studierenden aber in begrenztem Umfang genutzt werden können, wenn die Ausbildungsstätte Lizenzrechte hat. Auch zu folgenden Bereichen leistet das Internet gute Dienste: aktuelle und archivierte Nachrichten; virtuelle Kollektionen von Modemuseen weltweit; virtuelle Modezeitschriften; modeorientierte Mailbox-Foren und Chatrooms (für Kontakte und Jobsuche); Websites für E-Commerce und Internet-Shopping; Werbeseiten mit Informationen zur Unternehmensgeschichte, Bildmaterial zu älteren oder aktuellen Kollektionen und Videoaufzeichnungen von Modenschauen.

Von der Herstellung bis zum Markt II

Historischer Hintergrund

Die Massenproduktion von Bekleidung wurde durch die Erfindung der Nähmaschine 1829 ermöglicht. Herrenbekleidung und Militäruniformen gehörten zu den ersten Artikeln, die mittels Nähmaschine produziert wurden. 1850 begann Levi Strauss mit der Herstellung von Arbeitshosen aus Jeansstoff für amerikanische Goldgräber. Das Material wurde zugeschnitten, zu einzelnen Bündeln sortiert und zu Näherinnen geschickt, die die Hosen in Heimarbeit fertig stellten. Um Zeit und Kosten für Anlieferung und Abholung zu sparen und eine einheitliche Qualität zu gewährleisten, wurden Näherinnen, die bereit waren, ihre heimische Arbeitsstätte zu verlassen, in Fabriken geholt.

Jedoch erst mit Einführung der Fußpedalnähmaschine durch den amerikanischen Erfinder Isaac Singer im Jahr 1859 begann die Nähmaschine eine wirklich wichtige Rolle für die Arbeit zu Hause und am Arbeitsplatz zu spielen. Im Rahmen der industriellen Revolution in Großbritannien und Europa wurden insbesondere in der Stoff- und Keramikherstellung effizientere Arbeitsmethoden entwickelt. In beiden Industriezweigen war eine große Zahl weiblicher Mitarbeiter beschäftigt. Fabrikaufseher stellten bald fest, dass ein Kleidungsstück sehr schnell produziert werden konnte, wenn eine Arbeiterin nur einen oder zwei Teile eines Kleidungsstücks bearbeitete, und jeder weitere Arbeitsschritt von jeweils anderen Näherinnen durchgeführt wurde. Dieser Prozess, die Akkordarbeit, ist auch heute noch das am weitesten verbreitete Produktionsverfahren.

1921 kamen elektrische Nähmaschinen auf den Markt, wodurch die Produktionsmenge von Damenbekleidung stark anwuchs. Große Bekleidungsgeschäfte konnten dieselbe Produktreihe im ganzen Land anbieten. Einheitlichkeit und eine perfekte Verarbeitung waren ein derartiges Novum, dass der Begriff »handgefertigt« zum ersten Mal als abwertend empfunden wurde. In den USA wurde der Großteil der in Massenproduktion hergestellten Bekleidung über Versandhauskataloge vertrieben. In Deutschland gründete Gustav Schickedanz das Versandhaus Quelle.

Der Zweite Weltkrieg unterbrach den Handel in Europa, da sämtliche Fabrikanlagen für die Waffenproduktion umgerüstet wurden. Die größeren Fabriken erhielten staatliche Subventionen und die Produktion wurde rationalisiert. Dies schuf die Voraussetzung für eine Produktion großer Stückzahlen nach dem Krieg. Viele kleinere Fabriken hatten zu kämpfen oder mussten schließen. Der Krieg hinterließ in Großbritannien viele Fabriken, die eher auf die Produktion von Kleidung mittlerer Qualität in großer Stückzahl angelegt waren, als auf kleinere Produktserien. In Frankreich, Italien und Deutschland, die im Krieg stark zerstört worden waren und mit Kapitalmangel zu kämpfen hatten, entstanden dank qualifizierter Arbeitnehmer Familienunternehmen und kleine Firmen, die zu einem Netzwerk qualitativ anspruchsvoller Hersteller heranwuchsen.

Herstellung heute

In den letzten Jahren veränderte sich die Herstellung durch computergesteuerte Systeme am deutlichsten in **Musterschnitt** und **Gradierung** sowie im Vertrieb und Verkauf. Im unteren Marktsegment ermöglicht die neue Technologie z.B. die Herstellung eines Anzugs in Standardgröße vom Zuschnitt bis zur letzten Naht in etwa 90 Minuten. (Für einen Maßanzug mit bis zu 200 manuellen Arbeitsschritten werden teilweise bis zu drei Tage benötigt.) Anzüge können auch mit Hilfe computerunterstützter Designtechnologie (**CAD**) nach individuellen Maßen im Laserschnittverfahren angefertigt werden. Einige CAD-Geräte erstellen hydraulische Schnittmusterschablonen für in großen Mengen

Oben Näherinnen in der industriellen Musterfertigung verfügen über umfangreiches Wissen zu den Herstellungstechniken; Akkordarbeiter fertigen immer wieder dasselbe Stück.

Unten Die Steppstichnähmaschine wurde schnell zum Grundpfeiler der Fertigung in der Modeindustrie.

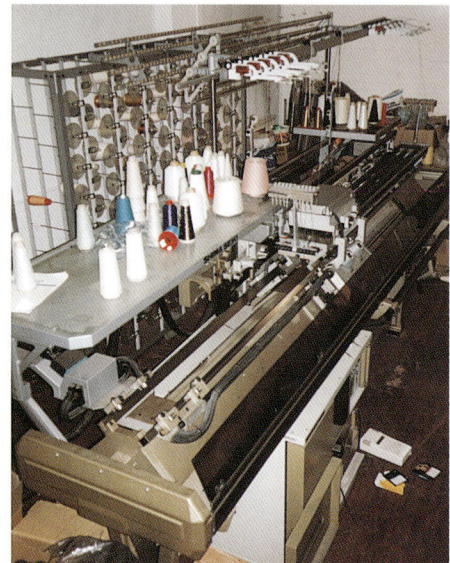

Links Stricken entwickelte sich vom Gebrauch zweier Nadeln zu einer komplexen, computergesteuerten Maschinerie. Ein Strickwarendesigner erlernt beide Herstellungsmethoden.

Rechts Bänder werden in greifbarer Nähe platziert.

hergestellte Kleidung wie Jeans. Dank aktueller Innovationen japanischer Ingenieure in der computergesteuerten »integrierten Strickerei« sind einzelne Strickwaren komplett mit Kragen und Taschen in 45 Minuten herstellbar. Zudem führte die Entwicklung von Stretchfasern und -stoffen zu neuen Formen und Techniken in der Herstellung von Unterwäsche, die dadurch leicht und zugleich stabil ist, Stützfunktionen erfüllt und dabei wesentlich leichter anzufertigen ist. Vollautomatische Fertigungsstraßen gibt es auch in der Mode, insbesondere für Strumpfwaren und Sportbekleidung. Allgemein ist die Verarbeitung elastischer Stoffe durch Roboter jedoch schwierig und fehleranfällig, wenn die Arbeitsprozesse nicht überwacht werden.

Durch die Beschleunigung kleiner Prozesse gelang der Industrie eine schnelle Anpassung an die Marktanforderungen: die Just-in-Time-Produktion (**JIT**). In den 1990er-Jahren entwickelten amerikanische Hersteller zusammen mit Ladengruppen elektronische Kassensysteme (**EPOS**, Electronic Point of Sale). Mit dem **UPC**-Systems (Universal Product Code) bzw. des **EAN-Strichcodes** (Europäische Artikel-Nummerierung) in Deutschland konnte man nun Stile, Größen und Farben identifizieren, Verkäufe verfolgen und das Warenangebot kurzfristig und wesentlich effizienter ersetzen oder umstellen, was auch die Finanzplanung für die folgende Einkaufsrunde erleichterte.

Daher sind Geschäfte mittlerweile weniger dazu bereit, Finanzressourcen in großen Lagerbeständen zu binden. Sie bevorzugen schnellere, risikoärmere Lieferung zu Vorzugskonditionen oder mit Rückgaberecht. Zwischen Bestellung und Auslieferung an die Läden liegen im mittleren Marktsegment etwa zehn Wochen. Der Zeitraum verkürzt sich beträchtlich, wenn Stoffe auf Lager liegen und Fabriken in Teilmengen oder nach Größen sortiert liefern, statt die Fertigstellung der kompletten Bestellung abzuwarten.

Oben Eine Maschine liest Form und Größe des Musters und gibt sie an ein Laserschnittmarkiergerät weiter.

Mitte Posamente, wie Reißverschlüsse, Bänder und Knöpfe, werden in großen Mengen eingekauft.

Unten Die Stoffe in einem Lager verwandeln sich schnell in bekannte Schnittstile. Der Stoff wird auf Aufbreitmaschinen aufgezogen, um mehrere Schichten auf einmal zu schneiden.

Produzententypen

Unabhängig vom Marktsektor oder dem Kleidungstyp ist die Zusammenarbeit des Designers mit dem Musterschneider im Rahmen der verfügbaren Möglichkeiten der modernen Herstellungstechnik unbedingt erforderlich. Der Designer muss die technischen und personellen Grenzen des Herstellers kennen. Denn nichts ist so frustrierend wie die verspätete Erkenntnis, dass ein guter Entwurf nicht in der gewünschten Qualität und zum kalkulierten Preis reproduziert werden kann.

> »Was ist eigentlich so gut an Perfektion? Ich mag sie nicht. Ich möchte etwas sehen, das ein bisschen anders ist. Ich möchte nicht, dass meine Sachen genauso sind wie die aller anderen ...« Designerin Shelley Fox

Die Modeindustrie besteht aus drei Haupttypen von Produzenten: Herstellern, Lizenzherstellern/Vertriebsfirmen und Werkvertragsunternehmen/Lohnbetrieben.

Hersteller

Vertikale Produzenten kontrollieren alle Arbeitsschritte von Stoffkauf und Entwurf bzw. Ankauf von Entwürfen über die Herstellung bis zu Verkauf und Auslieferung. Die Vorteile dieser Methode zeigen sich in guter Qualitätskontrolle und Markenexklusivität, doch häufig fallen dabei hohe Gesamtkosten an. Andere Hersteller spezialisieren sich oft auf das Angebot von Stoffen sowie modischer und **klassischer** Bekleidung für große Geschäfte und Ketten. Einige verfügen über eigene Einzelhandelsgeschäfte, aber die meisten handeln ausschließlich mit Großhandelswaren.

Hersteller können sich zu relativ großen Unternehmen entwickeln. Es gibt aber viele kleinere Unternehmen, die mit handwerklich orientierten Designern arbeiten, wie **Haute-Couture**-Salons und Maßschneidereien, die ihre Waren im Haus herstellen. Diese Unikate erfordern viele Anproben, so dass Designer und Zuschneider nahe der Fertigungsstätte arbeiten sollten. Die Produktionsmengen sind auf die Kapazitäten kleiner, hoch qualifizierter Belegschaften begrenzt und die Preise entsprechend hoch. Endausführungen, z. B. Stickereien, Knopflöcher und Aufbügeln, für die spezielle Maschinen nötig sind, erstellen meist Subunternehmen. **Couturiers** und Maßschneider haben oft nur ein Geschäft, mit dem Laden im vorderen und der Fertigungsstätte im hinteren Bereich.

Diese Seite Ein Musterschneider testet die schräge Anordnung eines Schnittmusters. Es entsteht weit mehr Stoffausschuss als bei einer Anordnung der Stücke parallel zur Webkante.

Nächste Seite Ein Muster wird in der Fabrik zugeschnitten und angefertigt. Anschließend geht es zur Freigabe an den Hersteller.

Lizenzhersteller/Vertriebsfirmen

Viele der wichtigsten Modedesignfirmen fallen in diese Kategorie: Sie erstellen Entwürfe, kaufen Material und planen Zuschnitt, Verkauf und Auslieferung, stellen die Kleidung jedoch nicht her. Dieses System ermöglicht die Flexibilität, innovative Kleidung in kleinen Serien von Subunternehmern, den Zwischenmeisterbetrieben (s. S. 46), anfertigen zu lassen. Kleinere Unternehmen riskieren dabei aber, bei größeren Aufträgen ans Ende der Prioritätenliste dieser Vertragsunternehmen zu wandern. Auch haben sie weniger Kontrolle über Qualität, Preis und **Plagiate.** Andererseits arbeiten Vertriebsfirmen auf niedrigerem Lohnniveau und haben seltener technische Probleme als Hersteller. Um die hohen Preise ihrer Produkte zu rechtfertigen, müssen Hersteller mehr Geld für Werbung, Fachmessen, Modenschauen und Gestaltung von Geschäftsräumen aufwenden.

Auftrag

Bevor ein Designer oder Kunde ein Vertragsunternehmen mit der Herstellung beauftragt, vergewissert er sich, wie gut das Entwurfsmuster reproduziert werden kann. Das Vertragsunternehmen muss dann ein oder mehrere Muster zur Ansicht zuschneiden bzw. anfertigen. Wenn alle Verbesserungen, Details und Kosten abgestimmt sind, wird das gewählte Muster als festgelegtes Referenzstück mit einer Beschreibung der genauen Angaben »versiegelt«. In der Vergangenheit erhielt das **versiegelte Abschlussmuster** eine Metallplombe, um ein Vertauschen im Streitfall zu verhindern.

Der bestätigte Auftrag eines Designers oder Modegeschäfts an einen Hersteller wird als Produktionsauftrag bezeichnet: Das Formular enthält Angaben zu den Stückzahlen der bestellten Modelle in den verschiedenen Größen. Traditionell werden die Stückzahlen in Dutzend aufgerundet, zwölf Dutzend sind ein Gros – oft Mindestgrenze für eine Bestellung. Die Stücke werden überprüft, mit Etiketten und Anhängern versehen und verlassen dann als fertige Auftragssendung in mit Kleiderstangen ausgestatteten Lieferwagen die Fabrik. Im Lager des Großhändlers werden sie dem Bestellkunden zugeordnet und ausgezeichnet: d.h. sie erhalten Informations- oder Preisetiketten, bevor sie an die Geschäfte ausgeliefert werden.

Oben links Schnitte wurden oft auf verschiedenfarbigem Papier je nach Größe und Kollektion sortiert.

Oben Mitte Kleidungsstücke werden aufgebügelt, bevor man sie für die Auslieferung vorbereitet.

Oben rechts Versandfertige Kleidungsstücke. Verschiedene Schnittstile und Größen werden für eine Bestellung »gezogen«.

Unten Der Schnittlagenplan des Musters dient als Schablone für den Musterschneider. Um die Gewinnspanne eines Kleidungsstücks einzuhalten, ist möglichst wenig Stoff zu verwenden.

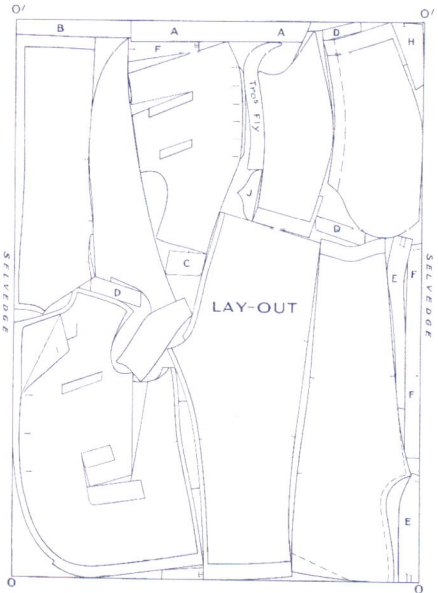

Vertragsunternehmen/Lohnbetriebe

Vertragsunternehmen variieren in der Größe, von etablierten Großunternehmen – oft »Big Boys« genannt – über mittelgroße Zwischenmeisterbetriebe (Cut-Make-and-Trim (CMT)-Werkstätten) bis zum einzelnen Heimarbeiter. Die großen Vertragshersteller haben ihren Sitz oft in oder in der Nähe von Industriestädten, was die Warenauslieferung erleichtert. Ihre Designteams arbeiten nach den Vorgaben der großen Modegeschäfte, die sie beliefern. Die Teams sind für alle Aspekte der Produktion – **Musteranfertigung**, Herstellung und **Staffierarbeiten** sowie Verpackung und Auslieferung – verantwortlich.

Vertragsunternehmen produzieren keine **Kollektionen,** sondern kleine Produktgruppen und **Zwischenkollektionen,** die Schnitte, Stoffe oder erkennbare Marktbedürfnisse thematisieren. Das Designerteam entwirft eine große Musteranzahl. Einige werden in Flagship Stores auf ihr Marktpotential getestet. Merchandising-Experten wählen vielversprechende Produkte aus, die dann mit dem **Label** des jeweiligen Geschäfts versehen und keinem anderen Kunden mehr angeboten werden. Diese Eigenprogramme von Einzelhändlern nennt man **Private Label**. Die Vertragsunternehmen übernehmen das Risiko für Entwurf und Herstellung, nicht aber für schlechte Verkaufszahlen. Bereits vor Beginn der Saison handeln sie komplexe revolvierende Verträge mit den Geschäftsketten aus, die sie beliefern, da ein Auftragsmangel für sie den Ruin bedeuten könnte.

Zwischenmeisterbetriebe sind meist kleine Familienbetriebe mit weniger als 30 Mitarbeitern. In Stoßzeiten werden sie oft von größeren Herstellern beauftragt, arbeiten aber auch für unabhängige Designfirmen. Die Werkstätten variieren stark in Können und Zuverlässigkeit. Einige sind spezialisiert. Lohnbetriebe bieten keine **Schnittmuster,** Stoffe oder Staffierarbeiten, können aber bestimmte Herstellungsbereiche, das Aufbügeln und das Verpacken der Waren übernehmen. Sie tragen keine Risiken für Entwurf oder Verkauf. In Stoßzeiten beschäftigen sie manchmal Heimarbeiter.

Oft sind es hoch qualifizierte Frauen, die Zuhause arbeiten. Sie nähen häufig für unabhängige Designer, deren Aufträge für Lohnbetriebe zu klein sind. In der Regel erhält der Heimarbeiter ein Paket mit geschnittenen Stoffbündeln, Garnen und Posamenten für die Näharbeiten. Verteilt man einen Schnittstil auf mehrere Näher, können stilistische Übereinstimmung oder Auslieferung allerdings problematisch werden.

Auslandsproduktion

Viele Großhändler lassen heute im Ausland produzieren. Die Herstellung in Europa und den USA ist im Vergleich zum Fernen Osten und anderen Niedriglohnländern oder staatlich subventionierten Industrien teuer. Qualitätskontrolle, Produktionsgeschwindigkeit und Sorgfalt bei Veredelungs- und **Staffierarbeiten** können dabei sehr gut sein. In den 1990er-Jahren verlegte der amerikanische Designer Calvin Klein seine gesamte Produktion in den Fernen Osten. Bald folgten andere Modefirmen. Großunternehmen beauftragen oft Agenturen und Makler. Diese planen und überwachen die Produktion und kontrollieren die Einhaltung von Zeitplänen und Standards.

Die Verlagerung auf Auslandsproduktion wird weithin moralisch verurteilt. Vielen Verbrauchern missfällt es, dass bekannte **Marken** ihre Kleidung von unterbezahlten Arbeitern in »Ausbeuterbetrieben« anfertigen lassen, obgleich die meisten dennoch günstigere Kleidung vorziehen. Einige Hersteller wurden aufgrund ihrer Arbeitspolitik Opfer von Boykotts, Demonstrationen und Protesten. Dies wiederum führte zu **Einfuhrquoten,** Zollembargos und »Bananenkriegen« gegen Waren wie z. B. Kaschmirpullover.

Hongkong – damals noch britische Kolonie – war das erste Land, in das europäische und amerikanische Unternehmen die Produktion ihrer Konfektionsware verlegten. Auf der Grundlage eines sozialen Ethos für Effizienz und Kostenwirksamkeit, eines bereitwilligen Arbeitsmarkts und einer kontinuierlich aktualisierten Technologie wurde Hongkong schnell zum zweitgrößten Exporteur von Bekleidung nach Italien. Gegenwärtig gibt es ca. 10.000 Fabriken verschiedener Größe in Hongkong.

Durch die große Zahl global operierender Unternehmen steht die Kostenfrage nicht mehr an erster Stelle, sondern die Zeitplanung. Die Nachfrage nach neuer Mode ist so groß, dass diese schnell auf den Markt muss, um nicht zu veralten. Hersteller in China, Taiwan und Korea reagieren mit Schnelligkeit, Qualität und technologischer Organisation. Amerikanische Modeunternehmen erwarten von ihren Agenten in Hongkong eine Fertigstellung in etwa 1.000 Stunden, vom Aufkommen einer neuen Stilrichtung bis zur Lieferung von etwa 10.000 Kleidungsstücken aus 10.000 Meilen Entfernung.

> »Wir haben vier Saisons – Frühjahr, Sommer, Herbst und Winter – und zwei Serien im Frühjahr und Herbst. Jede Serie besteht aus 170 Stücken, wovon 30% Strickwaren sind, die im Fernen Osten produziert wurden. Die Serien werden zusammengestrichen und etwa 100 Stile fallen weg. Es ist, als ob man viermal im Jahr eine Abschlusspräsentation machen würde. Der Druck ist enorm, aber mit den richtigen Leuten macht es Spaß. Der Schlüssel ist die Organisation ...« Strickwarendesigner für Ralph Lauren

Marktsegmentierung

Die Mode- und Bekleidungsbranche wird allgemein in drei Bereiche unterteilt: Damen-, Herren- und Kindermode. In Deutschland ist die Damenmode (DOB) mit 52,23% des Marktanteils der größte Bereich, gefolgt von 28,96% bei der Herrenmode (Haka). Kindermode (Kiko) ist mit 6% der kleinste Bereich. (Sonstige Bekleidung: 12%)

Um Verkaufs- und Werbestrategien zu entwickeln, analysieren Hersteller und Großhändler den Markt eingehend, wobei sie die drei Hauptbereiche in kleinere Segmente unterteilen. Analysten definieren Marktsegmente nicht nur anhand von Alter, Geschlecht und sozioökonomischer Gruppierung, sondern auch anhand von Verhaltensmustern.

Zielmärkte identifizieren

Marktanalysten identifizieren Zielmärkte anhand folgender aussagekräftiger Faktoren:

Alter Anhand dieser Kategorie kann der Einzelhändler die Kaufgewohnheiten der Kunden je nach Lebensabschnitt ermitteln. Mit Hilfe der Bevölkerungszahlen innerhalb jeder Altersgruppe ist die potentielle Marktgröße kalkulierbar. In Großbritannien und den USA nimmt die Zahl der Modebewussten in der Gruppe der 15- bis 24-Jährigen ab, während die 25- bis 34-Jährigen den größten Markt bilden.

Geschlecht Bis vor kurzem gab es separate Geschäfte für Damen- und Herrenmode. Da heute aber mehr Männer selbst einkaufen gehen, bewegt sich der Trend in großen Ketten und Geschäften für Freizeitmode hin zum Angebot beider Bereiche.

Demografie Durch das Studium der Bevölkerungsverteilung können landesweit sozioökonomische und ethnische Gruppen sowie Einkommenshöhe und Freizeitgestaltung verfolgt werden. In einer verschlafenen Kleinstadt wird andere Kleidung verlangt als in einem lebhaften Ferienort. Verschiedene ethnische Gruppen können bestimmte Farben, **Marken** oder **Accessoires** bevorzugen.

Lifestyle Die Art, wie Menschen leben und reisen, bestimmt ihre Kleiderwahl. Eine Karrierefrau benötigt **Separates**, Geschäftskleidung und Klassiker. Allein stehende Männer bevorzugen sportliche Kleidung.

Physische Merkmale Körpergröße hängt mit genetischen Faktoren zusammen, die in bestimmten Regionen vorherrschen können. Studien zeigen, dass die westliche Bevölkerung im allgemeinen größer und kräftiger wird.

Psychografik Die Psychografik untersucht die Haltung zur Mode, ob Menschen modeinteressiert sind und neue Trends früh oder aber erst spät annehmen. Stadtbewohner übernehmen neue Stilrichtungen im Allgemeinen schneller als die Landbevölkerung.

Religion Religiöse Feiern können in bestimmten Gemeinschaften über den Kauf dezenter bzw. extravaganter Kleidung oder über die Nachfrage nach teuren Hochzeitskleidern entscheiden. Dieser Faktor bedingt auch, dass in einigen Gegenden die Geschäfte an bestimmten Tagen oder zu kirchlichen Festen geschlossen sind.

Soziale Klasse Menschen möchten einer bestimmten gesellschaftlichen Schicht zugeordnet werden und mit Gleichgestellten einkaufen. Das Kaufhaus Harvey Nichols in London gilt z.B. als Inbegriff für den Stil der oberen Mittelklasse. In New York unterscheiden Marktforscher zwischen »Uptown«- und »Downtown«-Käufern. In Deutschland bieten die Modehäuser Eickhoff in Düsseldorf und Maendler in München Top-**Avantgarde-** und Designermode.

Sozialverhalten Umfassende Veränderungen der Bevölkerung, wie eine höhere Scheidungsrate oder der Trend zur Familie mit einem allein erziehenden Elternteil, können sich auf die Kaufkraft der Verbraucher auswirken.

Werte und Einstellungen Subtile Indikatoren für den Lebensstil, die Anbietern bei der Feinabstimmung von Verkäufen und Werbung helfen. Die Ergebnisse liefern Umfragen zu Themen wie Rendezvous und Sex, Film und Musik, Aktuelles und Politik.

Wirtschaftliche Situation Gehalt ist nicht dasselbe wie verfügbares Einkommen – eine gut verdienende Mittelklassefamilie gibt ihr Geld vielleicht eher für die Ausbildung der Kinder als für Kleidung aus. Die Verfügbarkeit von Krediten sowie Hypothekenzahlungen können den Kleiderkauf ebenfalls beeinflussen.

»Nur die Einzelhändler, die mit einem klar differenzierten und definierten Angebot eine sorgfältig ausgewählte Marktnische bedienen, werden Erfolg haben.« MIT/EMAP-Bericht (1999)

Shopmanager leiten Kunden- und Zielgruppenprofile davon ab, welche und wie viele Personen ihr Geschäft betreten. In den 1980er-Jahren ermöglichte die Einführung des elektronischen Kassensystems **(EPOS)** die Identifizierung und Ersetzung von Artikeln, die sich gut verkaufen. Andere Artikel werden zurückgezogen, so dass Geschäfte nur die gewünschten Waren anbieten. Viel gekaufte Größen können schnell ersetzt werden. Diese Form der Verkaufsrückmeldung nennt man Matrixmarketing.

Die Auswertung von Statistiken, die auf Daten aus Volkszählungen, aktuellen Wirtschaftszahlen, Marktanalysen und der Einzelhandelsleistung basieren, kann starke Trends aufzeigen. Diese Form der Analyse hat u.a. Folgendes gezeigt: In der Damen- und Herrenmode wurde der Absatz von Anzügen und Oberbekleidung allgemein durch Sportbekleidung abgelöst; der Jeansmarkt stagniert; unabhängige Geschäfte werden von Konzessionshändlern, Modeketten und **Zweitlinien** der Haute-Couture-Häuser verdrängt; Markenbewusstsein und -loyalität sind stark verbreitet; Teenager verlangen viel häufiger nach Streetwear; größere Damengrößen sind gefragt.

In der Vergangenheit konzentrierten sich Hersteller und ihre Abnehmer auf bestimmte Produktgruppen, z.B. Tageskleider, Herrenhemden oder Abendgarderobe. Kaufhäuser verfolgten eine ähnliche Kategorisierung, z.B. fand man alle Strickwaren in einer Abteilung. Heute gruppieren die Verkaufsberater von Kaufhäusern die Kleidung nach Alter, Lifestyle und sozioökonomischen Kriterien, oder auch nach Modefirmen, die häufig ein vollständiges, farblich und stofflich koordiniertes Themenambiente anbieten.

Unabhängige Läden bieten eine persönliche Note und individuelles Ambiente, das auf den Kundenkreis vor Ort zugeschnitten ist.

Einzelhandelstypen

Shopberichte

Studierende des Modedesign müssen lernen, Shopberichte zu schreiben. Hierdurch wird v. a. das Auge für Marktsektoren, Verkaufsumgebungen, Verbraucher und Trendentwicklungen geschärft. Es erfordert ein geübtes Beurteilungsvermögen von Trends und Produktionsvarianten, Farben und Stilen, die sich verändern oder herabgesetzt werden, sowie von **Preisschwellen** und der Einführung neuer Stoffe, Größen oder **Labels**. Ziel dieser Art von Marktbeobachtung ist es nicht, Designs zu kopieren, da diese bereits auf dem Markt sind, sondern den Zeitrahmen von Stilen und die Gefahren der Überpräsentation von Designs zu erkennen, Herstellungsmaßstäbe zu identifizieren und Inspirationen für die Entwicklung positiver Trends zu sammeln. Nehmen Sie ein Notizbuch mit und stellen Sie Verkäufern und Kunden Fragen – natürlich immer mit der entsprechenden Diskretion.

Heute kann Einkaufen als Freizeitbeschäftigung ersten Ranges angesehen werden. Die Nachfrage nach bestimmten Bekleidungsartikeln und die bequemste oder angenehmste Art, diese einzukaufen, spiegelt sich im Erfolg oder Misserfolg bestimmter Einzelhandelsformen wider. Angehende Modedesigner müssen wissen, was die verschiedenen Einzelhandelsformen bieten wollen und wo ihre Grenzen liegen.

Unabhängige Läden

In diese Kategorie fallen Einzelhändler mit weniger als zehn Geschäften. Die meisten davon sind Einzelunternehmen mit nur einem Geschäft oder einer **Boutique**. In den

Diese Seite Kleinere Geschäfte sind eher bereit, Kollektionen neuer Designer anzubieten, um sich durch ihr Warenangebot von den Filialketten abzuheben.

Nächste Seite Konzessionshändler sorgen in Kaufhäusern für Angebotsvielfalt. Das breite Warenangebot in Kombination mit dem Image von Zuverlässigkeit und gutem Service eines Kaufhauses vermittelt dem Kunden ein sicheres Gefühl.

USA nennt man sie auch »mom-and-pop stores« (Tante-Emma-Läden), da sie eine persönliche Note bieten und oft auf bestimmte Kleidung spezialisiert sind. Diese Läden unterliegen aufgrund höherer Steuern und Mietkosten einem stärkeren Druck als große Ketten. Meist befinden sie sich daher nicht in erstklassiger Lage. Unabhängige Geschäfte für Herrenmode sind seltener, obwohl dieser Sektor wächst und schon bald die rückläufige Zahl an Damengeschäften eingeholt haben wird. Um Kunden anzulocken, müssen sie andere Waren führen als die großen Geschäfte, stark innovative Mode, Designermode oder Exklusivität bieten. Lieferanten sind für sie schwieriger zu kontrollieren als für Kaufhäuser, die größere Budgets und mehr Einfluss darauf haben, wann und zu welchem Preis sie Waren kaufen oder Preise senken.

Filialketten

Dies sind einzelne oder mehrere **Ladenketten** im Besitz einer Muttergesellschaft, z. B. French Connection oder Gap. Manche Filialketten sind spezialisiert, während andere ein breit gefächertes Warenangebot bieten. Erstklassige Standorte im Stadtzentrum oder in Einkaufszentren ermöglichen hohe Umsätze. Einkäufe werden in großen Mengen getätigt oder **Eigenmarken** in Auftrag gegeben und an die Filialen verteilt. Filialketten bauen Markenbewusstsein und -loyalität über ein firmeneigenes Image und **Logo** sowie über Verpackung und Werbung auf. Der Kunde erwartet moderate Mode der mittleren Preisklasse. Zudem locken Cafés, Kundenkarten und Werbeaktionen.

Kaufhäuser

Kaufhäuser bieten auf mehreren Stockwerken bzw. in verschiedenen Abteilungen ein großes Warenangebot. Sie sind so konzipiert, dass der Kunde so lange wie möglich im Laden verweilt. Die ersten Kaufhäuser, die Ende des 19. Jahrhunderts in Erscheinung traten, bestachen durch prachtvolle Architektur und Innenausstattung sowie eine hervorragende Lage. Für gewöhnlich sind etwa 70 % der angebotenen Waren Modeartikel. Viele Kaufhäuser bieten Kundenkarten, die den Einzelhändlern Informationen für ihre Kundendatenbank liefern und so Werbemaßnahmen für bestimmte Zielgruppen ermöglichen. In Kaufhäusern findet man Konzessionshändler und ein breit gefächertes Warenangebot. Zudem bieten sie Extras wie Restaurants, Kreditkarten, Geldautomaten oder Hochzeitsgeschenklisten. Heute müssen Kaufhäuser hart an ihrem altmodischen Image und Ambiente arbeiten, um die Gunst junger Kunden zu gewinnen.

Einkaufszentren verbinden bequemes Einkaufen mit Schutz vor der Witterung. Viele bieten eine lebendige Architektur und Freizeitmöglichkeiten, damit Kunden angelockt werden und den ganzen Tag dort verbringen.

Konzessionshändler

Früher bezogen Kaufhäuser sämtliche Waren vom Hersteller oder Großhändler. Die Hauptvorteile des Warenankaufs sind Produktvielfalt und der Wegfall von Herstellungskosten. Die Bindung von Finanzmitteln in großen Lagerbeständen ist riskant. Ein Kaufhaus muss innerhalb eines saisonalen Zeitrahmens Gewinne machen, um die Modeartikel für die nächste Saison zu kaufen. Verschätzen sich **Einkäufer** in ihrer Prognose oder verändern das Wetter und andere äußere Umstände das Verbraucherinteresse, so sind beim Schlussverkauf starke Preisnachlässe auf unverkaufte Lagerbestände erforderlich.

Konzessionshändler nehmen das Risiko aus dem **Einzelhandel.** Kaufhäuser vermieten zu einem fixen Prozentsatz des Umsatzes Verkaufsräume an Einzelhändler oder Hersteller, was gewisse Mindesteinnahmen garantiert. Konzessionshändler beschäftigen eigenes Verkaufspersonal und kümmern sich selbst um Ausstattung, Lagerbestände und Auslagengestaltung. Konzessionsverträge eignen sich v. a. für kleine Vertretungen einzelner Accessoire- oder Kosmetikfirmen. Mit einer Konzessionsvertretung in einem viel besuchten Kaufhaus können sich junge Designer im Einzelhandel etablieren und den Markt testen, ohne die Risiken eines eigenen Geschäfts zu tragen.

Franchising

Franchising ist eine risikoarme Methode des Einzelhandels. Bei Franchiseunternehmen handelt es sich im Wesentlichen um fest etablierte Firmen, die ihre Waren selbst herstellen und vertreiben sowie eigenes Werbematerial und ein **Firmenzeichen** entwickeln. Der Franchisenehmer erwirbt die Rechte für den Verkauf der Waren innerhalb eines festgelegten geografischen Rahmens gegen eine Einstandsgebühr und Lizenzgebühren. Die Preise werden für alle Franchisenehmer auf dem gleichen Niveau festgesetzt. Als Kompensation für einen kleineren Anteil am Gewinn profitiert der Hersteller vom breit angelegten Vertrieb seiner Produkte und einer einheitlichen Marktpräsenz, ohne sich um regionale Umsatz- oder Personalprobleme kümmern zu müssen.

Diskontläden

Diskontläden kaufen Waren zu herabgesetzten Preisen von einer Vielzahl internationaler Anbieter, v. a. aus Quellen mit niedrigen Herstellungskosten oder von Vertragsunternehmen, die **Restposten,** stornierte Aufträge oder Überproduktionen abstoßen. Aufgrund der attraktiven Preise haben sie in den USA einen Marktanteil von 15 %. Meist werden die **Labels** von den Waren entfernt, um die **Hersteller** zu anonymisieren.

Factory-Outlet

Ihren Ursprung hatten Factory-Outlets in zu großen Lagerbeständen bzw. fehlerhaften Waren, die ermäßigt an Mitarbeiter von Herstellern verkauft wurden. Allmählich öffneten die Hersteller ihre Tore auch für die Öffentlichkeit. Die Rezession der 1980er-Jahre führte zu einer sprunghaften Ausbreitung der Factory-Outlets. Besonders in den USA wurden die Läden vom Fabrikgelände ausgelagert und bildeten mit anderen Factory-Outlets schicke »Einkaufsdörfer« außerhalb der Großstadtzentren, mit hoher Qualität zu niedrigen Preisen. Die Kunden gehören in der Mehrheit der oberen sozialen Schicht an.

Märkte

Märkte mit ihrer lebhaften und ungezwungenen Atmosphäre gelten traditionell als Fundort für Schnäppchen. Die auf Märkten verkauften Modeartikel kommen häufig aus denselben Quellen wie die der Diskontläden. Beschädigte Waren oder Ladenhüter, bekannt als zweite Wahl, werden den Markthändlern günstig angeboten. Bezahlt wird gewöhnlich in bar; die üblichen Kundenschutzbestimmungen hinsichtlich der »handels-

Links und rechts Viele Designer sammeln Erfahrungen zur Kundennachfrage, indem sie ihre Accessoires oder Kleidung auf Märkten anbieten.

üblichen Qualität« der Ware werden oft nicht streng befolgt. Einige alternative Märkte ziehen junge Designer und Studierende an, die ihr Talent zu Geld machen und ihre Zielabnehmergruppe austesten möchten. Auf Flohmärkten wie der Portobello Road in London und der Porte de Clignancourt in Paris, die auf Secondhandwaren spezialisiert sind, können Studierende viele Inspirationen und schöne alte Stoffe finden.

Versandhäuser

Eine Versandhausbestellung eignet sich für Kunden, die nicht einkaufen gehen können oder wollen. Diese Art des Einkaufs war schon bei den ersten amerikanischen Siedlern beliebt, die sich Waren auf ihre entfernt gelegenen Farmen liefern ließen. Zu den größten deutschen Versandhäusern mit breitem Modeangebot zählen Quelle (seit 1927) und Otto. Zweimal pro Jahr werden Kataloge versandt, die den Kunden attraktive Ratenzahlung bieten. Das Geschäft mit dem Einkauf per Katalog expandiert; berufstätige Frauen haben oft keine Zeit mehr für Einkaufsbummel. Viele Einzelhandelsgruppen haben eigene Versandkataloge. »Magalogues«, monatlich erscheinende Kataloge in Form von Zeitschriften, sind die neueste Marketingerfindung von Lieferanten und Kaufhäusern.

Internetshopping

Internetshopping ist eine neue Form des Versandkatalogs. Eingekauft wird über den Computer oder den digitalisierten Fernseher. Der **Einzelhandel** im Internet erweist sich in einigen Marktsektoren, z.B. bei Büchern, Musik oder Hobbyartikeln, als lukrativ. Damenmode wird selten angeboten, obwohl sich einfache Artikel wie T-Shirts, Sportbekleidung und Hightechmode gut verkaufen. Kreditkarteninhaber können auf diese Weise rund um die Uhr weltweit einkaufen.

Preisschwellen

Preisschwellen für Modewaren berücksichtigen Verarbeitungsqualität, Verfügbarkeit, Designinhalte und demografische Zielgruppen. Das Verhältnis dieser Faktoren ist nicht immer leicht zu erkennen und oft recht kurios. Streetwear kann z. B. ziemlich gut verarbeitet, schwer zu bekommen, hoch aktuell und doch vergleichsweise preisgünstig sein. Grund dafür: der kleine und nicht sehr zahlungskräftige Kundenkreis.

> »Die Preisfestsetzung ist wichtig, um ein Geschäft gut zu führen und Gewinne zu machen. Man muss auch Risiken eingehen, kalkulierte Risiken ... Unser bestverkaufter Stoff kostete im letzten Winter 52 Pfund pro Meter; nach Aufschlag des Gewinns war das sehr teuer.« Designer Joe Casely-Hayford

Designer müssen die Preise der engsten Konkurrenten kennen. Preise müssen fair sein und den Wert der eingesetzten Stoffe und Herstellungsmethoden widerspiegeln. Auch sollte man über spezielle Anreizsysteme informiert sein, welche die Konkurrenz ihren Käufern z. B. über Kreditrahmen, Rückgaberecht, Werbeartikel und Marketingunterstützung bietet. **Einkäufer** im **Einzelhandel** stellen bei jeder saisonalen Einkaufsrunde Preisvergleiche an und kennen die Preisschwellen der Geschäfte. Sie müssen ihr Preisgefüge auf die Käufer zuschneiden, sogar im Schlussverkauf. Hohe Preissteigerungen zwingen den Kunden, sich nach günstigeren Angeboten umzusehen, während ihn starke Preisnachlässe am Ausgangspreis zweifeln lassen. Die Festlegung einer akzeptablen preislichen Ober- und Untergrenze ist ebenso wichtig wie der Entwurf der Kleidung selbst.

Firmenidentität und Branding

Designer oder Unternehmen investieren meist viel Geld, Zeit und Fachwissen in die Entwicklung neuer Mode oder innovativer Kleidung. Wenn ein Produkt entwickelt und sein Vertrieb auf einem Zielmarkt etabliert ist, strebt das Unternehmen danach, sein Produkt durch eine einzigartige, erkennbare Identität zu schützen.

Modefirmen haben ein **Logo**, **Label** oder **Firmenzeichen** (Firmenschild), um den Verkauf anzuregen und die Treue der Kunden zu fördern und zu belohnen. Für manche Verbraucher ist das Label oft wichtiger als die Kleidung selbst. Markennamen, **Warenzeichen** und Logos werden gegen eine Gebühr eingetragen, wodurch das Unternehmen die exklusiven Nutzungsrechte erhält. Bei Warenzeichen ist auch die internationale Eintragung möglich. Sogar Designs können eingetragen werden: Chanel ließ eine gesteppte Handtasche mit Initialen und vergoldeter Kette als Warenzeichen eintragen, Levi Strauss die Doppelnaht an den Gesäßtaschen ihrer Jeans. Durch die relativ günstige Eintragung können Marken oder Logos zu eigenständigen Vermögenswerten werden, durch die einfache Kleidungsstücke wie T-Shirts und Unterwäsche erheblich an Wert gewinnen. Nike, die ihr Logo für nur 35 US-Dollar von der Designerin Caroline Davidson kauften, zahlen mittlerweile Millionen für seine Vermarktung und seinen Schutz – so wertvoll ist seine kommerzielle und symbolische Bedeutung geworden. Die rechtswidrige Verwendung eines Logos oder seine Fälschung ist in den USA und den Unterzeichnerstaaten der EU-Verordnung zur Warenzeichenfälschung von 1986 strafbar.

Copyright

In der Welt der Mode kann es manchmal schwierig sein, die Herkunft eines Designs zu ermitteln. Neue Moderichtungen sind sehr oft verbesserte Versionen ihrer Vorgänger. Einige **klassische** Stile, etwa Herrenhemden, Faltenröcke oder Schlaghosen, sind so weit verbreitet, dass sie als Allgemeingut gelten und nicht geschützt werden können. Von Zeit zu Zeit gibt es jedoch innovative Ansätze in Materialverwendung, Zuschnitt oder der Anordnung von Kleidungsmerkmalen, die für ein Design stehen, das durch Copyright oder ein Patent geschützt werden sollte. Der Erfinder kann das Design unter seinem Namen eintragen lassen, solange er nicht für ein Unternehmen tätig ist. In diesem Fall besitzt das Unternehmen das Nutzungsrecht, normalerweise auf Lebenszeit plus 70 Jahre. Ein Modedesigner kann nur die Originalzeichnung seines Designs eintragen lassen, nicht das fertige Kleidungsstück. Die Zeichnung muss mit der Unterschrift des Designers, einem Datumsstempel und dem Copyrightsymbol versehen und bei einer Bank oder einem Rechtsanwalt hinterlegt werden. Wenn andere Firmen das Design verwenden möchten, müssen sie eine **Lizenz** beantragen und für jedes produzierte Kleidungsstück eine Lizenzgebühr bezahlen. Der Industriestandard liegt bei 3–8 % des Großhandelspreises. Der französische Modeschöpfer Pierre Cardin ist König der Lizenzverträge; in den 1970er-Jahren hatte er mehr als 800 Lizenznehmer, die Mode, Accessoires und Haushaltsartikel mit seinem **Label** herstellten. Lizenzierte Waren von schlechter Qualität können der Firmenidentität jedoch auf Dauer beträchtlich schaden.

Wenn illegal Kopien angefertigt werden, gilt dies als Verletzung des Copyrights, und der Fall kann vor Gericht gebracht werden. Das kopierte Kleidungsstück nennt man **Imitat**. Leider gilt das Copyright nur innerhalb der eigenen Landesgrenzen. Ein Design mit britischem Copyright ist auch nur in Großbritannien geschützt. Die meisten Raubkopien werden im Fernen Osten hergestellt. In Indonesien, auf den Philippinen und in Taiwan wird geistiges Eigentum nicht anerkannt und gegen Fälschungen kann nur sehr wenig unternommen werden. In den USA besteht trotz eines allgemein anerkannten Copyright-Gesetzes schon lange die Tradition, dass Couture-Kleider sofort kopiert werden, sobald sie in den Topboutiquen erscheinen. Obwohl die **Couturiers** einigen amerikanischen Herstellern Rechte einräumten, wurden diese weithin missachtet, und der Handel profitierte von der schlechten Überwachung derartiger Praktiken.

Fälschungen können schwer nachzuweisen sein. Wann folgt ein Modehaus einem Trend, wann verstößt es gegen das Gesetz? Wenn **Schnittmuster** aus der Fabrik eines Vertragsunternehmens gestohlen bzw. kopiert werden, Originalstücke oder auf Bestellung bedruckte Stoffe vorgefunden werden, ist der Fall eindeutig. Viele Unternehmen führen harte Maßnahmen zum Schutz ihres geistigen Eigentums ein, andere halten Nachahmung für die ehrlichste Form des Lobs, und wenden sich neuen Designs zu.

Junge Designer müssen sich den Unterschied zwischen dem Einfluss anderer auf die eigene Arbeit und dem bloßen Kopieren vor Augen führen. In der Ausbildung studieren Sie historische und zeitgenössische Mode, um Schnitttechniken und stilistische Details zu erlernen, zeichnen und analysieren die Arbeiten bekannter Designer. Inspiration durch andere ist natürlich. Oft hört man, es gäbe nichts Neues mehr; viele Designs tauchen wieder auf und werden neu aufbereitet. In Wahrheit verwenden glaubhafte Designer moderne Stoffe, feine Veränderungen in Schnitt, Passform und der Art, wie ein Stil mit anderen Teilen kombiniert wird, um Looks zu aktualisieren und neue Trends zu kreieren. In der Ausbildung wird jedoch größter Wert auf Originalität gelegt.

Preiszyklus

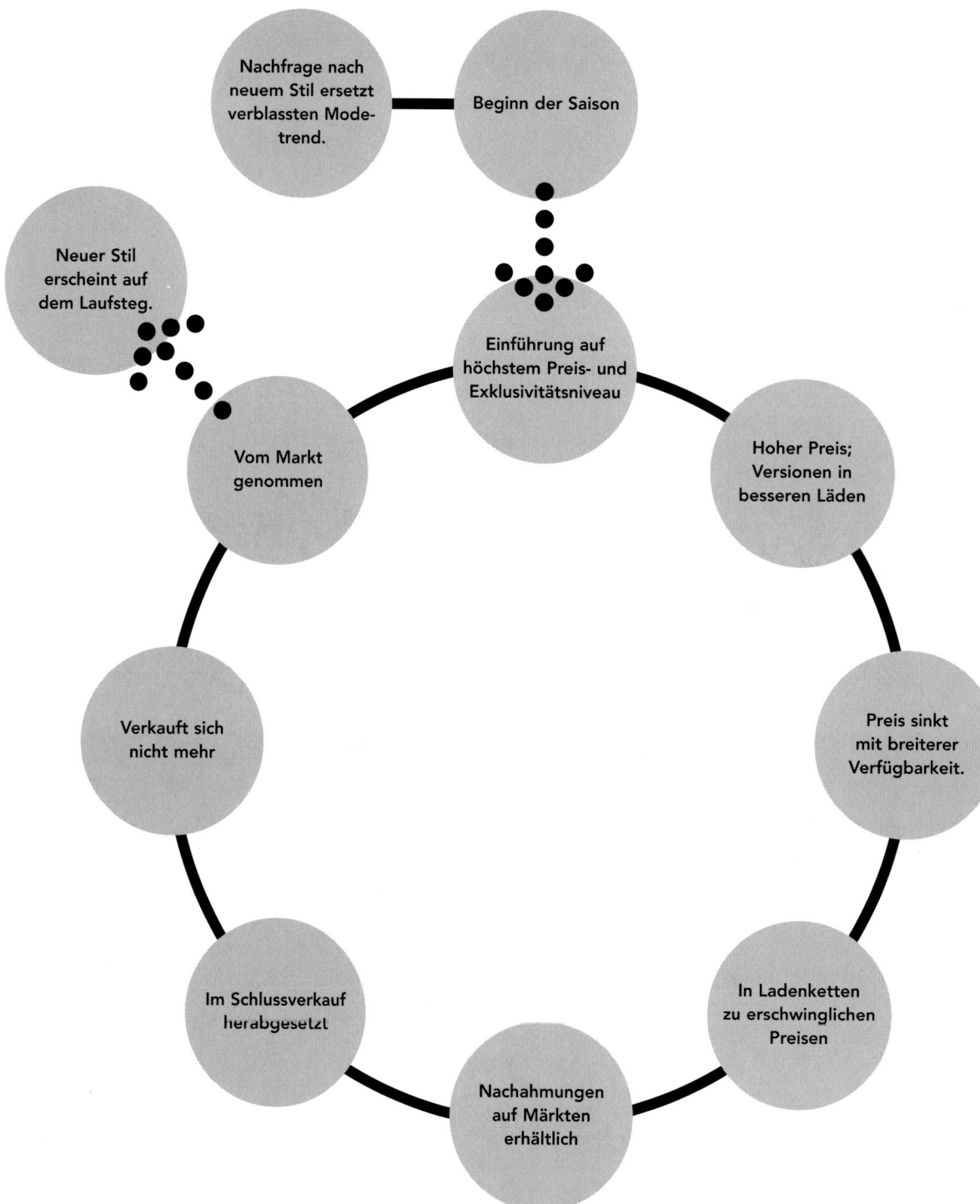

Körper III

Inspirierende Körper

Schon früheste Aufzeichnungen belegen, dass Menschen, die sich mit der Herstellung von Kleidung befassten, für neue, funktionale und dekorative Körperbedeckungen vom Körper selbst und seiner Wechselwirkung mit Materialien inspiriert wurden. Für den Entwurf effektiver, bequemer, gut sitzender Bekleidung muss der Designer den menschlichen Körper als bewegliche Struktur begreifen. Die Evolution der Kleidung wie wir sie kennen dauerte viele Jahrhunderte. Sie ging einher mit der Fähigkeit, die menschliche Silhouette zu vermessen, bildlich darzustellen und diese Informationen weiterzugeben.

Visualisierung des Körpers

Um Mode zu entwerfen, benötigen Sie solides anatomisches Wissen – wie Muskeln und Skelett miteinander verbunden sind und wie sie bei Bewegungen funktionieren. Diese Grundformen entscheiden darüber, wie ein Stoff sitzt, ob er sich harmonisch mit mit dem Körper oder abweichend bewegt. Bestimmte innere Einstellungen – Schwäche, Stärke, Energie oder Trägheit – können durch die Körperhaltung, etwa eine schräge Kopfhaltung oder die Fußstellung, ausgedrückt werden. Der Modedesigner muss sich den Körper visuell vorstellen können, bevor er an einer **Kollektion** arbeitet.

Die physische Struktur des Körpers ist symmetrisch um eine vertikale Achse angeordnet. Der Kopf bildet den zentralen Höhepunkt einer Silhouette, die von vorne und in Bewegung von der Seite betrachtet dreieckig ist. Im täglichen Leben erkennen wir Körper von vielen Blickwinkeln aus sowie in Bewegung. Bildliche Darstellungen zeigen den Körper jedoch meist von vorne und in passiver Haltung, obere Körperhälfte und Gesicht stehen dabei im Mittelpunkt. Männliches und weibliches Körperschema unterscheiden sich stark. Alle Dimensionen der weiblichen Form sind abgerundeter, was der Archetypus der Stundenglasfigur vereinfacht und oft übertreibt. Der flache Umriss des männlichen Körpers stellt sich mit breiteren Schultern als »umgekehrtes Dreieck« dar.

Die komplexere, rundere Form der reifen Frau ist leichter zu zeichnen, aber schwieriger zu bekleiden: eine größere Herausforderung für den Schneider. Durch Korsetts, Fußbandagen und Einschnürungen haben Frauen über Jahrhunderte Schmerzen ertragen, um den Idealen sexueller Attraktivität zu entsprechen. Soziologen und Bekleidungswissenschaftler sind sich einig, dass die Forderung nach Kleidung, die der Figur schmeichelt oder sie betont, je nach Epoche von Männern oder Frauen stammt.

Schöne Körper

Jede Epoche, aber auch Gesellschaftsgruppe hat ihr eigenes Schönheitsideal. Schon von Kindesbeinen an vergleichen wir uns mit anderen; wir objektivieren unseren Körper und den anderer. Diese Eindrücke werden von der kollektiven Meinung gestützt. Schlankheit und eine muskulöse Figur gelten als Indikatoren für Jugend, ein aktives Leben, Selbstbeherrschung des Körpers und sexuelle Vieldeutigkeit oder Frische. Größe impliziert Überlegenheit im wörtlichen Sinne: Große Menschen müssen auf andere hinabsehen. Das Ideal ist meist gesund und glücklich, mit gepflegtem Haar und großzügigen, symmetrisch angeordneten Gesichtszügen. Das vergangene Jahrhundert verzeichnete jedoch auch starke Trends hin zu flachbrüstigen, kränklich und unglücklich wirkenden Models. Twiggy verkörperte in der Überflussgesellschaft der 1960er-Jahre den Look der unterentwickelten, unschuldigen und übermütigen jungen Frau, die den männlichen Beschützerinstinkt ansprach und so der neu gefundenen Freiheit und finanziellen Unabhängigkeit der Frauen zuwiderlief. Ihr »blasser und interessanter« Look war Vorläufer der Models der 1990er-Jahre mit ihrer Aura eines vernachlässigten Kindes.

Unten Die drei Grundtypen des Körpers: ektomorpher, mesomorpher und endomorpher Typ

Nächste Seite Das Grundskelett

Folgende Seiten Vorder- und Rückansichten des männlichen und weiblichen Körpers

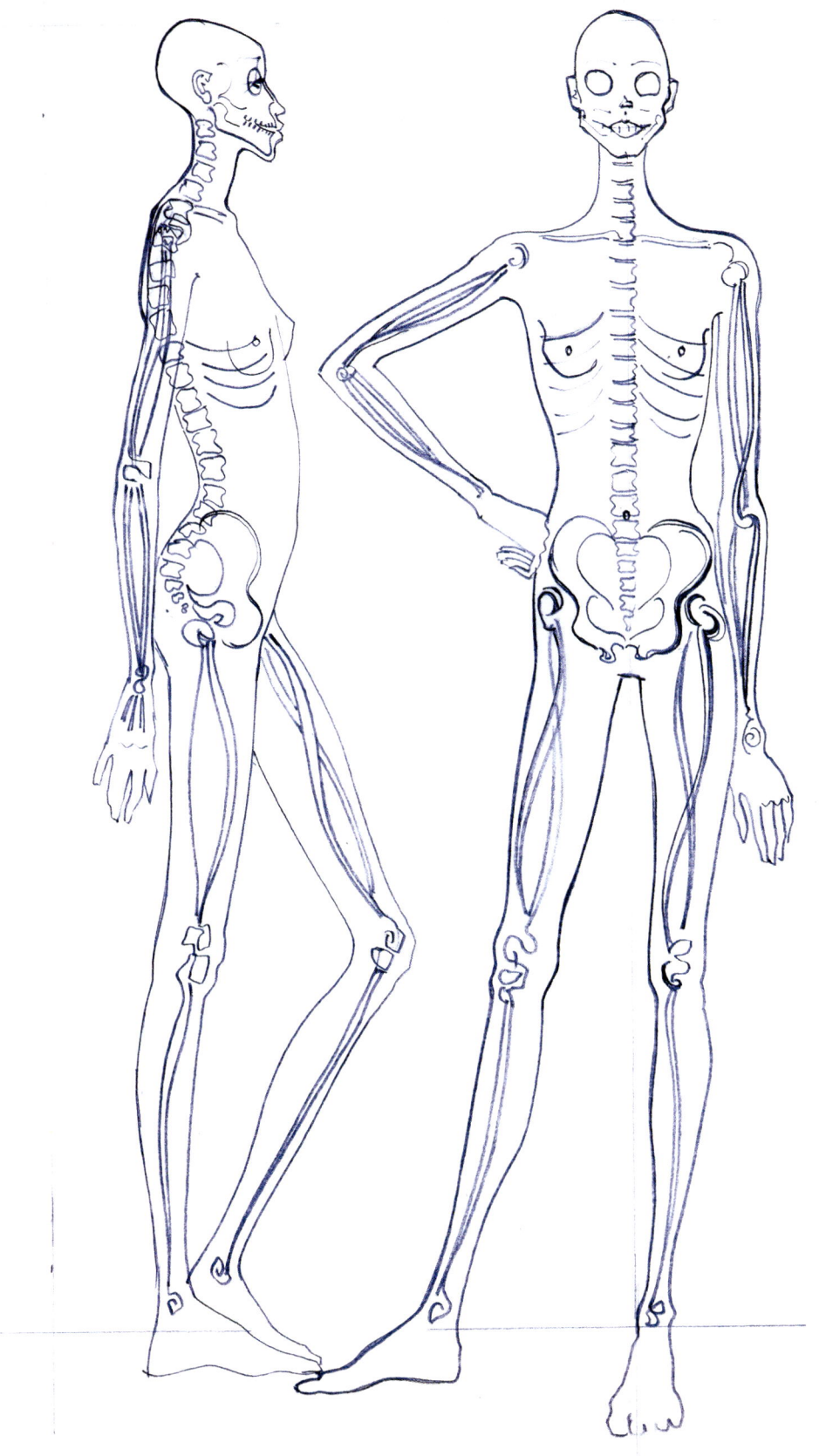

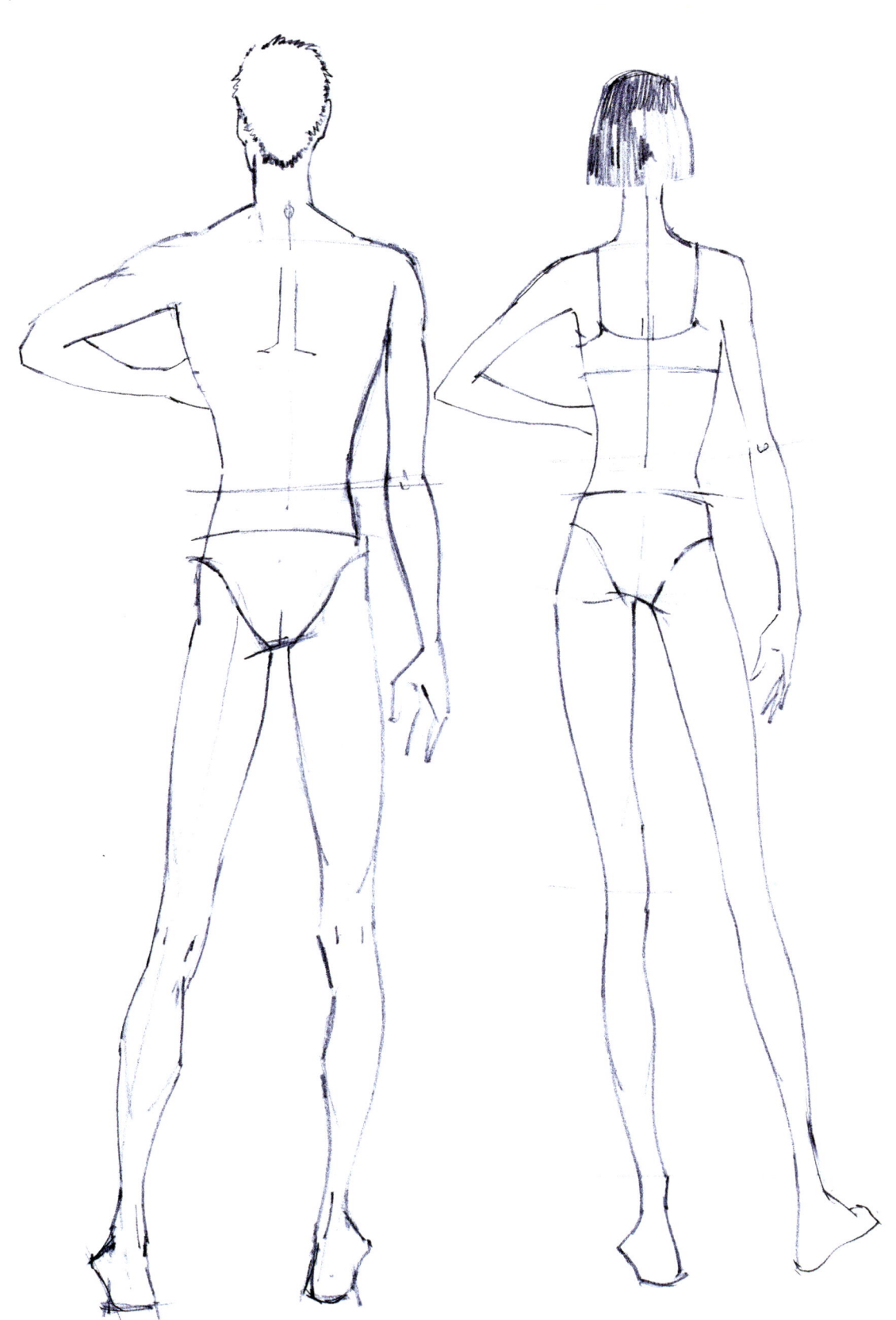

III: Körper

Oben Seit den 1960er-Jahren produziert die Firma Adel Rootstein Schaufensterpuppen, die Idealkörper, Haltung und Look der zeitgenössischen Mode verkörpern. Von Zeit zu Zeit tritt der unbeholfene Teenagerlook an die Stelle des eleganten, weiblichen Stils.

Unten links Ausschließliche Bekleidung der Extremitäten zieht den Blick auf den Torso.

Unten Mitte Die kurvenreiche Modelfigur wird durch die kontrastierenden Einsätze im Kleid betont.

Unten rechts Heute sieht man alle Altersklassen und Ethnien auf dem Laufsteg.

Bis vor drei Jahrzehnten war die Mode ein Lebensausdruck der weißen, westlichen Gesellschaft und schwarze, asiatische oder orientalische Models waren in den Medien eine Seltenheit. Gegenwärtig sieht man jedoch häufiger »ethnische« Models auf den berühmten Laufstegen und an Plakatwänden. Sie verkörpern feine, aber deutliche Veränderungen in der Ästhetik der physischen Form. Models wie Iman oder Naomi Campbell ebneten den Weg für die afrikanische Schönheit Alek Wek.

Idealmaße sind von Natur aus selten, so dass die von uns Auserwählten nicht die breite Masse repräsentieren. Weniger als 5 % der Frauen haben Modelmaße. Ein Model wiegt heute 23 % weniger als der Durchschnitt; vor 20 Jahren waren es noch 8 %. Wir sind so daran gewöhnt, in Zeitschriften und in der Werbung unnatürlich schlanke Models zu sehen, dass viele ihre durchschnittliche Figur für abnorm halten. Zahlreiche Kritiker klagen die Medien und insbesondere die Modebranche für diese Vermarktung unwirklicher Körper an. Viele der in den Medien gezeigten perfekten Körper existieren überhaupt nicht. Die Werbeindustrie kreiert durch digitale Bildmanipulation unmögliche Standards weiblicher Schönheit. Der Blick wird intensiver, die Zähne werden heller, Taillen schmäler, Beine länger und Zellulitis, Fältchen und Makel korrigiert Airbrush.

Emotion und Gestik

Ebenso wichtig wie die visuelle und ästhetische Erscheinung des Körpers sind die Haltung und die Erscheinung des Körpers in Bewegung. Zwar werden Aktmodelle schon seit Jahrhunderten in der Malerei eingesetzt, doch fordert die Natur dieser Kunstform in erster Linie bewegungslose Posen. Die Modefotografie erschuf eine neue Sprache der Gestik. Ein Studium der Arbeiten von Fotografen wie Cecil Beaton und Juergen Teller, Rankin und Corinna Day verdeutlicht die Bedeutung bestimmter Posen in verschiedenen Epochen. Durch die Verinnerlichung dieser gestischen Übertreibungen der Körperbewegung lernen Models, zu gehen, zu stolzieren, zu schmollen und eine Reihe von Gefühlen auszudrücken, die nonverbal verstanden werden. Madonna schuf hierfür den Ausdruck »Vogueing«. Mit der bereitwilligen Hilfe von Modedesignern – allen voran Jean-Paul Gaultier, der 1990 die fetischistischen Korsetts für ihre Tour »Blonde Ambition« entwarf – erfindet sie sich und ihren Körper immer wieder neu.

Ideal

Designer, Modeschöpfer und Fotografen suchen häufig ein bestimmtes Model oder eine Persönlichkeit, die sie inspiriert oder ihr Ideal verkörpert. Sie möchten ihre Kleider von den aktuell begehrtesten Körpern präsentiert wissen oder dass ihr Model eine unwiderstehliche Haltung verkörpert. Beim Casting für eine Modenschau werden die Models aufgefordert, zu »gehen«, einige Schritte zu machen, sich umzudrehen, zu posieren und zurückzukommen – eine Simulation dessen, was auf dem Laufsteg von ihnen erwartet wird. Manchmal sollen sie ein bestimmtes Outfit tragen, um zu sehen, wie es mit der Bewegung interagiert. Stoffe können sich beim Tragen sehr unterschiedlich verhalten – sie können wehen, rascheln, federn und schleifen, schimmern und glitzern.

Was gefragt ist, hängt vom Designer ab, und vielleicht auch von der **Kollektion**. Einige Designer bevorzugen ein selbstbewusstes, aufreizendes Stolzieren, andere ein langsames, teilnahmsloses Schreiten. Freizeitmode erfordert eine andere Haltung als Abendgarderobe. Akzentuiert eine Kollektion einen bestimmten Körperteil, z. B. den Rücken, braucht der Designer lange, makellose Rücken. Als Vivienne Westwood die Aufmerksamkeit auf die Brust und die weiblichen Formen lenken wollte, fand sie in der üppigen Figur von Sophie Dahl das perfekte Trägermedium für ihre Entwürfe. Allge-

Kate Moss für Stella McCartney. Die Wahl des Models ist wichtig für die Vermittlung der nonverbalen Botschaft.

Illustrationskurs mit Modell

mein hängt und fällt Kleidung gut von geraden, breiten Schultern. Lange Beine betonen die Kürze eines Rockes und erlauben eine größere Menge an Stoff bei einem langen Kleid. Posen werden durch längere Gliedmaßen stärker hervorgehoben.

Manchmal möchten Designer auch andere Attribute wie »Natürlichkeit« oder »Intelligenz« ausdrücken. Issey Miyake setzte Männer und Frauen in ihren Fünfzigern und Sechzigern ein, um seinen Kollektionen Würde zu verleihen. Alexander McQueen überraschte die Modewelt mit seiner Vorliebe für Aimée Mullins – Model, Leichtathletin und zweifach Amputierte. Er entwarf sogar ein Paar handgeschnitzter Beine, auf denen sie den Laufsteg hinunterlief.

Zeichnung und Illustration

Als Modedesigner muss man sich entscheiden, für welche Körperform man entwirft: welche Merkmale man betonen oder verstecken möchte und wie viel nackte Haut gezeigt werden soll. Ein Gespür dafür, wie Stoffe sich um den Körper drapieren, kann durch das Studium von Gemälden und Skulpturen sowie der Geschichte der Mode erworben werden. Noch besser ist es jedoch, die menschliche Figur direkt zu studieren und das Skizzieren und Malen sowie das Drapieren von Stoffen am Aktmodell zu üben.

Man kann Menschen in fast allen Situationen beobachten und zeichnen. Nehmen Sie ein kleines Notizbuch mit und skizzieren Sie **Silhouetten,** Linien und Details, die Ihnen auffallen. Um einen interessanten Aspekt festzuhalten, sollten Sie lieber übertreiben als originalgetreu kopieren. Bis zu einem gewissen Grad werden Sie neben Kleidern auch eine Idealfigur entwerfen. Sie können eine Muse wählen und Ihre Entwürfe an deren Körper optimal zur Geltung bringen, indem sie sie entsprechende Posen und Haltungen einnehmen lassen. Vergessen Sie jedoch nie, dass es keinen Modemarkt für den perfekten Körper gibt. Wie auch immer das Ideal eines Designers aussehen mag: Fundierte Kenntnisse des menschlichen Körpers und seiner Interaktion mit Stoffen und Kleidern sind für eine realistische Sichtweise unbedingt erforderlich.

Ein Modedesigner muss oft schnell etwas skizzieren, um spontane Ideen festzuhalten, flüchtige Bewegungen einzufangen und so genügend Einfälle für ein in sich geschlossenes Ganzes zu sammeln. Illustratoren von Modenschauen wie Gladys Perint Palmer und Colin Barnes beherrschen die Kunst, mit einigen ausdrucksvollen Linien Formen, Stoffeigenschaften und Stimmungen wirkungsvoller einzufangen als die Kamera.

> »Einen Großteil der Zeit entwirft man nicht für »Modefreaks«, sondern für ganz normale Menschen, die sich etwas leisten können. Viele haben Komplexe, was ihren Körper betrifft, also macht das drapierte Schulterfreie keinen Sinn; sie werden es nicht tragen. Man kann sich seine Kunden nicht aussuchen – sie suchen dich aus.« Designerin Suzanne Clements

In der Ausbildung wird viel Zeit auf das Erlernen der Mode- und Aktzeichnung verwendet. Auch der Fähigkeit, Ideen visuell und originell auszudrücken, kommt große Bedeutung zu. Die Modezeichnung in ihren vielen Formen ist ein hoch geschätztes Werkzeug für die Vermittlung sowohl technischer als auch ästhetischer Informationen. Das Modezeichnen und -malen folgt eigenen spezifischen Regeln, die erlernt und geübt werden wollen, bis eine gewisse natürliche Fertigkeit erworben ist. Zudem wird die Entwicklung einer eigenen **Handschrift** erwartet: Sie setzt sich aus einer persönlichen Note, der Körperform, für die man entwirft, und schließlich den eigenen Designs zusammen.

Links Flüchtige Bleistift- und Kohlezeichnungen können Linie und Volumen von drapierten Stoffen einfangen.

Nächste Seite In der Modeillustration ist es üblich, die Körperproportionen an Hals und Beinen zu verlängern.

Übernächste Seite Verschiedene zentrale Punkte werden bei der Modeillustration betont, um der Skizze Aussagekraft zu verleihen.

Aktzeichnen

Kurse für Aktzeichnen bieten Ihnen die Gelegenheit, Anatomie aus erster Hand zu studieren und das harmonische Zusammenspiel von Muskeln und Knochen bei verschiedenen Bewegungen und Posen zu beobachten. Hier erlernen Sie das Zeichnen von Formen und Umrissen sowie den überzeugenden Einsatz von Linien und Schattierungen. Sie können diverse Medien ausprobieren, darunter weiche Bleistifte, Pastellstifte, Ölfarbe und Collage. Sie werden feststellen, dass sich einige Medien besser für Ihren natürlichen Stil und Ihre Gestik eignen als andere, und dass Sie einen bestimmten Maßstab oder eine bestimmte Papiersorte vorziehen. Beschränken Sie sich nicht und bleiben Sie offen für verschiedene Ansätze. Einige bevorzugen saubere, detaillierte Zeichnungen; andere verwenden kräftige, ausdrucksstarke Farben. Der Kursleiter wird möglicherweise Empfehlungen aussprechen, z.B. wird er vorschlagen, einen anderen Blickwinkel oder einen härteren Bleistift für die Außenkonturen zu testen. Es gibt jedoch keine richtige oder falsche Herangehensweise. Sie müssen Ihren eigenen Stil entdecken.

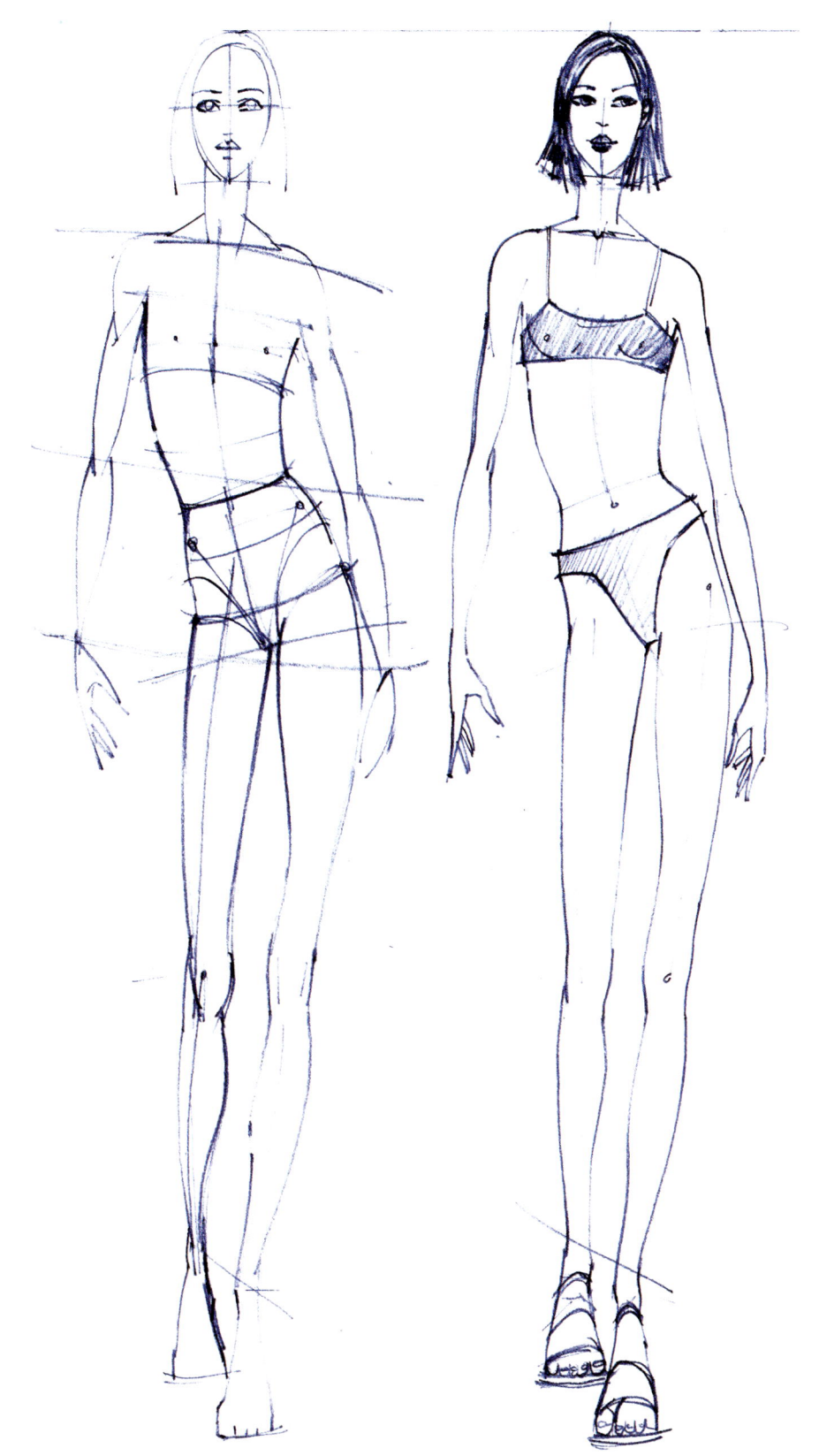

Oben Der Dozent des Zeichenkurses bietet Rat und Unterstützung.

Unten Diese Illustration fängt das Gefühl lebhafter Bewegung ein. Schmetterlinge wurden in die Collage integriert, um durch ihr Schimmern die Stoffidee zu verdeutlichen.

»Einige Studierende lieben das Zeichnen und Malen mehr als das Entwerfen. Es ist keine akademische Sache; es ist wie Spielen, Spaß haben, viel Schmutz machen – es muss nicht realistisch sein, man kann sich auf dem Papier selbst verwirklichen und seine Originalität zum Ausdruck bringen.«
Illustrator und Dozent Howard Tanguy

Die Modeillustration unterscheidet sich stark vom normalen Aktzeichnen und -malen. Im Wesentlichen gibt es zwei Ansätze der Modeillustration: freie Illustration und schematisches Zeichnen. Mit viel künstlerischem Geschick angefertigt, besitzt die Modeillustration die magische Fähigkeit, Intention und Essenz eines Designs festzuhalten und zu zeigen, wie es getragen wird. Harte Arbeit und viel Übung sind erforderlich, um Designideen genau darstellen zu können und einen eigenen Stil zu entwickeln.

Freie Illustration

Die freie Illustration ist dem Aktzeichnen sehr ähnlich. Viele Ausbildungsstätten bieten Kurse für Modeillustration. Die Modeskizze ist kein exaktes Abbild; sie soll Stimmungen, einen »Look« einfangen. Models sind wesentlich größer und schlanker als der Durchschnitt; oft ist ihr Knochenbau erkennbar. So finden jene Punkte besondere Beachtung, an denen die Knochen durchscheinen. Achten Sie darauf, wie sich über eine schräge Achse, z. B. das Becken, Haltung und Position anderer Körperteile verändern.

Anders als beim klassischen Aktzeichnen sind die Körperproportionen verzerrt, der Kopf wird kleiner, Nacken und Beine länger gezeichnet. Beim normalen Frauenkörper berechnet sich das Verhältnis des Kopfs zur Körpergröße, indem die Größe durch 7,5 geteilt wird, bei Modezeichnungen wird sie durch etwa 8,5 bis 9 dividiert. Die Beinlänge wird stärker übertrieben als der Torso. Da die Betonung auf der Kleidung liegt, wird die Figur etwas verlängert, um mehr Raum für Details zu haben. Es darf jedoch nicht übertrieben werden, da die Kleidung sonst unrealistische Ausmaße annimmt.

Der Körper wird meist stehend, von vorne und in entspannter Pose skizziert. Dynamischere Posen verwendet man für Freizeit- und Sportbekleidung. Dreiviertelposen können nützlich sein, um Seitennähte oder Rückendetails zu zeigen. Wenn die Rückenpartie eines Kleidungsstücks wichtig ist oder deutlich vom Anzunehmenden abweicht, wird eine einfache Zeichnung des Rückens beigefügt. Die Arme werden normalerweise nicht anliegend gezeichnet, um den Körper nicht zu verdecken. Gesicht, Hände und Füße gibt man nur dann detailliert wieder, wenn sie für das Design von Bedeutung sind.

Vereinfachung ist ein Schlüsselelement der Modeskizze. Schattierungen sind nicht wesentlich, können dem Stoff aber Tiefe und den Eindruck von Schwere verleihen oder **Silhouetten** betonen. Knöpfe, Reißverschlüsse und wichtige Details werden in der Skizze gezeigt, Stoffstruktur und -farbe jedoch nur hier und da angedeutet. Farbtünche, Schattierungen und Markierstifte verwendet man häufig, um die nackte Haut vom Stoff abzuheben. Kürzel verweisen auf Falten, Plissees und Stoffarten wie Pelz, Strickwaren oder Denim. Hintergrund und Boden werden oft völlig vernachlässigt oder nur durch eine Linie angedeutet, damit die Figur nicht aussieht, als würde sie schweben.

Die Zeichnungen werden nicht überarbeitet. Ziel ist es, eine Linienführung, ein Merkmal oder eine Stimmung stilvoll darzustellen. Schnelles Zeichentempo verleiht dem Resultat eine gewisse Spontaneität und Selbstsicherheit. So wird man Sie oft ermutigen, Posen schnell zu skizzieren und die Hauptelemente eines Designs einzufangen.

Einige wenige Talente machen die Modeillustration zu ihrem Metier. Die meisten professionellen Designer nutzen die Illustration jedoch für **Rohentwürfe** oder die Entwurfsentwicklung. Vollständige Illustrationen fertigen sie nur an, um die **Aufstellung** für eine Modepräsentation zu zeigen oder Journalisten eine Vorschau auf eine neue **Kollektion** zu bieten. So mancher sorgt sich über mangelndes Talent auf diesem Gebiet; letztlich ist die Fähigkeit, Kleidung zu entwerfen, jedoch wesentlich relevanter.

Oben Diese Zeichnungen haben einen naiven Charme, den das mädchenhafte Design widerspiegelt.

Unten Studierende üben das Zeichnen des Körpers aus verschiedenen Perspektiven, wobei sie die Winkel übertreiben, um ihr Gefühl für dreidimensionale Formen zu schärfen.

Diese Seite Farbe und nasses Papier verleihen diesem Entwurf einen lässigen Look.

Nächste Seite, oben Cargo-Hosen für Männer. Technische Zeichnungen von Hosen sollten die vorderen Gabel- und Seitennähte zeigen, besonders bei abgesetzten Steppnähten. Eine kräftige Umrisslinie verleiht der Zeichnung Nachdruck.

Nächste Seite, unten links Eine »animierte« technische Zeichnung, angefertigt mit dickem Filzstift und feinem Zeichenstift. Gebeugte Arme und angedeuteter Faltenwurf machen die Zeichnung lebhafter.

Nächste Seite, unten Mitte und rechts Eine technische Zeichnung beinhaltet Maßangaben und zeigt jedes Detail in der richtigen Proportion.

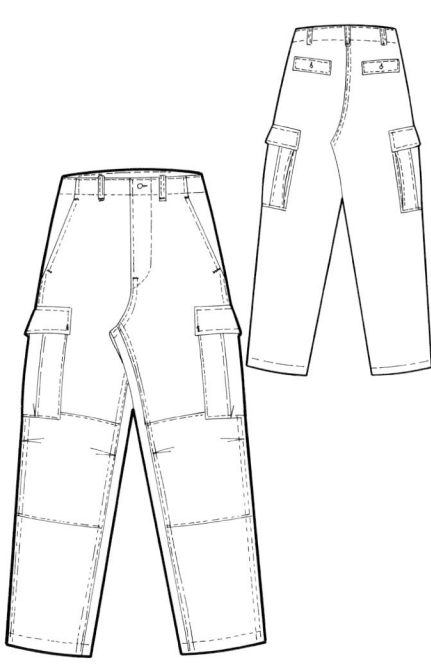

Schematisches Zeichnen: Technische Zeichnungen

Einige Studierende arbeiten lieber mit der schematischen Form der Illustration, den **technischen Zeichnungen**. Diese stellen die klarste Form der Modelldarstellung dar: Arbeitszeichnungen für die Erstellung eines Kleidungsstücks in Form sauberer Grafiken, die technische Details eindeutig wiedergeben. Hierfür werden keine Körper gezeichnet. Es ist wichtig, die Proportionen nicht zu übertreiben und jede Naht sowie alle Verarbeitungs- und Besatzdetails in einer flachen, unschattierten Grafik aufzuzeigen, um Produktionsfehler zu vermeiden. Für die Industrie ist diese Zeichenart leichter zu interpretieren als die freie Illustration.

Das schematische Zeichnen wird konstant weiterentwickelt. Es lässt sich gut mit neuen Technologien verbinden. So kann eine Grafik leicht eingescannt und digital bearbeitet, per Fax an Lieferanten geschickt und auf **CAD/CAM**-Laserschnittmaschinen übertragen werden, ohne Details zu verlieren. Kern dieser Form der Modeillustration ist die Informationsvermittlung – eine internationale Sprache, die besonders für Herrenmode, Freizeit- und Sportbekleidung sowie Strickwaren von Bedeutung ist.

Technische Zeichnungen werden normalerweise per Hand in einem ungefähren Maßstab erstellt. Der Einsatz von Computerprogrammen für Vektorgrafik (s. S. 74) ermöglicht jedoch höhere Präzision. Z. B. korrespondieren der Abstand und die effektive Anzahl von Knöpfen mit den tatsächlichen Abmessungen. Körper, Schulterlänge, Ärmelbreite, Kragenweite und Taschengröße müssen proportional korrekt sein. Abgesetzte Steppnähte werden durch eine fein punktierte Linie entlang des Nahtrands angezeigt, der als durchgezogene Linie dargestellt wird. Aufwändige Details können vergrößert neben der Vorlage abgebildet werden. Der Einsatz von Farben ist möglich, ebenso ein wenig künstlerische Freiheit, um die Weichheit des Stoffs, Falten oder gar einen »unsichtbaren« Körper anzudeuten.

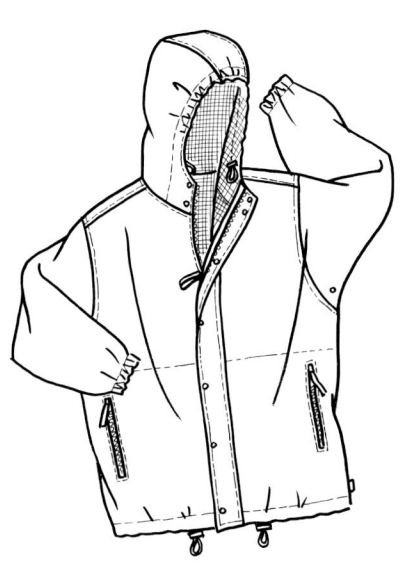
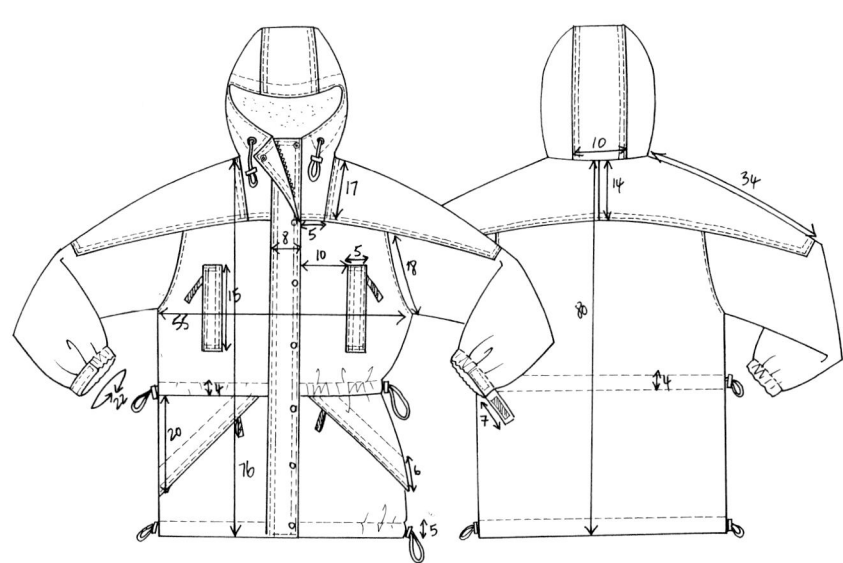

Links Diese technischen Zeichnungen von Hemden zeigen die Verwendung eines gestreiften Stoffs, der vorne winkelförmig geschnitten ist, sowie versteckte Details an Passe und Manschetten.

Mitte Technische Zeichnungen können farbkodiert sein, um den verwendeten Stoff zu zeigen.

Rechts Bei technischen Zeichnungen von Strickwaren werden Kürzel verwendet, um die Maschentextur zu zeigen.

Eine technische Zeichnung enthält Maßangaben und technische Herstellungsdetails direkt bei der Zeichnung oder auf einem Laufzettel, der Posamente, Innenfutter, Fäden und Namen bzw. **Label** aufführt. Geeignet sind blankes oder kariertes Papier (Millimeterpapier). Bei kariertem Papier sollte man auf ein geeignetes Verhältnis von Karos zu Zentimetern achten. Beginnen Sie mit den geraden Linien und Kanten, um dann die Rundungen einzufügen. Ratsam ist, zuerst einen Entwurf mit weichem Bleistift anzufertigen und diesen dann mit Rapitograph nachzuziehen. Verwenden Sie verschiedene Spitzenstärken: z.B. 0,9 für den Umriss, 0,7 für Schnittkanten und Nähte, 0,5 für abgesetzte Steppnähte. Ist alles korrekt, radiert man den Bleistift aus. Ein Kurvenlineal erleichtert das Zeichnen von Rundungen und Formen.

Technische Zeichnungen werden vielfältig eingesetzt: als Begleitinformation zu einer Lieferung von Zuschnitten, in der Produktion und im Musterraum. Beim Nähen werden sie den freien Illustrationen vorgezogen, da sie die Fehlerquote reduzieren. Verkäufern dienen sie beim Kollektionsverkauf und als visuelles Archiv einer **Kollektion** oder Produktreihe.

> »Normalerweise beginne ich meine Zeichnungen auf der Rückseite einer Busfahrkarte, dann kopiere ich das und fertige schließlich eine richtige technische Zeichnung an. Ich benutze keine Skizzenbücher; dafür fliegen überall kleine Papierzettel herum.« Designer Joe Casely-Hayford

In der Ausbildung setzen sich Präsentationen aus vollständigen Illustrationen zusammen. Modefotografien und -zeitschriften sind eine gute Quelle für Posen und erleichtern die Analyse der Darstellungsformen von Falten und Verschlüssen. Vorlagen sollten jedoch nicht kopiert werden. Häufig posieren Studierende für Zeichnungen ihrer Kommilitonen. Computer können die Illustration unterstützen – durch Einscannen und Bearbeiten der manuellen Arbeit, vor allem aber auch hinsichtlich der Entwicklung neuer Stile und Techniken, deren Umsetzung sonst zu umständlich oder schlicht unmöglich wäre.

Einsatz von Computern

Textildesigner, Grafikdesigner und Illustratoren nutzen den Computer schon seit längerem als Designwerkzeug. Modedesigner gaben hingegen bis vor kurzem den manuell erstellten Skizzen und den technischen Beschreibungen den Vorzug. Enorme Verbesserungen in der Qualität, der Benutzerfreundlichkeit und im Preis von Computersystemen und Software für den Modesektor haben aber in der Zwischenzeit die Einstellung von Modedesignern gegenüber dem Einsatz von Computern in ihrer Arbeit verändert.

In den 1980er-Jahren wurde ein großer Teil der Hardware (und Software) für die Modeindustrie in Form isolierter Systeme verkauft, auch bekannt als **CAD/CAM** (Computer Aided Design/Computer Aided Manufacturing). Diese konnten nicht nur den Designprozess beschleunigen, sondern auch einzelne Maschinen wie Webstühle oder Laserschnittgeräte steuern. Häufig konnten diese Computereinheiten nicht miteinander vernetzt werden und die Software hatte eine spezifische Benutzeroberfläche, die gezielte Schulung erforderte. Nach wie vor werden diese Systeme effektiv genutzt und in vielen Modestudios und Produktionsstätten eingesetzt. An diesen Geräten werden Sie vermutlich während der Ausbildung oder im Rahmen eines Praktikums arbeiten.

Windows von Microsoft hat sich im Modedesign zum Standard entwickelt, auf dem ein Großteil der Programmsoftware basiert. Hinzu kommt, dass zunehmend Programme von Drittherstellern oder serienmäßig produzierte Anwendungen verfügbar sind. Dies bedeutet wiederum, dass Sie sich Computerkenntnisse aneignen werden, die Sie in den meisten Arbeitsverhältnissen äußerst nutzbringend einsetzen können.

Durch den Einsatz von Computern hat sich der Fachjargon in hohem Maße um neuen Wortschatz und verwirrende Akronyme erweitert. Da diese Sprache beibehalten werden wird, sollten Sie zumindest ein wenig davon kennen, um sich die Kommunikation mit Druckern, Herstellern und Grafikdesignern zu erleichtern.

Mit dem Computer können Kleidungsstücke am virtuellen Körper visualisiert werden.

Ein Computer kann auf zwei unterschiedliche Arten mit visuellen Informationen arbeiten: Vektoren und Bitmaps.

Vektoren

Die bekannteste Form der Computerillustration sind **technische Zeichnungen.** Im Entwurfsprozess reduzieren sie die Gefahr einer Fehlinterpretation durch den Hersteller. Am effektivsten arbeitet man am Computer mit einer mathematischen Sprache, den »objektorientierten Vektoren« oder einfach »Vektoren«. PostScript, eine Vektorsprache von Adobe, eignet sich ideal für das Zeichnen von Linien, Kurven und geometrischen Formen, da sie unabhängig vom Vergrößerungsgrad eines Bildes stets die schärfsten, gleichmäßigsten Linien ohne ausgefranste Ränder produziert, die Bildschirm oder Drucker darstellen können. Vektordateien benötigen wenig Speicher; Veränderungen der Abmessungen sind ohne Qualitätsverlust möglich. Muster und technische Zeichnungen können so weltweit versandt, schnell heruntergeladen und exakt vergrößert werden.

Die vektorbasierte Illustration bedarf einiger Praxis, erweist sich aber als wertvolles kreatives und technisches Werkzeug. Kommerzielle Vektorprogramme wie Adobe Illustrator, CorelDRAW und Macromedia Freehand haben Funktionen wie Farbfüllung, Abstufungen, Text und Textumlauf, nahtlose Musterwiederholung, individuell einstellbare Stifte und Hunderte von Filtern eingeführt. Manuell erstellte Zeichnungen können eingescannt und in Vektorzeichnungen umgewandelt werden. Vektorbasierte Illustrationen und technische Zeichnungen werden besonders in der Herrenmode sowie in der Herstellung von **Logos** und Aufsätzen für Sportbekleidung und T-Shirts eingesetzt.

Bitmaps

Bitmap- oder Punktrasterprogramme (z. B. Adobe Photoshop) eignen sich am besten für realistische Bilder wie Fotos. Eine Bitmap ist die Sammlung von Bildpunkten (»Pixel«). Punktrasterbilder sind auflösungsempfindlich, d. h. vor Beginn der Arbeit muss feststehen, in welchem Maßstab das Ergebnis dargestellt wird. Arbeiten, die vergrößert werden, können »ausgefranst« wirken, bei Verkleinerung können Details verloren gehen.

Punktrasterbilder haben auch viele Vorteile. Da jedes einzelne Pixel veränderbar ist, eignen sie sich gut für die Feinabstimmung von Nuancen in Ton und Farbe. Zweidimensionale Skizzen, Fotografien und Textilmuster werden eingescannt, als Bilddatei gespeichert und dann verändert. Auch kleine, flache Objekte, z. B. Knöpfe, Posamente oder Garne, werden eingescannt, verkleinert und für das Bild verwendet. Scans von Linienzeichnungen dienen als Vorlagen, von denen mit Hilfe des Druckers eine unbegrenzte Zahl seitenverkehrter oder gedrehter Varianten erstellt wird. Zeitschriftenbilder von Posen, Materialien und **Accessoires** dienen als Basis für schnelle Collage-Entwürfe. Der Hintergrund wird ausgeblendet und z. B. durch exotische Umgebungen ersetzt.

»Ich illustriere seit mehr als 25 Jahren und habe mir immer geschworen, nie am Computer zu arbeiten, doch jetzt bekommt man mich nicht mehr von meinem weg. Man verschwendet so viel weniger Zeit für Änderungen, die der Kunde wünscht, und kann immer noch dasselbe dafür berechnen. Die Ausgabe hat sich in jedem Fall gelohnt. Der große Durchbruch kam mit dem digitalisierten Stift und dem Zeichentablett – genau wie mit einem Filzstift oder Pinsel.« Modeillustrator Neil Greer

Viele Designer verwenden die Maus oder das empfindlichere Grafiktablett mit drucksensitivem Stift und zeichnen direkt in den Computer. Das Ergebnis ist genauso intuitiv wie bei einer Zeichnung per Hand, jedoch viel sauberer. Auch braucht man nicht all die Materialien, die die Arbeit im **Atelier** erfordert. Es gibt keinen Abfall, keine eingetrocknete Tinte oder Farbe und keine zusätzlichen Ausgaben für Zeichenmaterial. Man muss auch nicht mehr täglich eine große Kiste mit Zeichenutensilien mit sich herumschleppen.

Andere Verwendungen

Im Entstehungsprozess einer **Kollektion** kann der Computer genutzt werden, um täglich eine Collage der einzelnen Arbeitsschritte zu erstellen. Dies ist besonders bei der Arbeit im Team von Nutzen. Die verschiedenen Stadien können als Fortschrittsbericht dienen, und das gesamte Bildmaterial kann anschließend als Teil einer Marketingpräsentation verwendet werden. Dreidimensionale Objekte und Kleidungsstücke in den verschiedenen Produktionsstadien oder als fertige Produkte können umgehend mit einer digitalen Kamera festgehalten und eingespeist werden. Einige Designer nutzen diese Technik als einen Aspekt der Recherche und des Designprozesses.

Mit der Sicherheit in der Nutzung dieses Potentials wächst auch die Kontrolle über die Präsentation der eigenen Arbeit. Studierende des Modemarketing und der Werbung erstellen mit Hilfe des Desktop Publishing (DTP) Layouts in druckreifer Qualität inklusive professioneller Bildbearbeitung und -präsentation. Durch die Integration von Text und sogar Tonmaterial entsteht so eine dynamische, aussagekräftige Botschaft. Web-Editing-Tools dienen nicht nur der Entwicklung von Websites, sondern auch für interaktive Berichte und Videopräsentationen, indem Mitschnitte von Modenschauen oder Fototerminen auf auswechselbaren Speichermedien festgehalten und an die potentiellen Verlage oder Kunden geschickt werden können.

Der virtuelle Laufsteg ist nicht mehr weit entfernt. Schon jetzt ist es möglich, 3-D-Models in die eigenen Kreationen zu kleiden. Einige Studierende streben vielleicht eine Karriere in den neuen Bereichen des Video- und Tonschnitts in der Modebranche an. In der Zukunft werden die meisten Modestudenten und freiberuflichen Designer Computer zumindest für die Erstellung digitaler Mappen und Lebensläufe nutzen.

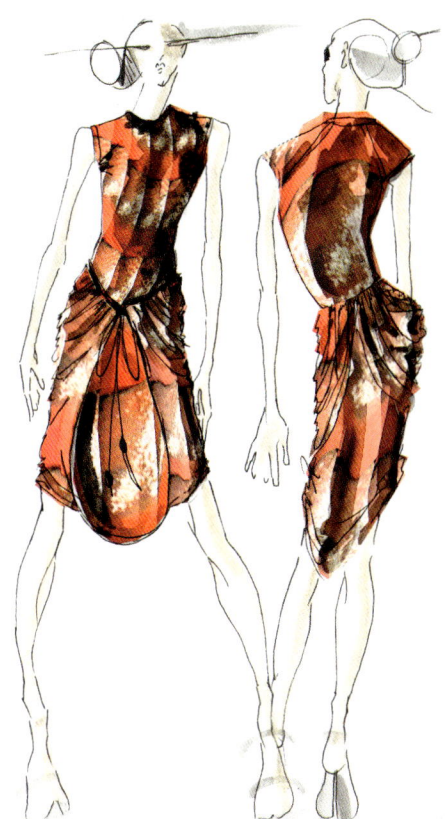

Vorangehende Seite Vektorgrafiken verleihen Illustrationen einen klaren, scharfen Ausdruck.

Diese Seite Für diese Illustrationen wurde gescanntes Material mit Bildern kombiniert, die am Computer als Stoffidee kreiert und manipuliert wurden.

Designelemente

Design bedeutet, bekannte Elemente innovativ zusammenzustellen, um neue Kombinationen und Produkte zu kreieren. Die Hauptelemente des Modedesigns sind Silhouette, Gestaltung und Textur. Die Arten, in denen diese Elemente verwendet werden können, nennt man Prinzipien. Diese sind: Wiederholung, Rhythmus, Graduierung, Strahleneffekt, Kontrast, Harmonie, Gleichgewicht und Proportion. Der Einsatz dieser Variablen ruft eine – manchmal starke, manchmal unterschwellige – Reaktion im Betrachter oder Träger hervor. Diesen Mechanismus zu kontrollieren ist eine Grundvoraussetzung für gutes Design. Es ist nicht immer eindeutig, warum ein Design ankommt oder nicht. Manchmal kann ein Design sogar Widerwillen hervorrufen oder schockieren, wobei das Element des Schockierens unter modischen Gesichtspunkten sogar positiv sein kann.

Die Artikulation und Analyse dessen, was mit einem Kleidungsstück passiert, ermöglicht Korrektur, Ausführung und Weiterentwicklung des Designs. Ein Großteil aufregender Entwürfe entsteht durch Zufall. Von großem Vorteil ist jedoch die Fähigkeit, die Auswirkungen der eigenen Arbeit zu überdenken, zu analysieren, welche Teile intendiert waren, und zu beurteilen, wie nah man dem gewünschten Ergebnis gekommen ist. Die Kenntnis der Designelemente und -prinzipien hilft auch bei der Bewertung der Stärken anderer Designer und beim Erkennen von Trends und Marktveränderungen.

Einige Ausbildungsstätten vermitteln die beschriebenen Designelemente und -prinzipien formell, andere integrieren sie in die Projektarbeit oder ermöglichen selbstständiges Entdecken durch die Studierenden.

Silhouette

Kleidung ist dreidimensional. Oft wird angenommen, Gesamtumriss und Form eines getragenen Stücks bilden die Silhouette. Tatsächlich verändert sich diese aber, sobald das Kleidungsstück aus allen Perspektiven eines 360°-Winkels betrachtet wird – in Bewegung, in der Beugung und im Gesamtumfang. (In den USA bezeichnen Designer die Silhouette sogar als »bodies«, also »Körper«.) Aus der Entfernung betrachtet, bevor Einzelheiten erkennbar werden, ist die Silhouette fast immer der erste Eindruck eines Kleidungsstücks. Eine **Kollektion** sollte eine Silhouette nicht zu häufig variieren, da dies den Gesamteindruck und die zu vermittelnde Botschaft abschwächt. Die Betonung der Taille bei Damenkleidung teilt die Silhouette: obere und untere Form müssen visuell und proportional ausgeglichen sein, um ein harmonisches Ganzes zu bilden.

Eng mit der Silhouette verbunden ist das Volumen. Weite und Größe eines Schnittstils werden normalerweise anhand der Silhouette erkennbar. Kleidungsstücke können aber auch aufgrund von schweren, wattierten oder durchscheinenden Stoffen ein Gefühl von Leichtigkeit bzw. Schwere vermitteln. Die Lebensdauer solcher Stilrichtungen hängt von der jeweils idealisierten weiblichen Form ab.

In bestimmten Epochen der Geschichte wurde der Kleidersilhouette große Bedeutung beigemessen. Im 15. Jahrhundert trugen verheiratete Frauen Kleider mit hoher Taille und vielen Stoffschichten unterhalb des Brustkorbs, um so die Illusion von Schwangerschaft und Fruchtbarkeit anzudeuten. Die Reifröcke der 1740er- bis 1780er-Jahre waren flach und so breit, dass es für Frauen schwierig war, durch Türen oder auf der Straße aneinander vorbei zu gehen. 1947 schockierte Christian Dior die Welt mit dem »New Look«, einer Damenkollektion, die nach den Entbehrungen und der Stoffrationierung während des Zweiten Weltkriegs Wespentaille und voluminöse Röcke zurückbrachte. Seit den 1920er-Jahren zeigte frau immer mehr Bein. In den 1960ern wander-

Nächste Seite Einige Kleiderformen: Futteralkleid, Hemdkleid, A-Linie, Zelt, Empire, Kleid mit ausgestelltem Rock, Prinzess

te der Rocksaum bis zum Gesäß, unterstützt durch die Erfindung der Strumpfhose, die ein neues Marktgenre zur Folge hatte. Zusammen mit der zunehmenden Akzeptanz der Damenhose erweiterte dies das Potential der weiblichen Silhouette enorm.

Gestaltung

Die Modellgestaltung verursacht verschiedene emotionale und psychologische Reaktionen. Linien, wie Nähte, Falten, Abnäher und Säume, können hart oder weich sein und so Steifheit bzw. Flexibilität implizieren. Sie kann sich in verschiedene Richtungen bewegen, was den Blick des Betrachters lenkt – quer, von oben nach unten oder um den Körper herum; sie kann Merkmale betonen bzw. kaschieren, die Illusion von Enge oder Volumen erzeugen. Vertikale Nähte vermitteln Länge und Eleganz, da sie das Auge von oben nach unten am Körper entlang führen. Horizontale Linien lassen den Körper kürzer und breiter erscheinen. Beim **Schrägschnitt** (auch »Bias Cut«) verläuft die Nahtlinie schräg über und um den Körper, wodurch der Stoff fließende, dynamische Qualität erhält. Zusammen- oder auseinander laufende Linien vermitteln starke Richtungswirkung. Geschwungene Linien verstärken den Eindruck von Fülle und Weiblichkeit; sie werden oft eingesetzt, um die Taille zu verschmälern sowie Brust und Hüften zu betonen. Ausgewogenheit der Entwurfslinien ist eine der ersten Aufgaben, die Sie beim Zeichnen und Skizzieren bewältigen müssen.

Textur

Stoffe oder Materialien, die visuellen und sinnlichen Elemente des Modedesigns, können über den Erfolg eines Schnittstils entscheiden, der auf dem Papier oder in **Nessel** gut aussieht. Die meisten Designer wählen den Stoff aus, bevor sie ihre Entwürfe anfertigen, lassen sich lieber von Textur und Verarbeitung inspirieren, als den passenden Stoff zu einer Skizze zu suchen. Ein Designer benötigt viel Erfahrung darin, wie ein Stoff sich verhält. Stoffe werden nach Saison, gewünschter **Linie** und **Silhouette,** dem Preis für den Zielmarkt und der Farbe ausgewählt. Während die Farbe häufig zu einem späteren Zeitpunkt im Kollektionsaufbau durch die Veränderung der Farbangaben angepasst werden kann, bleiben Stofftextur und -eigenschaften bestehen.

Silhouetten

Gerades Etui

Natürliche Silhouette

Trapez

Glockenform

Ei- oder Kokonform

Schulterkeil

Linie

Die breite Außenlinie betont die Größe dieses Mantels.

Bruch aller Regeln für vertikale und horizontale Linien

Eine lange, schlanke Linie mit plastischem Effekt

Textur

Ein steifer Baumwollhosenanzug

Weiche Strickwaren für die Herrenmode

Weiches Mohair und Stahlnägel erzeugen einen aufregenden Texturkontrast.

Kleidung ist nicht nur eine visuelle, sondern auch eine sinnliche Erfahrung. Es ist wichtig, den Stoff anzufassen und ihn auf seine Eigenschaften und seine entsprechenden Verwendungsmöglichkeiten zu überprüfen. Stoffe mit Tiefe, rauer Oberfläche und isolierenden Eigenschaften braucht man bei kaltem Wetter, wohingegen weiche, flache oder absorbierende Stoffe eher für den Sommer geeignet sind. Für die verschiedenen Kleidungstypen benötigt man unterschiedliche Texturen: Für Maßanzüge und Mäntel braucht man feste, elegante, strapazierfähige Stoffe, die Details wie Kragen und Paspeltaschen hervorheben. Freizeitkleidung erfordert wärmere Materialien von gröberer Textur, die bequem in der Handhabung und leicht zu pflegen sind. Für Abendgarderobe werden leichte, fließende, verführerische Stoffe verwendet, die sich gut anfassen sowie leicht raffen und verzieren lassen, z. B. Jersey, Satin, Crêpe-de-Chine und Chiffon (s. auch Kapitel IV). In unserer Garderobe kombinieren wir verschiedene Stoffe. Daher müssen Designer, die Einzelstücke entwerfen, ein Auge für Texturkombination haben: Untergewicht (Röcke und Hosen) und Obergewicht (Blusen). Kontrastreiche Texturkombinationen betonen den Unterschied zwischen Kleidungsstücken und steigern den Reiz.

Sammeln Sie **Stoffmuster** in einem Notizbuch. Recherchieren Sie Name und Gewicht eines Stoffs, experimentieren Sie mit verschiedenen Kombinationen. Achten Sie auf die Stoffkombinationen bekannter Designer. Auch sollten Sie eine Textur in Worte fassen können. Die Sprache der Stoffe ist ähnlich der eines Weinkenners – dem Laien sagt sie wenig, bei Verhandlungen mit Lieferanten ist sie jedoch überaus nützlich.

Designprinzipien

Die Prinzipien des Modedesigns werden nicht immer gelehrt; dennoch werden sie in der Projektvorstellung diskutiert oder bewusst angewandt. Sie sind ein wichtiger Teil des ästhetischen Werkzeugs und helfen Designern bei der Feinabstimmung von Schwerpunkt und Wirkung der Entwürfe. Das Wissen um diese Prinzipien und ihrer Wandelbarkeit erleichtert die objektive Betrachtung von Designs, über deren Erfolg oder Misserfolg sie für gewöhnlich auch entscheiden. Das bewusste Spiel mit diesen Prinzipien ist für die Vermittlung einer Botschaft ebenso wertvoll wie ihre sorgfältige Einhaltung.

Wiederholung

Unter Wiederholung versteht man die mehrfache Verwendung von Designelementen, Details oder Posamenten bei einem Kleidungsstück. Ein Merkmal kann regelmäßig oder unregelmäßig wiederholt werden. Diese Mehrfachwirkung kann genutzt werden, um ein Design zu vereinheitlichen. Einige Beispiele der Wiederholung, wie gleichmäßig angeordnete Knöpfe, sind so weit verbreitet, dass wir sie erst dann bemerken, wenn wir eine ungleichmäßige Variante sehen. Da der menschliche Körper symmetrisch ist, scheinen einige Wiederholungen unvermeidbar.

Wiederholung kann sich auch auf die Struktur von Kleidung beziehen, z. B. die Plisseefalten und Einsätze eines Rocks oder Stoffmerkmale wie Streifen, Druckmotive oder Besätze. Als Gegenreaktion auf die Naturgesetze kommen von Zeit zu Zeit asymmetrische Kleidungsstücke in Mode, etwa einarmige Tops oder Röcke, die auf einer Seite länger sind. Der Bruch einer Wiederholung hat eine störende, auffällige Wirkung.

Rhythmus

Wie in der Musik kann der Rhythmus auch in der Mode eine starke Wirkung hervorrufen, ob durch die Wiederholung bestimmter Merkmale, Farbplatzierungen oder durch die Motive bedruckter Stoffe.

Nächste Seite Wird die Farbplatzierung eines Outfits verändert, beeinflusst dies unsere Wahrnehmung der dargestellten Figur.

Graduierung

Bei dieser komplexeren Form der Wiederholung werden Merkmale eines Kleidungsstücks in aufsteigenden oder abfallenden Größen oder Schritten verwendet. So kann z. B. der Saum eines Abendkleids dicht mit Pailletten besetzt sein, die nach oben hin immer weniger werden. Ein Stoff kann zwischen den Schulterblättern stark gerafft sein und sich zu den Seiten hin glätten. Das Auge verfolgt die Abstufungsstadien, so dass durch Graduierung bestimmte Körpermerkmale betont oder versteckt werden können.

Strahleneffekt

Linien, die sich fächerförmig von einem zentralen Punkt ausbreiten, erzielen einen sonnenstrahlenartigen Effekt. Ein Rock mit Sonnenplissee ist hierfür ein gutes Beispiel, doch gibt es bei drapierten Kleidern auch subtilere Formen.

Kontrast

Kontrast ist eines der effektivsten Designprinzipien, da es das Auge zwingt, Blickpunkte gegeneinander abzuwägen. Kontrast belebt den Gesamteindruck, z. B. bei einem Kleid, das mit einem kontrastierenden Gürtel getragen wird. Farben ziehen die Aufmerksamkeit auf sich sowie auf Merkmale und Details, die von ihnen umrahmt werden. Die Anordnung kontrastierender Merkmale erfordert Sorgfalt, da sie zum Blickpunkt werden. Kontraste in der Textur von Stoffen erhöhen die Wirkung des Materials, z. B. in der Kombination eines Tweedjacketts mit einer Seidenbluse. Kontraste müssen nicht extrem sein. Man spricht z. B. von einem »feinen Kontrast« in der Wirkung, wenn ein Hosenanzug entweder mit flachen oder aber mit hochhackigen Schuhen getragen wird.

Harmonie

Harmonie ist zwar nicht das genaue Gegenteil von Kontrast, impliziert aber eher Ähnlichkeit als Unterschied: Farben und Stoffe passen gut zueinander. Weiche Stoffe und runde Formen eignen sich hierfür besser als kantige Schnitte oder steife Kleidung. Die italienische Mode ist für die harmonische Verwendung von weichen Stoffen und Farben sowie organische, behutsame Verarbeitung bekannt. Harmonische Kollektionen sind leicht zu kombinieren und verkaufen sich meist ohne Beratung durch Verkaufspersonal.

Designprinzipien

Rhythmus Auf diesem Oberteil sorgt das durchbrochene Argyle-Muster für Rhythmus.

Graduierung Knopf- und Kragengröße graduieren, was das Hemd interessanter macht.

Strahleneffekt Bänder strahlen bei dieser Fallschirmbluse von einem zentralen Punkt aus.

Wiederholung Geraffte Kragen und Ärmel sind ein Wiederholungsprinzip.

Kontrast Weiche, pinkfarbene Wolle und harte Metallverschlüsse kontrastieren hier.

Harmonie Abgerundetes Top zum geraden Rock: harmonisch, raffiniert und elegant

Asymmetrie demonstriert an einem handgefertigten Unikat aus Filz

Proportion Das Spiel mit Proportionen gibt dem maskulinen Look weiblichen Touch.

Gleichgewicht

Der Körper ist von vorne und hinten symmetrisch um eine vertikale Achse angeordnet. Unser Körper strebt nach Gleichgewicht und so verfolgen wir dieses Prinzip auch in der Bekleidung. Vertikales Gleichgewicht besteht für uns in der gleichmäßigen Merkmalswiederholung von links nach rechts: gleiche Revers, gleich große Taschen auf selber Höhe, gleichmäßig angeordnete Knöpfe. Oberlastigkeit oder Unterlastigkeit stören das horizontale Gleichgewicht, z.B. ein zu stark betonter Ausschnitt oder ein Rock, der zu groß ist oder zu viele Volants hat. Der zentrale Blickpunkt eines asymmetrischen Designs benötigt oft ein ausgleichendes kleineres Detail an anderer Stelle. Wir sehen ein Kleidungsstück nicht nur von vorne oder hinten, sondern auch aus anderen Blickwinkeln. Alle Aspekte müssen dem Gleichgewichtsprinzip genügen oder etwas über ihre Missachtung der Ordnung aussagen, wie die postmoderne japanische und belgische Mode.

Proportion

In Kunst, Architektur und Design wurde schon so viel über die Proportion geschrieben, dass es fast anmaßend wirkt, sie als Regel oder Werkzeug in der Mode anzuwenden. Diese Prinzipien entscheiden jedoch auch hier auf subtile Weise, ob ein Design funktioniert. Proportion steht für die Art, auf die wir alle Teile eines Ganzen zueinander in Beziehung setzen. Dies geschieht durch Abmessen – nicht unbedingt mit einem Maßband, sondern mit dem Auge. Wir können Körperformen vortäuschen, indem wir die Proportionen von Designmerkmalen verändern oder Nähte und Details verschieben.

Die Positionierung horizontaler Nähte hat starken Einfluss auf die Körperproportionen.

Ärmel- und Ausschnitt-/Fassonformen

Unterschiedliche Schnittformen erzielen zahlreiche Passformen der Oberteilvorderseite.

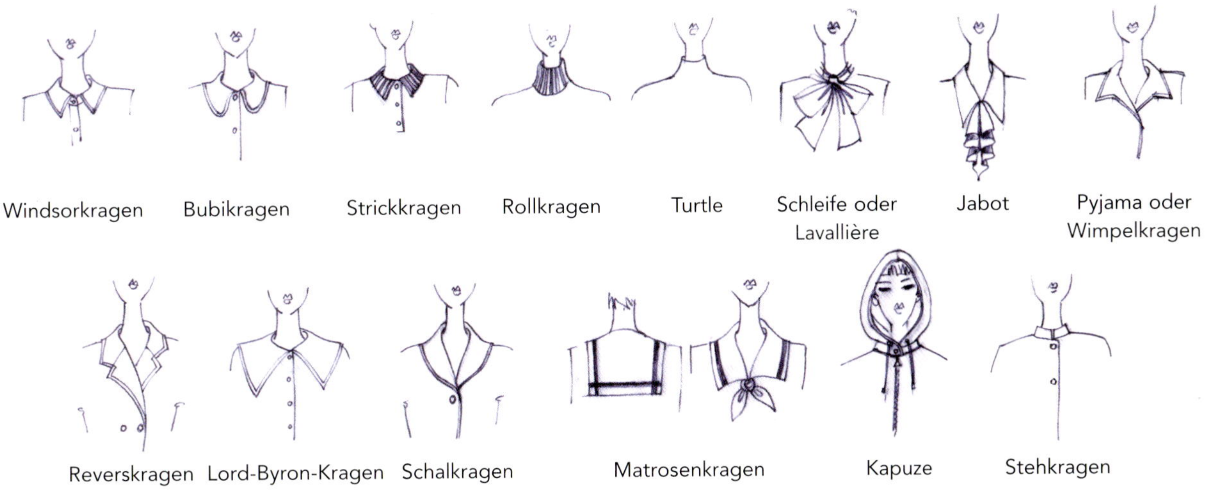

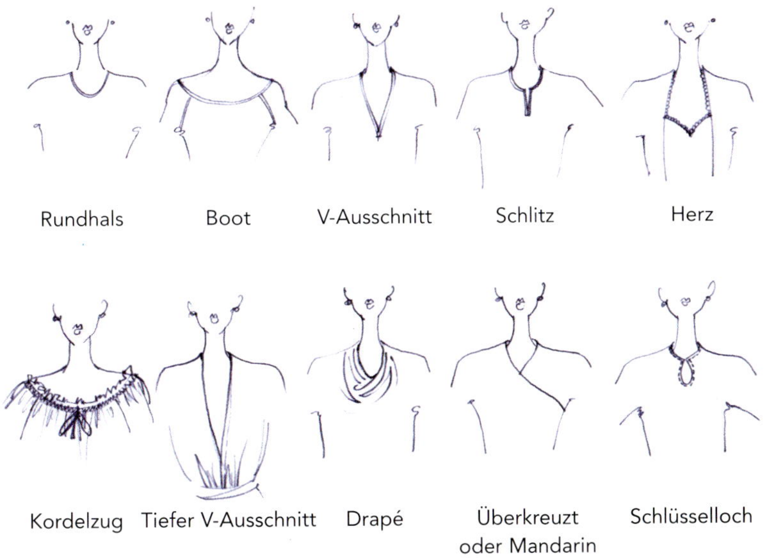

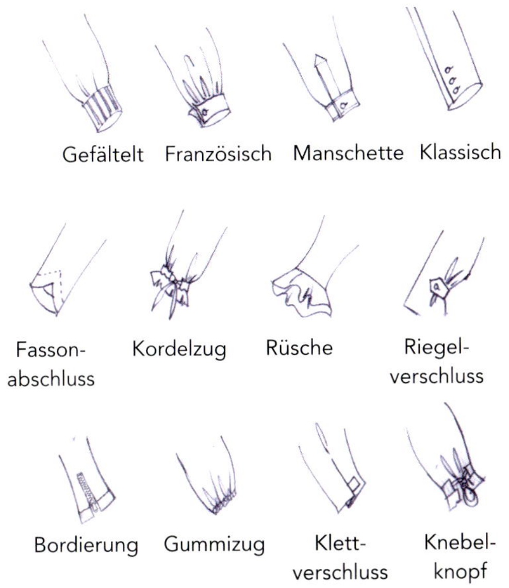

Windsorkragen	Bubikragen	Strickkragen	Rollkragen	Turtle	Schleife oder Lavallière	Jabot	Pyjama oder Wimpelkragen
Reverskragen	Lord-Byron-Kragen	Schalkragen	Matrosenkragen		Kapuze	Stehkragen	
Rundhals	Boot	V-Ausschnitt	Schlitz	Herz			
					Gefältelt	Französisch	Manschette	Klassisch
Kordelzug	Tiefer V-Ausschnitt	Drapé	Überkreuzt oder Mandarin	Schlüsselloch			
					Fassonabschluss	Kordelzug	Rüsche	Riegelverschluss
					Bordierung	Gummizug	Klettverschluss	Knebelknopf

Rock- und Hosenformen

Dirndl Tütenrock Wickelrock oder Sarong Rund geschnittener Taschentuchrock

Gerader Rock Schottenrock Godetrock Volantrock

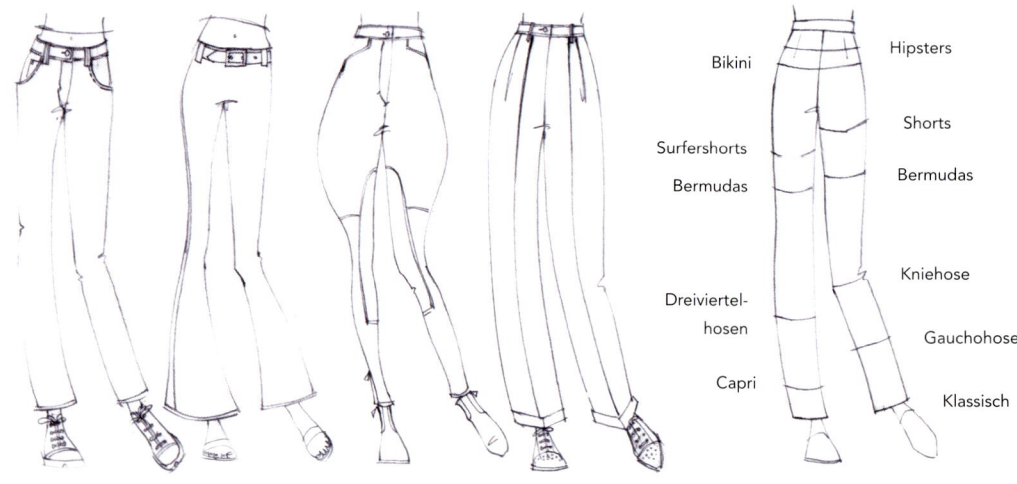

Jeans Schlaghose Jodhpurhose Oxfordhose Verschiedene Längen und Größen

Bikini
Surfershorts
Bermudas
Dreiviertelhosen
Capri

Hipsters
Shorts
Bermudas
Kniehose
Gauchohose
Klassisch

Farben und Stoffe IV

Farbgrundlagen

Untersuchungen von Garn-, Textil- und Bekleidungsherstellern und Einzelhändlern zeigen, dass Verbraucher zuerst auf Farben reagieren. Danach erst folgt ein Interesse für Design und Beschaffenheit des Kleidungsstücks, und schließlich die **Beurteilung** des Preises. Die Wahl der Farben oder einer **Farbpalette** für eine Modelinie ist eine der ersten Entscheidungen beim Entwurf, da dies die Stimmung oder den saisonalen »Ton« der **Kollektion** bestimmt und sie so von ihrer Vorgängerin absetzt.

Menschen reagieren intuitiv, emotional und sogar physisch auf Farben. Blau- und Grüntöne – die Farben von Himmel und Gras – haben sich als blutdrucksenkend erwiesen, während Rot und andere intensive Farben den Herzschlag erhöhen können. Weiß kann ein Gefühl der Kälte vermitteln; Gelb ist eine sonnige, freundliche Farbe; Grau wirkt businesslike oder aber depressiv. Das »Kleine Schwarze« steht für Kultiviertheit und Eleganz, während das kleine rote Kleid Spaß und Verführung symbolisiert. Stadtmenschen reagieren auf eine andere Farbpalette als die Landbevölkerung oder Bewohner tropischer Regionen. Situationen oder Lichtbedingungen, z.B. düsteres Tageslicht oder das Neonlicht eines Geschäfts, bewirken unterschiedliche Wirkungen derselben Farbe. Farbtechniker kennen dieses Phänomen und empfehlen etwa für Manchester eine andere Farbintensität und Lichtechtheit als für Miami oder Bombay.

> »Rosa ist das Marineblau Indiens.« Diana Vreeland, Chefredakteurin bei der amerikanischen *Vogue* von 1963 bis 1971

Auch Saison und Klima beeinflussen die Farbwahl. Im Herbst und Winter fühlen sich die Menschen zu warmen, fröhlichen Farben hingezogen, oder zu dunklen Farben, die die Körperwärme speichern helfen. Weiß (welches Wärme reflektiert) und Pastelltöne werden hingegen häufig im Frühjahr und Sommer getragen. Farben sind mit gesellschaftlichen Konventionen und symbolischen Bedeutungen verhaftet. In Teilen der westlichen Welt gilt Grün häufig als Symbol für Unglück, aber auch für Natur und Gesundheit. In Indien ist Scharlachrot und nicht Weiß die Hochzeitsfarbe. In China ist Weiß und nicht Schwarz die Farbe der Trauer. Beim Entwurf einer Kollektion muss daher der Kontext des Zielmarktes in jedem Fall berücksichtigt werden.

Farbdefinition

Das menschliche Auge kann durchschnittlich zwar etwa 350.000 Farben unterscheiden, nicht jede dieser Farben hat jedoch einen Namen. Wenn wir Farben beschreiben, können wir nur ungefähre Angaben machen und hoffen, dass andere die Farbe genauso sehen. Einige Systeme wurden entwickelt, um Farben wissenschaftlich zu identifizieren und zu definieren. 1666 entwarf der englische Physiker Sir Isaac Newton das erste dieser Systeme. Er entdeckte, dass alle Farben im natürlichen Licht enthalten sind und voneinander getrennt werden können, wenn man das Licht durch ein Prisma leitet. Er identifizierte die Farben des Spektrums – die sieben Spektralfarben – Rot, Orange, Gelb, Grün, Blau, Indigo und Violett. Außerdem glaubte er an eine Beziehung dieser Farben zur Tonleiter und sprach von »Farbtönen« und »Farbharmonien«. Seither werden Farben häufig mit Begriffen aus der Musik beschrieben. Zudem entwickelte Newton einen Farbkreis mit sechs Teilabschnitten (Indigo und Blau wurden vermischt), der noch heute für die Beschreibung von Pigmenten und substraktiven Farben verwendet wird. 1730 entdeckte Jacques-Christophe Le Bon, dass durch die Mischung von zwei Primärfarben (Rot, Gelb und Blau) die Sekundärfarben (Orange, Grün und Violett) und

Von links nach rechts Das »Kleine Schwarze« ist immer in Mode. Ein Schwarzweißkontrast wirkt chic und ordentlich, Weiß allein oft steril und dramatisch.

bei anderen Mischverhältnissen weitere Zwischentöne entstehen. Mischt man alle Primärfarben, entstehen die Tertiärfarben: verschiedene Braun- und Graunuancen über das ganze Spektrum bis hin zu Schwarz.

Neben der Benennung einer Farbe beschreiben wir ihre Eigenschaften auch anhand der Maßeinheiten Schattierung, Wert und Intensität. Die Schattierung verweist auf die Grundfarbe wie Blau, Rot oder Grün. Es gibt relativ wenig reine Schattierungen. Der Wert bezieht sich auf die Helligkeit oder Dunkelheit einer Farbe, die auf einer Skala von Weiß (Summe und Quelle aller Farben) bis Schwarz (völlige Abwesenheit von Licht) bewertet wird. Hellere Werte nennt man Töne, dunklere Nuancen. Mit Intensität bezeichnet man die relative Stärke (Reinheit) oder Schwäche (Unreinheit) einer Farbe. Wird ein Pigment mit Wasser verdünnt, verliert es an Intensität. Rot wird z.B. erst zu Rosarot und dann zu Blassrosa.

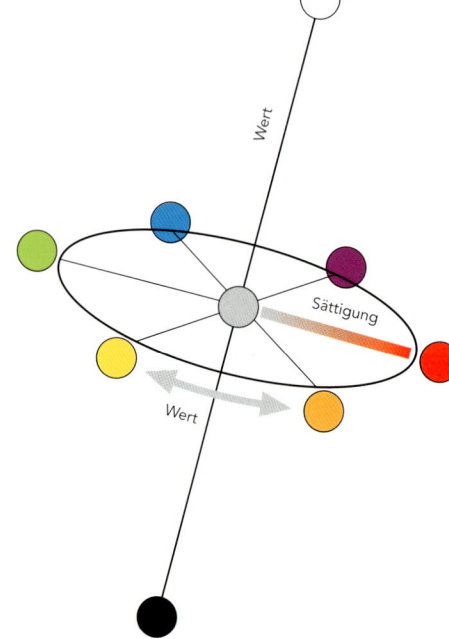

Additive Farben
System der Mischung physikalischer Primärfarben (Licht). Gemeinsam projiziert, ergeben Rot, Blau und Grün weißes Licht.

Substraktive Farben
Die Mischung der Pigmente Rot, Gelb und Blau ergibt die Sekundärfarben: Orange, Grün und Violett.

Spektrum
Das vollständige Farbspektrum von Violett bis Rot entsteht, wenn weißes Licht durch ein Prisma geleitet wird.

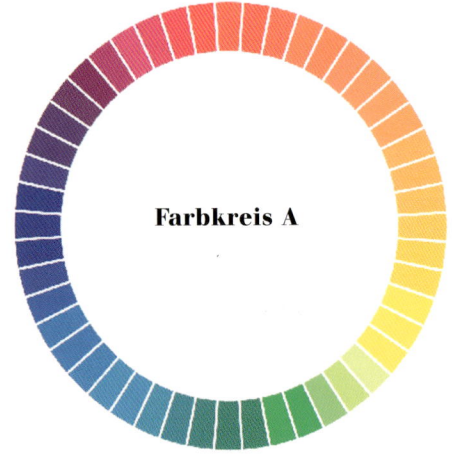

Farbkreis A

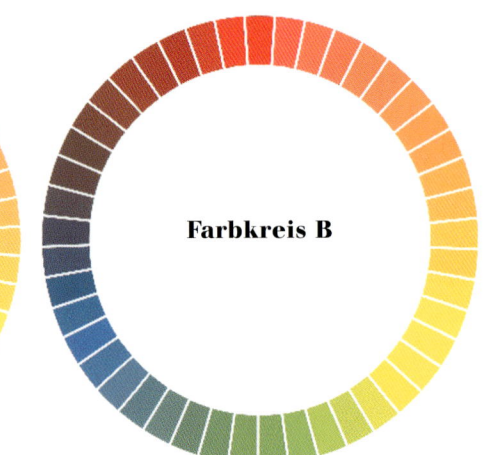

Farbkreis B

Simultankontrast charakterisiert Farben als ein stark relatives Phänomen. Farben verändern ihr Erscheinungsbild je nach Kontext, in dem sie auftreten.

Bei jeder Farbzusammenstellung ist die Beziehung zu den anderen Farben in der Komposition ebenso wichtig wie die Intensität der Farbe selbst. Eine matte Farbe kann aufgehellt, eine kräftige Farbe abgeschwächt werden. Eine individuelle Farbe kann ihre Intensität abhängig von den sie umgebenden Farben auf viele Arten verändern.

Primärfarben

Rot, Gelb und Blau lassen sich nicht durch die Mischung anderer Farben herstellen.

Analogfarben

Farben mit gemeinsamer Schattierung, die auf dem Farbkreis benachbart liegen, z.B. Blau-Violett, Violett und Rot-Violett usw.

Komplementärfarben

Farben wie Rot-Grün, Blau-Orange, Gelb-Violett, die einen optischen Gegensatz bilden. Sie sind auf dem Farbkreis einander gegenüber angeordnet.

Sekundärfarben

Orange, Grün, Violett – Farben, die durch Mischung von zwei Primärfarben entstehen. Gelb und Rot ergeben Orange usw.

Wert

Misst die Graustufen und bezeichnet, wie hell oder dunkel eine Farbe ist.

Jeder Ton kann im Wert variieren – Rot kann zu Hellrosa oder dunklem Kastanienbraun werden.

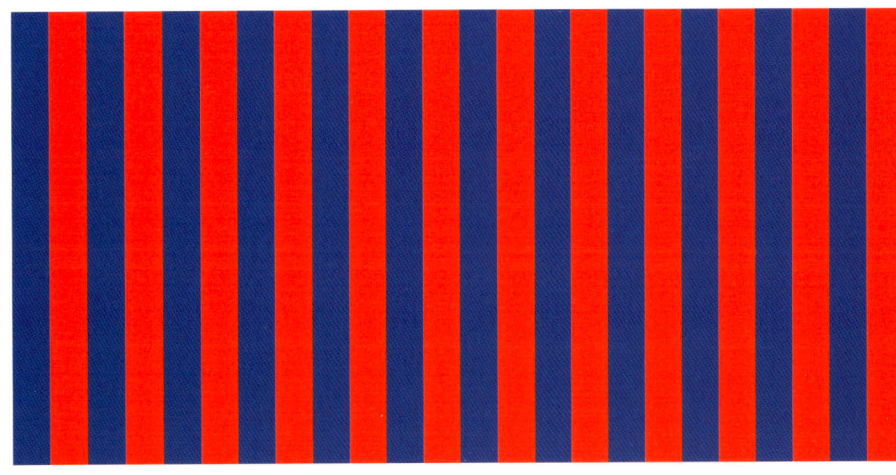

Vibrierende Farben

Wenn Komplementärfarben von gleichem Wert nebeneinander angeordnet sind, erhalten sie eine visuelle Intensität, die ihre reale Intensität übersteigt. Dies nennt man auch Simultankontrast.

Eine einzige Farbe besitzt starke Aussagekraft.

Farbterminologie

Im Folgenden einige allgemeine Begriffe, die von der Farb- und Modeindustrie für die Unterscheidung und Kombination von Farben verwendet werden:

Abtönung Eine »ergraute« Farbe

Konzentriert Eine intensive, satte Farbe

Pastell Eine Farbe, die mit Weiß aufgehellt wurde

Warme Farben Farben, die mit Feuer, Sonnenlicht, Leidenschaft assoziiert werden (z.B. Rot, Orange, Gelb, Purpur)

Kalte Farben Farben, die mit Himmel, Meer, Eis, Ruhe assoziiert werden (z.B. Blau- und Violetttöne, Weißschattierungen)

Neutrale Farben Farben, die auf den Tertiärfarben (Beige, Grau, Braun, Khaki, Olivgrün) basieren

Gedeckte Farben Farben, die durch den Zusatz von Schwarz, Weiß, Grau oder von Komplementärfarben aufgehellt oder abgedunkelt werden (z.B. Gelb mit einem Hauch von Violett ergibt dunkles Gold)

Monochromfarben Farben auf einer einzelnen Spektrallinie von Schwarz nach Weiß

Grundfarben Dominante Hintergrundschattierungen, -nuancen oder -töne

Akzentfarben In kleinen Mengen genutzte Farben mit starker visueller Wirkung

Harmonien Zwei oder mehr Farben, die zusammen ausgeglichen und angenehm wirken

Kontrastfarben Farben, die nebeneinander stark unterschiedlich wirken; häufig sind diese auf dem Farbkreis einander gegenüber angeordnet (z.B. Blau und Orange)

Komplementärfarben Fast gegensätzliche Farbtöne, deren Zusammenstellung harmonischer als der Kontrast ist, da ein warmer mit einem kalten Ton kombiniert wird.

Analogfarben Schattierungen und Töne, die auf dem Farbkreis eng beieinander liegen

Substraktive Farben Farben, die aus Pigmenten und Farbstoffen gemischt werden

Additivfarben Farben, die mit Hilfe von Licht oder Lichtabsorption gemischt werden

Optische Mischungen Diese changierenden Farben entstehen, wenn zwei verschiedene Farben, meist als Kett- und Schussfaden, zusammengestrickt oder -gewebt werden, so dass die Stofffarbe aus verschiedenen Blickwinkeln unterschiedlich wirkt. Optische Mischungen verwendet man für mehrfarbigen Jersey, Cambric und Seide.

Flüchtige Farben Farben, die auswaschen oder ausbluten (d.h. nicht farbecht sind)

Simultankontrast Tritt auf, wenn sich die Intensität einer Farbe je nach Wertigkeit des Hintergrunds oder im Rahmen mehrerer Farben zu verändern scheint. Häufig bei Streifen und Drucken; auch beim Kontrast zwischen Hauttönen und Kleidung.

Wissenschaftliche Farbbeschreibungen können jedoch das Gefühl oder die emotionale Wirkung einer Farbe nicht vollständig vermitteln. Daher benennen wir Farben auch nach uns vertrauten Dingen – nach Tieren (z.B. Elefantengrau, Kanariengelb), Blumen und Früchten (Flieder, Erbsengrün, Tomatenrot), Süßigkeiten und Gewürzen (Karamell, Safrangelb), Mineralen und Edelsteinen (Perlweiß, Koralle, Jade) und vielem mehr.

Diese assoziative Benennung von Farben hilft dabei, sich an Schattierungen zu erinnern und eine Palette zu beschreiben, aber sie reicht nicht aus, um einem Spezialisten einen konkreten Ton zu beschreiben, der passen soll. Zu diesem Zweck wurden einige standardisierte kommerzielle Farbsysteme entwickelt. Die im Mode- und Textilbereich am häufigsten verwendeten Systeme sind das Munsell-Farbsystem und das

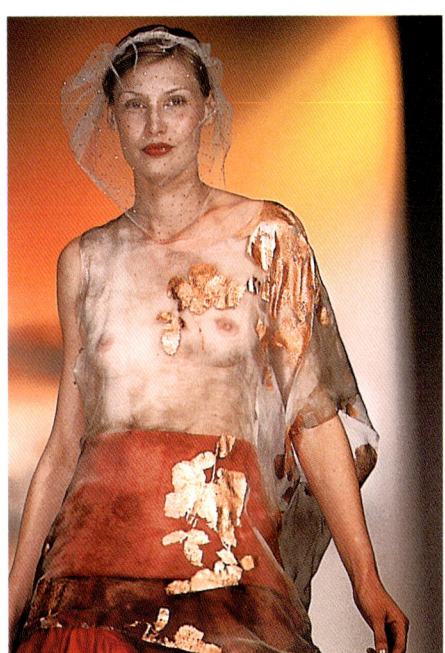

Links Eine elegante Palette changierender Analogfarben

Rechts oben Abgestufte Pastelltöne geben diesem Outfit einen festlichen Look.

Rechts unten Metallische Farben wie Gold und Silber verleihen transparenten Stoffen Glanz.

Pantone Professional Colour System. Die Pantone-Methode kalibriert eine sechsstellige Zahl, welche die exakte Position der Farbe auf dem Farbkreis anzeigt (die ersten beiden Ziffern), diesen Wert mit Schwarz und Weiß vergleicht (die mittleren beiden Ziffern) und ihren Wert benennt (die letzten beiden Ziffern). Viele Computerdesign-Softwarepakete beinhalten das Pantone-System. Mit Hilfe dieses Systems können Sie dem Drucker oder Färber exakte Spezifikationen für die Reproduktion Ihres Bildmaterials geben.

Farbprognose

Prognosen im Farbbereich sind zu einem lukrativen Geschäft geworden. Dies gilt nicht nur für den Bekleidungssektor, sondern auch für Kosmetik, Einrichtungsgegenstände, Lifestyle-Produkte und die Automobilindustrie. Die Farbenindustrie kann sich keine kostspieligen Fehler erlauben und muss rechtzeitig die Nachfrage nach Farben befriedigen können, teilweise bis zu zwei Jahre vor der Verkaufssaison im **Einzelhandel**. Farbprognostiker für die Modebranche stellen Informationen aus der ganzen Welt über Verkaufszahlen und Veränderungen im Verbraucherinteresse in Bezug auf Farben zusammen. Zweimal im Jahr finden Konferenzen in Europa und den USA statt, auf denen die breiten Trends der Branche zusammengefasst und definiert werden.

Als wichtigste Farbberatungsgremien sind die *British Textile Colour Group*, die *International Colour Authority (ICA)*, die *Color Association of the United States (CAUS)* und die *Color Marketing Group (CMG)* zu nennen. Der Prozess der Datenanalyse beinhaltet auch die Beobachtung und Interpretation des zugrunde liegenden sozialen und kulturellen Kontexts sowie Zukunftsprognosen. Dies alles gibt Auskunft darüber, in welche Richtung sich Farben in der Mode entwickeln werden. In der ersten Hälfte der 1990er-Jahre etwa machten sich viele Verbraucher Gedanken über die Umweltschäden durch chemische Farben. Farbprognostiker empfahlen den Herstellern, sich auf natürlichere Töne und Rezepturen zu konzentrieren. Dies rief kurzfristig eine Rückbesinnung auf zartere, »natürliche« Farbstoffe und eine Vorliebe für ungefärbte und ungebleichte Materialien in der Mode hervor.

»Jede Saison frage ich mich: Was kann ich nicht mehr sehen? Was ist mir aufgefallen? Ein Beispiel: Hellgrün ist gerade ein bisschen out, aber Rosa für Männer ist im Kommen.« Farbguru Sandy MacLennan

Designer und Farbe

Solange man nicht für ein Unternehmen arbeitet, das in großen Mengen produziert und nach einer eigenen **Farbpalette** färben lässt, ist man höchstwahrscheinlich an die Farben gebunden, die Textilhersteller anbieten. Dies sind normalerweise die allseits beliebten Klassiker (Variationen von Schwarz, Weiß, Marineblau und Rot) sowie die von Farbprofis prognostizierten und von Färbereien interpretierten Modefarben. Es kann zwischen 6 und 18 Monate dauern, bis die Farben, die Sie auf einer Textilmesse ausgewählt haben, als koordinierte Farbpalette in den Geschäften zu sehen sind.

Während der Ausbildung sollten Sie Stofffetzen und Papierschnipsel in den Farben sammeln, die Ihnen gefallen, um eine eigene Farbbibliothek anzulegen. Dies erleichtert die Erkenntnis, welche Farben natürliche und schöne Kombinationen erzeugen und wie das Gleichgewicht zwischen Grundfarben und Akzentfarben beschaffen sein sollte. Falls Sie Zugang zu einem Farblabor haben, sollten Sie mit dem Färben von Nuancen und Schattierungen experimentieren und Farbkombinationen kreieren, um auf diese Weise eine eigene Farbpalette zu erstellen.

Nächste Seite In Deutschland verfügen nur wenige Ausbildungsstätten über Farblabors, die den Studierenden die Möglichkeit bieten, mit Farben und Drucktechniken zu experimentieren.

Stoffe

Was für den Maler die Farben, sind für den Modedesigner die Stoffe: das Medium des kreativen Ausdrucks. Einige Designer arbeiten direkt am Stoff, andere entwerfen auf Papier und suchen dann nach dem passenden Material. Die Auswahl des geeigneten Stoffs ist der Schlüssel zu erfolgreichem Design. Dabei zählt nicht nur, was optisch gefällt; relevant sind zudem Gewicht und haptische Eigenschaften, Preis, Verfügbarkeit, Leistung, Qualität und zeitliche Planung. Die Eignung eines Stoffs ergibt sich aus der Kombination von Faktoren, wie Garn, Machart, Gewicht, Textur, Farbe, Handhabung und Dessin, sowie zusätzlicher Leistungsfaktoren wie Wärmeeigenschaften, Fleckempfindlichkeit und Pflegeleichtigkeit. Der Designer muss realistisch einschätzen, wie sich ein Stoff verhalten wird. Es ist nicht möglich, einem Stoff einen Schnittstil aufzuzwingen, der weder praktisch noch visuell mit den Stoffeigenschaften vereinbar ist.

Modedesigner sollten fundierte Kenntnisse über Stoffqualitäten, Bezugsquellen, Preisstrukturen und die Eignung für verschiedene Verwendungszwecke besitzen. Legen Sie zu diesem Zweck ein separates Notizbuch an. Auch gibt es einige Organisationen, die beim Studium der Stoffe Unterstützung bieten, in Deutschland neben anderen Textilforschungs- und Prüfanstalten z. B. das *Bekleidungsphysiologische Institut Hohenstein*.

Fasern

Fasern oder Garne sind das Rohmaterial der Stoffe. Fasern werden in drei Hauptkategorien unterteilt: tierisch (Haare), pflanzlich (Zellulosefasern) und mineralisch (synthetische Fasern). Erfahrene Designer können die Grundfaser oft durch Anfassen und genaues Betrachten erkennen. Heute gibt es sehr viele anspruchsvolle Mischfasern und Markenkunstfasern. Die Länge der Garnfaser (auch **Stapel** genannt), die Methode der Verspinnung zu einem Garn und ihr Durchmesser entscheiden über die Gewebeeigenschaften. Bei Mischgeweben verändern sich die Charakteristika der Hauptfasern. Beispielsweise sind Baumwolle und Leinen saugfähig und knittern leicht, mit Polyester gemischt trocknen sie jedoch schneller und lassen sich leichter bügeln.

Es ist gesetzlich vorgeschrieben, dass alle kommerziellen Bekleidungsstücke ein Etikett tragen müssen, das die Faserstoffe ausweist. Die Faser mit dem höchsten prozentualen Anteil wird zuerst genannt. Eine Mischung aus 75 % Baumwolle und 25 % Polyester wird als »Baumwolle/Polyester« ausgezeichnet. Zudem sind Pflegehinweise aufgeführt. In vielen Ländern wird eine international genormte Symbolsprache für die Pflegehinweise verwendet, der so genannte »International Textile Care Labelling Code«.

Bei Einkäufen in großen Mengen machen Textilhersteller Angaben zu Faserinhalt und Gewicht des Stoffs. Im **Einzelhandel** erhält man diese Informationen teilweise nicht. Dann gilt es, die Inhaltsstoffe selbst herauszufinden: So lernt man, Stoffe zu identifizieren und zu prüfen, für welche Verwendungszwecke oder Verarbeitungsmethoden sie eventuell nicht geeignet sind. Ist man bezüglich einer Stoffzusammensetzung nicht sicher, kann man einige einfache Tests durchführen oder den Stoff an ein Labor schicken.

Stoffherstellung

Wichtigste Herstellungsmethoden von Stoffen aus Garnen sind Weben, Wirken und Stricken. Anders produzierte Textilien, z. B. Kunstpelz, Tüll, Spitze und Textilverbundstoffe, klassifiziert man als Vliesstoffe. Modedesigner sollten die Grundstrukturen der Materialien kennen, um Verwendungs- und Bearbeitungsmöglichkeiten zu beurteilen.

Webstoffe entstehen durch die rechtwinklige Verkettung vertikaler Fäden **(Kettfäden)** mit horizontalen Fäden **(Schussfäden)**. Diese Fäden nennt man auch den Längs-

Fibrillierte Viskose; die Fasern können nach dem Weben aufgebürstet werden, um einen weichen Warengriff zu erzielen.

Knoten in einer Wollfaser. Die Schuppen auf den Wollfasern öffnen sich in warmem Seifenwasser, die Fasern verbinden sich und verfilzen.

Die Struktur von Baumwolljersey ermöglicht eine Dehnung des Stoffs in beide Richtungen, also längs und quer.

Künstliche Polyesterfaser in einer Tuchbindung

Wollgabardineköper

Nächste Seite, oben und Mitte Dieser Stoff wurde in einer traditionellen Patchwork-Technik, auch als »Suffolk Puffs« bezeichnet, handgefertigt.

Nächste Seite, unten Neue Garnqualitäten und Stofftechniken werden in einem Trendforum auf der *FilAsia* ausgestellt.

bzw. Querstrich des Stoffs. Die Gewebedichte oder Gewebefestigkeit richtet sich nach der Anzahl von Kett- und Schussfäden pro Zentimeter (oder Zoll). Der Geweberand wird normalerweise mit einer höheren Anzahl von Fäden oder stärkeren Fäden gewebt, um dem Stoff Stabilität zu verleihen. Dies wird als **Webkante** bezeichnet. Da der Kettfaden vorverstreckt wird, um eine gleichmäßige Webstruktur zu erhalten, besitzen Webstoffe meist gute Längsstabilität. Daher werden die Teile für Kleidungsstücke üblicherweise parallel zur Webkante zugeschnitten, so dass der Längsstrich vertikal zum Körper verläuft. Die zusätzliche Dehnbarkeit des Querstrichs unterstützt die Elastizität des Stoffs an Stellen wie Gesäß, Knien und Ellbogen.

Gewebearten

Durch die Veränderung der Garnfarben oder -typen des Kett- und Schussfadens in der Gewebestruktur kann eine unbegrenzte Vielfalt von Stoffen hergestellt werden. V. a. die Bindungsart bestimmt über den Fall und sonstige Eigenschaften des Stoffs.

Tuchgewebe Die einfachste Gewebestruktur. Wenn Kett- und Schussfaden derselben Größe eng miteinander verkreuzt werden, stellt diese Bindung die festeste Bindungsart dar. Beispiele für die Tuchgewebe sind Kattun, merzerisierte Baumwolle, Flanell, Gingham und Crêpe-Chiffon.

Köpergewebe Bei der Köperbindung kreuzt der Schussfaden mindestens zwei Kettfäden, bevor er unter einen oder mehrere Kettfäden gehoben wird. So entsteht ein Gewebe mit diagonaler Schrägrippe. Gabardine, Drillich, Whipcord und der v. a. für Anzugstoffe verwendete Fischgratköper sind bekannte Köpergewebe.

Atlas- und Satingewebe Weiche, glänzende Stoffe mit guten Fall- und Dehneigenschaften. Die Fäden an der Gewebeoberseite liegen flott – bei Atlas auf der Kettfadenoberfläche, bei Satin auf der Schussfadenoberfläche.

Samtgewebe Webart, bei der ein zusätzlicher Schussfaden auf der Gewebeoberseite aufgebracht und verschlungen wird. Die Schlaufen können geschlossen bleiben, wie bei Frotteestoff, oder aufgeschnitten bzw. geschoren werden, wie bei Kord, Samt und Pelzimitaten. Stoffe mit hohem Flor, wie Frottierplüsch, werden in einem speziellen Nadel- oder Schusstufting-Prozess hergestellt, bei dem der Flor auf die Trägerware aufgebracht wird.

Jacquardgewebe Komplexes, gemustertes Gewebe, das auf einem Jacquardwebstuhl angefertigt wird. Die einzelnen Fäden werden über eine Lochkarte, ähnlich einer Pianolarolle, angehoben oder verbleiben am Platz; heute computergesteuert. Jacquardstoffe wie Brokat oder Damast verwendet man z. B. für festliche Kleidung.

Strickwaren entstehen aus ineinander greifenden Garnschlingen. Horizontale Reihen nennt man Maschenreihen, vertikale Reihen Maschenstäbchen. Sie sind in beide Richtungen dehnbar, neigen aber eher zur Querdehnung. Ihre Elastizität verleiht ihnen gute Fall- und Knittereigenschaften; andererseits können sie bei häufigem Tragen und Waschen je nach Material ihre Form verlieren. Da die Struktur von Maschenwaren relativ offen ist, können sie »atmen« und den Körper je nach Garn warm oder kühl halten. Sie werden v. a. für Unterwäsche oder Sportbekleidung verwendet. Feinmaschiges Gestrick kann eng anliegend sein und für Abendgarderobe verwendet werden. Wie beim Weben können auch beim Stricken Farb- und Mustereffekte eingearbeitet werden.

Grundlage für die Entwicklung des Maschinenstricks ist die Kunst des Handstrickens. Heute können moderne Maschinen Strickstoffe und gestrickte Kleidungsstücke in Hochgeschwindigkeit produzieren, die komplexer sind, als man dies per Hand erreichen könnte. Ein vollständig fertig gestellter Pullover kann in 45 Minuten hergestellt werden. Dennoch gibt es in der Mode nach wie vor einen Platz für die einzigartigen Qualitäten und den Charme eines handgestrickten Stücks. Die Palette maschinengestrickter Textilien reicht vom dünnsten Seidengarn für Wäsche bis zum dicksten Zopfmuster aus Wolle. Die Feinheit von Strickmaschinen (Gauge) wird anhand des Nadelabstands, also der Anzahl von Nadeln pro Zentimeter (oder Zoll), gemessen.

Maschenwarenarten

Single Jersey Die Schauseite (rechte Seite) ist glatt, während die Rückseite (linke Seite) vergleichsweise rau und daher saugfähiger ist. Wenn eine Masche fallen gelassen wird oder ein Loch entsteht, bildet sich eine Laufmasche entlang der Maschenstäbchen. Single Jersey neigt dazu, sich an den Kanten aufzurollen. Der Stoff ist leicht und eignet sich ideal für T-Shirts und Wäsche.

Doppeljersey Für diesen Stoff wird eine doppeltes Nadelbett verwendet, um eine beidseitig glatte Oberfläche zu erreichen. Doppeljersey ist stabil.

Rippenstrick Hierbei wird eine vertikale Anordnung der Nadeln verwendet, die abwechselnd rechte und linke Maschen stricken, wodurch ein dehnbares, beidseitig verwendbares Gestrick entsteht. Das Rippenmuster wird eingesetzt, um den Stoff an Taille, Kragen und Manschetten eng am Körper anliegen zu lassen. Bei Sportbekleidung wird Rippware auch als Bortenbesatz an Webwaren verwendet.

Interlock Eine spezielle feine und glatte Rundstrickware, die für Wäsche und Shirts eingesetzt wird

Fair Isle Ein Single-Jersey-Stoff mit kleinen Mustern, für den zwei verschiedenfarbige Garne verwendet werden. Als Vorlage dienten Pullovermuster von den Shetlandinseln.

Intarsienmaschenware Vielfarbige geometrische Muster und Bildstrickmuster. Da die Herstellung noch aufwendiger als bei Fair Isle oder Jacquard ist, wurden diese Stoffe bis zur Einführung computergesteuerter Maschinen ausschließlich für den Markt für kostspielige Luxuswaren und Kaschmirpullover hergestellt.

Kettware Beim Kettwirken, einer Mischform aus Stricken und Weben, wird ein Kettfadenstrang von sich bewegenden Nadelbarren verstrickt. Kettware zerfasert nicht und ist laufmaschensicher. Sie kommt bevorzugt für Bademoden, Sportbekleidung und Wäsche zum Einsatz.

Die älteste Methode der Stoffherstellung ist die Verbindung von Fasern im Klebspinnverfahren oder durch Spinnmattieren. Wird feuchte, warme Wolle zusammengedrückt, verbinden sich die Fasern zu Filz. Dieser Prozess wurde weiterentwickelt: Heute produziert man thermoplastische Kunststoffe in einem Schmelzverfahren. Diese haben keinen Strich, so dass sie in jeder Richtung geschnitten werden können und nicht ausfransen oder sich aufziehen. Einige dieser Materialien sind dehnbar und können, wie Kaninchenhaarfilz, über Dampf geformt werden, um Hüte zu machen. Bei Unterwäsche verwendet man thermoplastische Strickware (kehrt nach dem Waschen in die gewünschte Form zurück) für BH-Körbchen sowie Fuß- und Wadenpartie von Strümpfen.

Vorangehende Seite Sehr feiner Jerseystoff besitzt einen schönen Fall. Hier bewirken die transparenten Schichten bei jedem Schritt des Models einen changierenden Moiré-Effekt.

Diese Seite Strickwaren können maschinell in dreidimensionaler Form ohne Nähte erstellt werden. Diese Technik verstärkte hier den Warenfall der schweren, weichen Wolle.

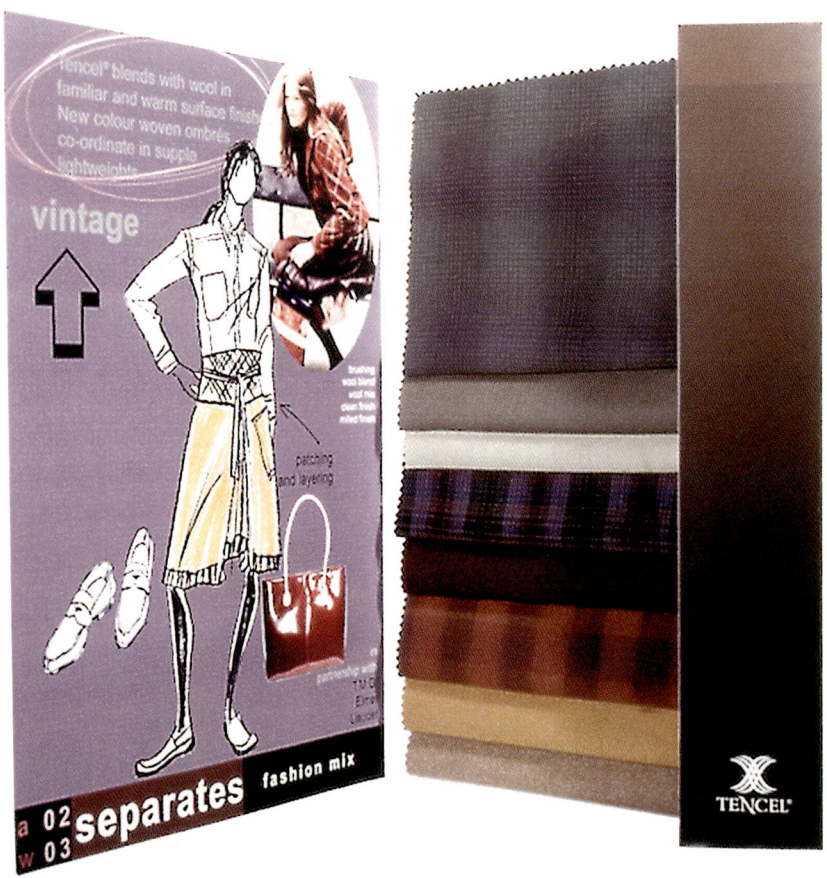

Stützgewebe (Vlieseline) wie Einlagen und Zwischenfutter, die an Belastungspunkten Festigkeit und Form bieten, bestehen oft aus Textilverbundstoffen. Meist sind sie unter ihren Markennamen bekannt, wie Staflex oder Vilene. **Schmelzbare Zwischenfutter** werden mit Leim beschichtet und haften am Stoff, wenn sie heiß aufgebügelt werden. Wattierungen sind hochgarnige Stoffe aus aufgeplusterten, spinnmattierten Fasern, die als Steppfutter und Füllungen für mehr Volumen oder Wärmeisolation sorgen.

Tüll und Spitze werden mittels technisch ausgefeilter Maschinen hergestellt, bei denen die Fäden verdreht oder diagonal verlaufen. Spitzenstoffe haben meist einen gezahnten Spitzenrand; die Längenmaße sind auf die Maschinenbreite beschränkt. Tüll und Spitze fransen für gewöhnlich nicht aus, jedoch erfordert die offene, grobe Oberflächenstruktur einiger Spitzenstoffe eine Unterlegung mit Futter. Gummi und Plastik setzt man oft für ausgefallenere Designs ein. Aus dem Latex (Milchsaft) des Gummibaums gewonnen, kann flüssiges Gummi in eine Form oder direkt auf den Körper gestrichen werden. Gummibogen können zugeschnitten und vernäht oder verklebt werden. Es gibt sie in durchscheinenden, kräftigen oder metallischen Farben sowie bedruckt. Auch Plastik, Polyäthylen und Cellophan werden in der Modeindustrie eingesetzt.

Hightech-Materialien

In der Textilindustrie werden kontinuierlich neue Stoffe und Behandlungsmethoden entwickelt. Tencel, Tactel, Sympatex, Supplex, Polartec, Aquatex, Viloft und Coolmax sind aktuell neu entwickelte synthetische Materialien.

Rechts Zur Vermarktung neuer Linien senden Textilhersteller und Importeure Stoffmuster an wichtige Kunden, damit diese Musterstoffbahnen oder -schnitte bestellen können.

Links Branchenveröffentlichungen informieren über Produkte, Marktrückmeldungen, Trends.

Nächste Seite Auf Fachmessen interpretieren und prognostizieren Aussteller die aktuelle Stimmung in der Mode.

Oben Nach dem Besuch einer Fachmesse stellt der Designer Stoffe und Farben für den Kollektionsaufbau und die Koordination der Musterstoffe zusammen. Einige Stoffe werden dabei aussortiert.

Unten Garnqualitäten und neue Farbpaletten werden entwickelt und den Modegroßhändlern zweimal im Jahr angeboten.

Appreturen

Die Appretur wird meist als Oberflächenbehandlung nach Stoffherstellung und -färbung angewendet. Eine Appretur kann praktischen, leistungssteigernden Zwecken, wie Stabilisierung, Feuerbeständigkeit und Knitterfestigkeit dienen, oder der Verzierung sowie Behandlungen wie Aufbürsten oder (Perlen-)Stickereien. Zunächst für Militär-, Industrie- oder Haushaltstextilien eingesetzt, werden Appreturen heute von innovativen Designern oft im Bereich Sport und Mode verwendet. Unternehmen lassen sich Behandlungsmethoden patentieren und verwenden die Markennamen in Werbung und Marketing.

Druck

Gewebedruck ist schon lange eine der beliebtesten Formen der Appretur und Verzierung einfarbiger Stoffe. Es gibt viele Druckmethoden wie Batik, Gewebefilmdruck und Thermodruck (Sublistatic). Berücksichtigt man die vielen Standardformen des Drucks, wie Blumenmuster, geometrische und abstrakte Formen, Bilddrucke (»Conversationals«) und andere Motive, wächst die Zahl der möglichen Dessins ins Unendliche.

> »Ich glaube, Druck muss man wirklich lieben, er stellt einen vor die schwierigste Entscheidung. Er kann die gesamte Kollektion definieren, kann aber auch von allem anderen ablenken, wenn er zu dominant ist.« Designerin Sonja Nuttall

Stoffauswahl

Zu Beginn der ersten Recherche für eine Saison wird das Stoff- und Posamentenangebot geprüft. In einigen Firmen trägt der Designer die volle Verantwortung für die Stoffselektion, in anderen gibt es Stoffexperten. Ein ausgewogenes Sortiment umfasst verschiedene Gewichte und Texturen, klassische und modische Stoffe, manchmal auch Druckstoffe und Innovationen. Man begutachtet das Angebot auf Fachmessen, bei Textilherstellern und Agenturen (s. u.). Textilfirmen versenden Muster und Farbkarten, nach denen Designer Musterpartien bestellen, um Probestücke anzufertigen.

Bei der Auswahl zählen nicht nur die Herstellerinformationen zu den Stoffeigenschaften: Warenfall, Oberflächenstruktur und Gewicht beurteilt man am besten, indem

Oben Bei Strickwaren werden Farben und Texturen für den Aufbau eines Themenkarte gemeinsam ausprobiert.

Unten links Hier wurde Gummi mit Aran-Strickmuster und Schottenkaros bedruckt.

Unten rechts Verschiedene Drucke erzielen hier eine modische, überraschende Wirkung.

Diese Seite Stoff muss zunächst nach seinem Warengriff und dann nach anderen Eigenschaften wie Wärme, Glanz, Farbe oder dekorativem Effekt ausgewählt werden. Zudem ist wichtig, ob sich der Stoff gut verarbeiten lässt.

Nächste Seite, links Ein raffinierter Einsatz optischer Effekte, die den Farben der gedruckten Streifen Dynamik verleiht.

Nächste Seite, rechts Bedruckter Schafspelz kombiniert Exotisches mit Behaglichem.

man den Stoff mit der Hand prüft. Die Stoffauswahl als Teil des Entwurfsprozesses erfordert Wissen, Geschmack und Erfahrung. Einige Richtlinien für die Stoffauswahl:

Drücken Sie den Stoff einige Male in der Hand zusammen, um die Oberfläche zu spüren und seine Wärme, Kühle, Trockenheit oder Glätte usw. zu prüfen. Welche Persönlichkeit hat der Stoff? Aus welchen Fasern besteht er?

Wie bildet sich der Stoff nach dem Griff zurück? Prüfen Sie mit den Daumen Dehnbarkeit und Rückbildung. Ziehen Sie sanft entlang des **Strichs** und schräg zum Fadenverlauf. Falten oder **Drapieren** zeigen die Falleigenschaften. Ziehen Sie an den Fäden, um zu prüfen, ob sie sich auseinander ziehen lassen oder leicht ausfransen.

Überprüfen Sie entlang der **Webkanten,** ob der Stoff gerade ist. Stoffe, die nicht dem Strich folgen, fallen nicht richtig; bei Farbgeweben und Plaids werden Saumkante und entsprechende Nähte nicht ausgerichtet verlaufen.

Suchen Sie nach Gewebe- und Farbunregelmäßigkeiten. Prüfen Sie den Stoff gegebenenfalls gegen das Licht. Farben wirken in künstlichem Licht oft anders als bei Tageslicht. Die Farbabstimmung sollte daher unter verschiedenen Lichtquellen erfolgen.

Strickwaren und Wollstoffe neigen zum Filzen. Durch Reiben auf der Oberfläche können Sie testen, ob sich Fasern ablösen oder Knötchen bilden.

Bedruckte Stoffe sollten auf die Regelmäßigkeit und die Ausrichtung des Dessin geprüft werden. Halten Sie den Stoff gegen den Körper und auf Armeslänge von sich entfernt, um zu sehen, wie der Maßstab des Dessins auf Sie wirkt.

Teils behandelt man Seide und billige Baumwolle beim Web- oder Appreturprozess mit einer bestimmten Stärke (»Schlichte«). Diese wäscht sich später aus und der Stoff wird schlaff. Prüfen Sie, ob sich beim Reiben der Oberfläche feiner Puder bildet.

Wenn Informationen zur Pflege oder zu Appreturen erhältlich sind, notieren Sie diese. Sie können später nicht reklamieren, wenn Sie den Stoff falsch behandelt haben.

Kollektionsaufbau

Beim Entwurf müssen verschiedene Stoffarten kombiniert werden – dies gilt nicht nur für **Kollektionen** sondern auch für einzelne Stücke. Das Spektrum reicht von der einfachen Auswahl unterstützender Stoffe wie Innenfutter oder **Zwischenfutter** bis zur Zusammenstellung einer **Themengruppe** aus verschiedenen Gewichten und Qualitäten für den Aufbau einer Kollektion. Der Kollektionsentwurf erfordert ein ausgewogenes Gleichgewicht zwischen der Zahl geplanter Stücke, den Grundstoffen und den passenden Akzent- und Highlight-Stoffen. Zu viele Stoffe und Farben lassen die Kollektion unkoordiniert erscheinen, zu wenige erzeugen Eintönigkeit oder Monotonie. Einige Stoffe sollten einfach und klassisch sein, um die Aufmerksamkeit auf die Schnitte zu lenken.

Vergleichen Sie die Stoffmuster mit Ihren Entwürfen. Vergegenwärtigen Sie sich dabei Körpertyp und Lifestyle Ihrer Zielgruppe. Im Entwurfsraum eines Modeunternehmens sind Konzeptentwurf und Erstellung einer **Themenkarte** wichtige Teile des Kollektionsaufbaus, die regelmäßig überarbeitet werden. Zu teure oder zu »schwierige« Stoffe werden aussortiert. Es wird sich zeigen, dass Sie eigene stilistische Vorstellungen von Stoffen und Posamenten haben. Die Umsetzung Ihrer **Handschrift** erfordert Sorgfalt und Beständigkeit; nur so etablieren Sie Ihr Image und Ihre individuelle Identität. Viele berühmte Modedesigner sind für ihre Vorliebe für bestimmte Stoffe bekannt: Coco Chanel etwa zunächst für komfortable Zweiteiler aus Jersey, später aus tweedähnlicher Wolle, Issey Miyake für die Verwendung von Filz und plissiertem Polyester.

Entwurf und Stoffauswahl sollten nicht miteinander konkurrieren, sondern einander ergänzen. Der Kollektionsaufbau muss den allgemeinen Designprinzipien – Proportion, Rhythmus und Bewusstsein für Körperbewegungen – folgen, nicht nur in einzelnen Stücken, sondern im gesamten Look. Soll Ihre Kollektion auf dem Laufsteg präsentiert werden, gehen Sie im Geiste die Reihenfolge durch, in der Ihre Outfits optimal zur Geltung kommen. Eine Probeaufstellung der Modelle hilft bei der ausgewogenen Kollektionsanordnung: Teile können ausgetauscht, **Accessoires** und Styling bestimmt werden. Bei kommerziellen Kollektionen wird das Sortiment anhand von Farben und Schnitten in Themengruppen unterteilt, um Käufern die Vermarktung zu erleichtern. Kleine Farbskizzen oder Fotos der fertigen Stücke, sowohl einzeln als auch zusammen als Outfit getragen, sind für den Aufbau und den Verkauf der Kollektion sehr hilfreich.

Stofflieferanten

Die Bezugsquellen für Stoffe müssen zuverlässig und wettbewerbsfähig sein. Preise, Lieferzeiten, Importgesetze, Währungsschwankungen und Qualitätsbeständigkeit sind Schlüsselthemen. Der Erfolg einer Designlinie basiert auf guten Beziehungen zu Lieferanten. Hersteller und Bezugsquellen unterscheiden sich in ihrer Zugänglichkeit und Großzügigkeit gegenüber Studierenden. Da Ihre Entwürfe nicht in großem Umfang produziert werden müssen, können Sie Stoffe in kleinen Mengen, von ungewöhnlichen Bezugsquellen oder im **Einzelhandel** kaufen. Wer Zugang zu Druck-, Strick- oder Webmaschinen hat, kann vielleicht sogar selbst Stoffe nach eigenen Ideen herstellen.

Textilhersteller

Die Stoffe aus Textilbetrieben werden direkt an Bekleidungshersteller oder Großhändler verkauft bzw. über Agenten vertrieben. Diese Betriebe sind häufig auf ein Verfahren oder eine Stoffart spezialisiert, z. B. Baumwollstoffe für Oberhemden, anspruchsvolle Wollstoffe für Anzüge und **Separates** oder Jacquard-Seidengewebe für Abendgarderobe. Der Stoffkauf direkt vom Hersteller ist oft preisgünstiger als über eine Agentur, setzt jedoch oft die Abnahme großer Mengen voraus. Bei speziellen Wünschen können Modedesigner direkt mit Stoffdessinateuren und Textilbetrieben zusammenarbeiten.

Zwischenbetriebe

Zwischenbetriebe kaufen unfertige Waren **(Rohgewebe)** von Textilherstellern und lassen diese von Vertragsunternehmen gemäß ihrer Marktprognosen bedrucken, färben, imprägnieren usw. Zwischenbetriebe kooperieren eng mit Herstellern und Designern.

Importeure

Arbeitskosten, Verfügbarkeit und Urheberrechte erfordern den Import mancher Stoffe. Oft müssen diese im Voraus über einen Auslandsauftrag oder als Importkontingent bestellt werden, um Handelszyklen gerecht zu werden und Chancen nutzen zu können. Importeure lagern die Ware, die bei Bestellung bezahlt oder ab Lager verkauft wird. Die Arbeit mit Importeuren erleichtert Probleme, die durch Verschiffungsformalitäten, Einfuhrzölle, Währungsschwankungen, Feiertage und Sprachschwierigkeiten entstehen.

Agenten

Agenten sind Vertreter von Textilherstellern. Sie selbst lagern keine Ware, helfen aber bei Verhandlungen sowie der Organisation von Warenbestellung und -auslieferung aus dem Inland oder über Importeure. Agenten sind teils zwar raffinierte, profitorientierte Geschäftsleute, können aber auch zu besseren Konditionen beim Lieferanten verhelfen.

Großhändler

Diese Lieferanten kaufen Fertigwaren von Textilherstellern und Zwischenbetrieben und bieten diese an, bis die Lagerbestände aufgebraucht sind. Manchmal sind die Betriebe auf bestimmte Stoffe spezialisiert. Teils variiert das Angebot der Großhändler in Bezug auf Farben und Textilarten. Etablierte Modeunternehmen können Bestellungen aufgeben und Kreditbedingungen aushandeln. Studierende hingegen müssen den Großhändler oft selbst aufsuchen, die Waren umgehend bezahlen und selbst transportieren.

Vertriebsfirmen (Jobbers)

Neutrale Stoffe sind oft auch noch in der nächsten Saison aktuell. Material aus Stornos, Über- oder Fehlproduktionen sowie abgelehnte Farbpartien und modische Extravaganzen müssen jedoch schnell verkauft werden, um die Investition in einen Gewinn zu verwandeln. Hersteller halten ihre Lagerbestände möglichst klein, da Stoffe verderblich sind, aus der Mode kommen und Lagerkosten verursachen. Vertriebsfirmen, auch »Jobbers«

Nächste Seite Ungewöhnliche Materialien erzeugen sinnliche Effekte, die für aussagekräftige Modebotschaften nutzbar sind. Das Korbkleid wurde wie beim Korbflechten als dreidimensionale Form gewebt. Das leichte Wogen des Kleids erinnert an die Bewegungen eines Tintenfischs.

Stoff- und Garnmessen finden zweimal jährlich in verschiedenen Modemetropolen statt. Die *Première Vision* in Paris und die *Interstoff* in Frankfurt sind die größten und prestigeträchtigsten Messen. Spinner und Weber beauftragen Modedesigner mit der Anfertigung von Werbekollektionen für ihre Ausstellungsstände.

genannt, sind darauf spezialisiert, Materialüberhänge zu vergünstigten Preisen aufzukaufen oder als Agenten für Hersteller aufzutreten. Die Waren bieten sie Einzelhändlern, Marktstandbesitzern und kleinen Firmen zu niedrigen Preisen und mit sofortiger Lieferung an. Stoffe und Kleidungsstücke, die daraus entstehen, nennt man **Restposten.**

Einzelhändler

Textilfachgeschäfte und Kaufhäuser beziehen ihre Waren meist von den oben genannten Quellen. Einzelhändler ermöglichen den Kauf kleiner Mengen und bieten große Auswahl, doch sind ihre Preise fast dreimal so hoch wie im **Großhandel** inklusive Steuern.

Stoffmessen

Die wichtigsten Stoffmessen sind die *Interstoff* in Frankfurt, die **Première Vision** in Paris, die *IdeaComo* in Como und *The Cloth Show* in London. Die größten Fachmessen für Garne sind die *Pitti Immagine Filati* in Florenz und die *Expofil* in Paris. Es ist schwierig, ohne Einladung oder Branchenausweis Zugang zu diesen Veranstaltungen zu bekommen. Jedoch organisieren einige Ausbildungsstätten einen Besuch für ihre Klassen und manche Fachmessen gewähren Studierenden am letzten Messetag einen Rundgang.

Im Atelier V

Atelier

Das Entwurfsatelier an Ihrer Ausbildungsstätte kann – abhängig von der Lehrplanstruktur und dem Zahlenverhältnis der Studierenden zu technischen Beratern und Lehrpersonal – wie ein Entwurfsatelier oder wie eine kleine Fabrik eingerichtet sein. Einige Ausbildungstätten stellen Ihnen einen eigenen Arbeitsplatz zur Verfügung, andere verteilen den Platz nach dem Prinzip: »Wer zuerst kommt, mahlt zuerst.« Wenige Ausbildungsstätten sind rund um die Uhr geöffnet, obwohl die Arbeit in einem Großraumatelier abends oder am Wochenende wesentlich stimulierender sein kann als montags früh. Was auch immer Sie bevorzugen – Sie sollten in jedem Fall immer dann präsent sein, wenn Lehrpersonal da ist. Zur Ausbildung gehört es übrigens auch, sich Maschinen und Arbeitsraum gerecht mit anderen zu teilen!

Grundausstattung

Zentraler Punkt eines Entwurfsateliers ist der Schnittmustertisch, der üblicherweise auf die Durchschnittsgröße einer Frau ausgelegt ist: er ist 92 cm hoch und circa 120 cm breit, um die ganze Breite der Stoffbahn bearbeiten zu können. Außerdem muss er lang genug sein, um das Muster eines langen Kleides in voller Länge schneiden zu können – etwa vier Meter oder mehr. Der Tisch wird sowohl für die Schnittentwicklung als auch für den Zuschnitt der Stoffe genutzt. Er hat eine sehr glatte Oberfläche, damit sich seidige und empfindliche Stoffe nicht an der Oberfläche verhaken.

Die Maschinen eines Ateliers entsprechen überwiegend dem Industriestandard. Zudem gibt es Spezialausrüstungen wie Nähmaschinen für Pelz und Leder, Overlockmaschinen, Maschinen für Blindstich und Nahtriegel sowie Dampfbügeleisen und Bügelpressen oder auch Stick- und Strickmaschinen. Die technische Ausstattung hängt davon ab, in welchem Verhältnis Ihre Ausbildungsstätte technische Praxis und Entwurfspraxis anbietet. Die Maschinen sind nicht ungefährlich: Lassen Sie sich in die Sicherheitsvorschriften einweisen und benützen Sie die Maschinen nur unter Aufsicht.

Links Manchmal wird Ihnen ein Raumteil zur Verfügung gestellt, den Sie mit Ihren eigenen Bildern und Ihren Arbeiten kreativ gestalten können.

Mitte Der Schnittmustertisch und die Schneiderpuppe sind wesentliche Teile der Atelierausstattung.

Rechts Für Kleidungsentwürfe mit kommerziellem Standard sollten Sie die Herstellung mit Industriemaschinen beherrschen.

Die meisten Ausbildungsstätten beschäftigen zwar technisches Personal, doch sollten Studierende ihre Kleidung auch selbstständig herstellen können. Eine eigene Nähmaschine wird meist vorausgesetzt. Dozenten für die Schnittentwicklung zählen zum festen Lehrpersonal. Der Unterricht findet durch Demonstration im Atelier, individuelle Beratung in der Stunde oder in informellen Einzelsitzungen statt.

Die Schneiderpuppe ist für die Beurteilung der Realisierbarkeit von **Schnittmustern** unentbehrlich. Sie besteht meist aus einem Kunststofftorso, der mit einer dünnen Polsterung und eng anliegendem Leinen überzogen ist, ist höhenverstellbar und hat manchmal einziehbare Schultern, um das Abnehmen eines eng sitzenden Kleidungsstücks zu erleichtern. Es gibt eine Vielzahl von Schneiderpuppen, z. B. für Männer, Frauen und Kinder, für verschiedene Altersgruppen, Stilrichtungen oder mit abnehmbaren Armen für Jackenentwürfe. Für Übergrößen können die Puppen durch zusätzliche Polsterungen angepasst werden.

Die Außenseite besteht aus acht vertikalen Feldern – den Nahtvorgaben – , mit denen man die Passform kontrolliert. Sie können mit einem dünnen, schwarzen Band verändert werden, das mit der kleinsten Nadelform flexibel festgesteckt wird, und helfen, die Abnäher richtig zu platzieren und die Strichlinie des Stoffs auszurichten. Der Ausschnitt und die Armlöcher können ebenfalls mit Band markiert und bei Veränderungen korrigiert werden. Auf einer Schneiderpuppe kann man das Kleidungsstück nach allen Seiten drehen und aus der Entfernung betrachten. Für die Techniken des **Drapierens** und Modellierens ist sie unerlässlich. Aufgrund ihrer starren Haltung kann sie aber nicht alle Fragen klären; viele Entwurfsfehler werden erst deutlich, wenn das Stück an einem realen Körper ausprobiert wird.

Maß nehmen und Muster erstellen

In der Geschichte der Schneiderei wurde beobachtet, dass der menschliche Körper grob kategorisiert und passende Kleidung entworfen werden kann, wenn man einige Proportionsrichtlinien befolgt. Im 19. Jahrhundert wurde die Schneiderkunst zur Wissenschaft. Zeichnungen von Charles Darwin und die neue Dokumentarfotografie inspirierten die Schneider, den menschlichen Körper zu katalogisieren und zu vermessen. Die Wissenschaft der **Anthropometrie**, die exakte Bestimmung der Körpermaßverhältnisse, wurde entwickelt. Man führte Methoden zur Vermessung des Körpers ein, bei denen Schablonen oder Schnittmuster zur Anwendung kamen. Diese Methoden basierten auf der Unterteilung des Körpers in symmetrische Abschnitte (z. B. vorderer Torso, Ärmelansatz, unterer Ärmelteil). Heute sind diese Daten aufgrund moderner Technologien wie 3-D-Bodyscanner, welche die exakten Abmessungen festhalten, wesentlich genauer und liefern die tatsächlichen Größenverhältnisse verschiedener geo-demografischer Gruppen.

Standardgrößen

Aufgrund großer Betriebe und umfangreicher Produktreihen entwickelten sich Verfahrensweisen für eine standardisierte Größeneinteilung, Schnittentwicklung, **Gradierung** und Kennzeichnung. Diese Methoden variieren je nach Land, doch ist es nun dank der *British Standards Institution* und des US-Handelsministeriums möglich, Kleidergrößen international zu kennzeichnen. In den USA gibt es eine größere Bandbreite an Größen mit englischen Maßeinheiten als in Europa: Yards, Feet und Inches. In Europa und im Fernen Osten werden Kleidungsstücke im Allgemeinen in Zentimetern gemessen. Da-

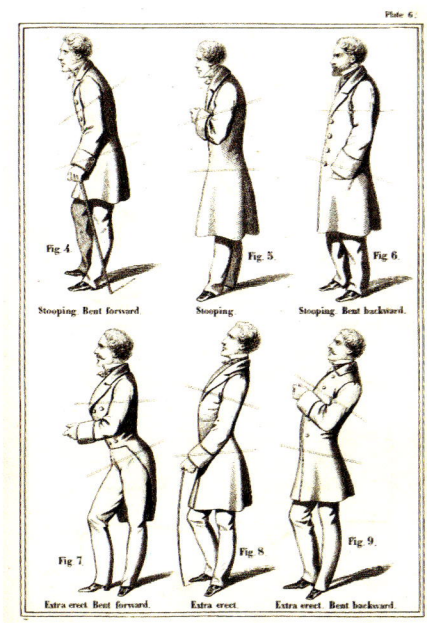

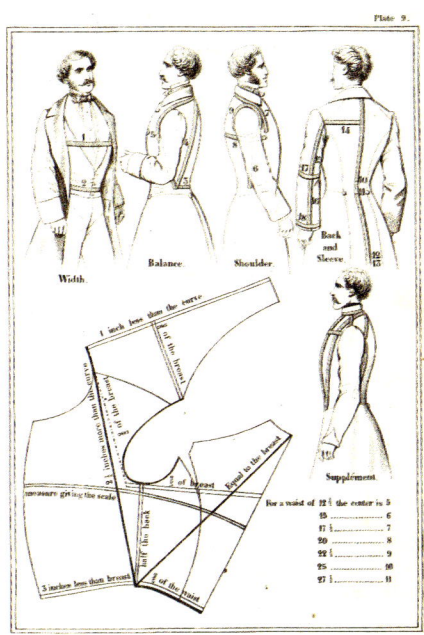

Oben Die Kunst des Schneiderns liegt auch darin, Kleidung herzustellen, die die Unvollkommenheiten eines Körpers versteckt.

Unten Standardmaße werden regelmäßig überarbeitet, da sich die durchschnittliche Körperform durch den gesundheitlichen Zustand und die Ernährung der Menschen ständig verändert.

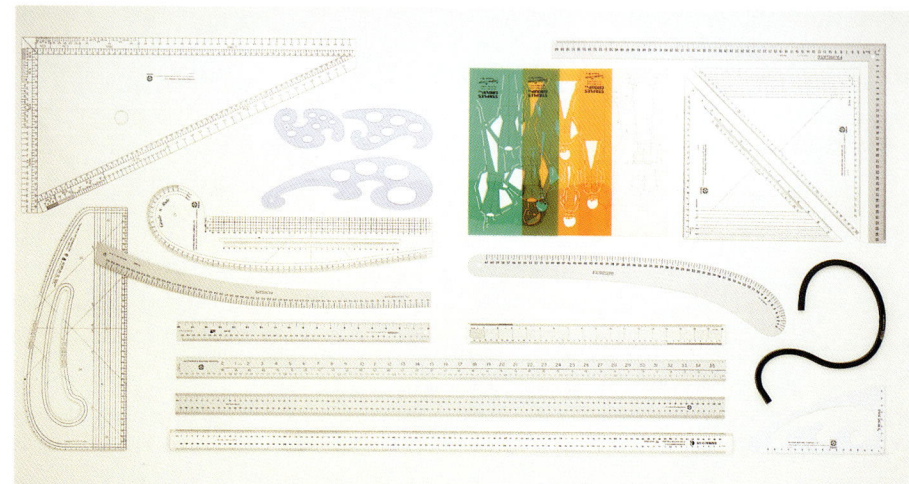

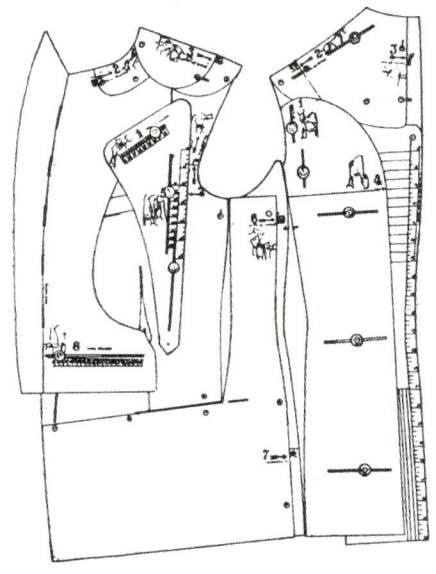

Diese Seite, rechts und nächste Seite, oben Werkzeug für die Schnittmusterentwicklung

Diese Seite, links Diese patentierte Schnittmustervorlage kann in zwei Minuten den individuellen Maßen eines Kunden angepasst werden.

Folgende Seiten Der Müll im Atelier

her sollten Sie immer nachfragen, ob der Hersteller ihrer Wahl mit metrischen oder englischen Maßeinheiten arbeitet.

Eine Frau in Großbritannien, den USA und Mitteleuropa ist durchschnittlich 163 cm groß (5 cm größer als vor 50 Jahren), hat eine eher birnenförmige als stundenglasförmige Körperform und trägt D-Größe 38–40, (GB-Größe 12–14, US-Größe 8–10). Die meisten Modefirmen produzieren Damenbekleidung in den Größen 8–14, in Deutschland 38–44. Bei der Herrenbekleidung ist die Bandbreite der Größen weiter. Hersteller verkaufen die Kleidung in einem Größenbereich, der vom Zielmarkt abhängt. Jugendliche haben andere Ansprüche und Erwartungen an den Sitz ihrer Kleidung als Verbraucher mittleren Alters. In Deutschland bieten wenige Hersteller Kleiderlinien speziell in Übergrößen oder für sehr zierliche Menschen an. **Klassische** Hosen oder Strümpfe werden oft in verschiedenen Beinlängen, Badeanzüge und Bodys in verschiedenen Rumpflängen angeboten.

Trotz zwei Jahrhunderten akkuraten Vermessens empfinden es Verbraucher nach wie vor als schwierig, passende Kleidung zu finden. Eine Umfrage des Marktforschungsinstituts Kurt Salmon zeigte, dass in den USA Kleidung im Wert von 28 Milliarden US-Dollar aufgrund des schlechten Sitzes umgetauscht wird. Wenn der Sitz besonders entscheidend ist, z. B. bei Sportbekleidung, müssen bestimmte Bewegungsformen berücksichtigt werden. Manche Modestile erfordern erneutes Maßnehmen durch die Hersteller. Ein Beispiel hierfür sind »Hipster«-Hosen oder -Röcke, die an der Hüfte tiefer geschnitten sind und daher eine entsprechende Abstimmung von Unterwäsche und Strumpfhosen nach sich ziehen. Die Ergebnisse solcher Messungen werden in **technischen Zeichnungen** festgehalten und auf Entwurfsillustrationen vermerkt, um Doppeldeutigkeiten bei Zuschnitt oder Herstellung zu vermeiden.

In der Ausbildung arbeiten Sie voraussichtlich mit **Schnittmustern** für ein Modell der Größe 38–40, (GB-Größe 12–14, US-Größe 8–10). Sie sollten aber nicht vergessen, dass Sie nach der Ausbildung Kleidungsstücke für verschiedene Größen entwerfen werden, bei denen Details wie Taschen und Nähte auch in engeren oder weiteren Größen im richtigen Verhältnis sitzen müssen.

Auch wenn Sie kein Meister des **Musterschnitts** werden wollen, ist das Vermessen und Übertragen der Maße auf ein Muster wichtig, um Skizzen anzufertigen, Linien zu

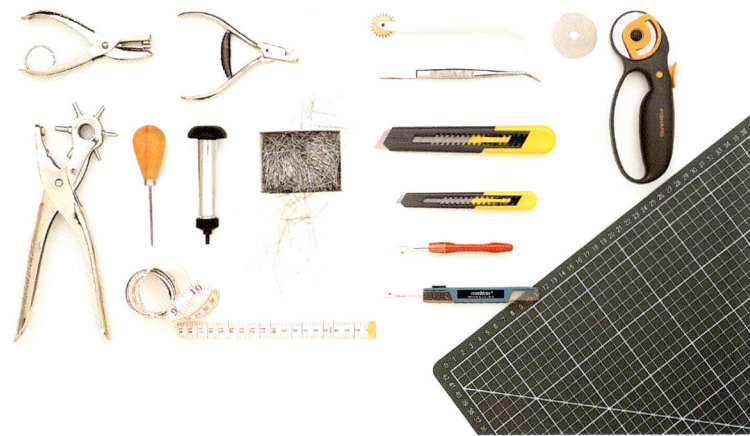

entwerfen und Ihre Arbeit zu strukturieren. Ein umfassendes Grundwissen in der Schnittentwicklung für die Hauptkleidungstypen ist für die erfolgreiche Arbeit eines Designers unbedingt notwendig.

Schnittentwicklung

Werkzeuge

Für die Schnittentwicklung benötigt man eine Reihe von Werkzeugen, die Sie in speziellen Kurzwarengeschäften oder von Branchenlieferanten kaufen können:

- Harte Bleistifte (2H–6H) für Entwürfe
- Bleistiftspitzer und Radiergummi
- Filzstifte, rot und schwarz, für die Markierung von Mustern
- Kurvenlineal (für das Zeichnen und Messen von Kurven)
- Geodreieck (um den Schrägstrich zu finden)
- Transparentes Lineal (vorzugsweise mit Schlitzen für das Messen von Knopflöchern und Plissees)
- Metermaß (am besten mit beiden Maßsystemen)
- Maßband
- Kopierrädchen
- Papierschere
- Einkerbzange
- Ahle oder Pfriem
- Lochstanzer
- Transparentes Klebeband und Abdeckband
- Stecknadeln
- Schwarzes Nahtband

Die **Musteranfertigung** wirkt oft etwas eintönig und mathematisch, bis man die unbegrenzten Möglichkeiten kleiner Veränderungen sieht, die einen großen Unterschied im Kragenfall oder der Ausgewogenheit des Kleidungsstücks ausmachen. Ihr Selbstvertrauen beim Entwurf wird wachsen, wenn aus Ihren Zeichnungen schnell und effektiv richtige Kleidungsstücke entstehen. Es gibt zwei Wege zu einer Schnittform, die Sie in der Ausbildung lernen: die Anfertigung eines Papierschnitts und das **Drapieren.**

V: Im Atelier

Papierschnitt

Schnittmuster sind präzise Zeichnungen, für die man exakte Maßangaben, Proportionen, eine saubere Strichführung und dreidimensionale Vorstellungskraft benötigt. **Klassische Kleidungsstücke** haben eine eigene logische Struktur und erfordern oft versteifende Stoffe und Wattierungen. Diese und andere Kleidungsstücke, die den Körperkonturen folgen, werden am besten mit einem Papierschnitt hergestellt, der normalerweise aus einem Satz von standardisierten Grundschnitten (s.u.) entwickelt wird. **Schnittmuster** können auch am Computer mit Hilfe spezieller Software gezeichnet werden, bei der anhand der eingegebenen Maße eine Zeichnung entsteht. Sehr eng anliegende Kleidungsstücke wie Korsetts und Büstenhalter, die Teile des Körpers formen, sollten zunächst gezeichnet und dann als **Nesselmodell** am realen Körper angepasst werden.

Drapieren

Drapieren – das Modellieren an der Schneiderpuppe – bezeichnet das Anbringen eines **Nesselstoffs** (ein feiner Baumwoll-Batist) auf einer passenden Schneiderbüste oder an einem realen Körper. Wenn Schnittform und Sitz stimmen, wird der Nessel entfernt und auf Schnittmusterpapier oder Pappe übertragen. Drapiertechniken sind bei Jerseystoffen und großen Mengen von weichem Material sinnvoll, aber auch, wenn Stoffe im **Schrägschnitt** bearbeitet werden, damit sie sich der Körperform flexibel anpassen.

Schnittmuster

Es gibt verschiedene Ansätze zur Anfertigung von Schnittmustern. Der zweidimensionale Ansatz ist schnell, wirtschaftlich und unverzichtbar für die Modeindustrie. Sie lernen gelegentlich, Musterformen (auch **Musterschnitte**) selbst zu entwickeln, können aber auch mit Standardformen für Oberteile, Jacken, Hosen und Röcke arbeiten.

Schablonen sind Grundschnitte, die für eine bestimmte Figur erstellt wurden. Sie werden als Grundlage zur Interpretation und Herstellung eines Schnittmusters für ein neues Design verwendet. Normalerweise bestehen sie aus starkem Schnittkarton oder -folie. Mit diesen Schablonen erstellte Schnittstile können sich grundlegend unterscheiden, die Passform entspricht jedoch der ursprünglich verwendeten Grundform. Meist werden die Standardformen zusammen mit dem Nesselschnitt des jeweiligen Kleidungsstücks verwendet, damit die Passform erkannt und angeglichen werden kann. Käufer von **Haute Couture** und maßgefertigter Kleidung lassen sich Schnittmuster nach ihren Maßen anfertigen, nach denen geschneidert wird. Musterstücke werden meist in D-Größe 38–40, (GB-Größe 12–14, US-Größe 8–10) angefertigt, teils mit 3,5 cm Zugabe im Rücken und an den Beinen, um überdurchschnittliche Größen zu berücksichtigen.

Entwicklung des Schnittmusters

Beim Anfertigen von Skizzen wird voraussichtlich von Ihnen erwartet, in verschiedenen Stadien des Entwicklungsprozesses Ihre Entwurfsideen mit anderen zu diskutieren. Z.B. können technische Mitarbeiter auf Schwierigkeiten oder Einschränkungen hinweisen, die Sie nicht bedacht haben, so dass Sie die Zeichnung überarbeiten müssen.

Wenn Sie den Entwurf überarbeitet haben, wird Ihnen gezeigt, wie man ein erstes **Schnittmuster** aus Papier anfertigt. Der Musterzeichner kopiert die Form, indem er das Papier entlang ihrer Umrisse markiert. Dann überträgt er die Schnittlinien des neuen Kleidungsstücks auf diese Grundform. Es ist wichtig, möglichst viele Details von der Grundform auf das neue Schnittmuster zu übertragen, darunter die vordere Mitte, die

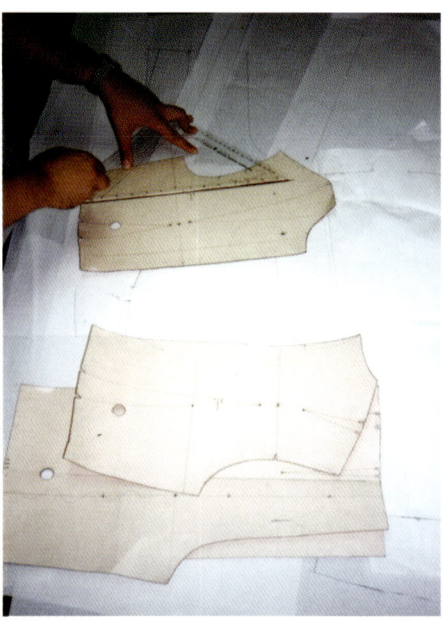

Oben Sportbekleidung kann ein faszinierender und kreativer Bereich des Designs sein, da sie sich ständig weiterentwickelt. Hier wurde eine Hose geschickt unter einem Rock versteckt, um den Anstand der Dame beim Reiten im Damensitz zu wahren.

Unten Beim Zeichnen eines neuen Schnittmusters verwendet der Designer eine Grundschnittform als Grundlage.

hintere Mitte und die Taillen- und Hüftenlinien. Manchmal muss das Muster verändert, mit Schlitzen versehen, verschoben oder neu gezeichnet werden. Dabei ist es wichtig, die Auswirkungen auf den Strichverlauf des Stoffs zu beachten.

Die Illustrationen unten Mitte zeigen, wie man die Abnäher eines Oberteils bei gleichem Grundschnitt verändern kann. Die Abbildungen links und rechts illustrieren den Einsatz von Schnitt- und Nahtlinien sowie Abnähern, um dem Stück Form zu geben. Genauso wird bei Röcken und Hosen der Bereich zwischen Taille und Hüfte geformt.

»Wenn wir Schnittmuster machen, berate ich sie. Ich sage: Nun, du könntest es so machen, aber vielleicht wäre es so besser, und wir arbeiten wirklich im Team zusammen. Ich muss also die einzelnen Studierenden kennen lernen und ihnen auf ihre eigene Art helfen – ich möchte sie nicht zu sehr beeinflussen.«
Schnittmuster-Lehrer Jacob Hillel

Nessel (Toile)

Die Schnittmuster müssen in einem Stoff, der dem später verwendeten ähnelt, ausprobiert werden. Das erste Stoffmuster nennt man **Nesselmodell** (auch **Toile,** gesprochen »toal«, frz. für einen leichten Baumwollstoff). Weißer Nessel ist leichter zu bearbeiten als dunkles oder gemustertes Material, da man ohne diese Ablenkung den Schnitt und die Passform besser erkennen kann. Die vordere und hintere Mitte sollte durch lange, gerade Linien markiert werden (Bleistift auf gewebten Stoffen und Filzstift auf Strickwaren), Taille und Hüfte sind als Bezugspunkte für die Anprobe und Änderungen wichtig.

Der Nessel wird an einer Schneider- oder Schaufensterpuppe bzw. an einer Person ausprobiert. Die Nähte sind nicht versäubert oder eingefasst, so dass das Kleidungs-

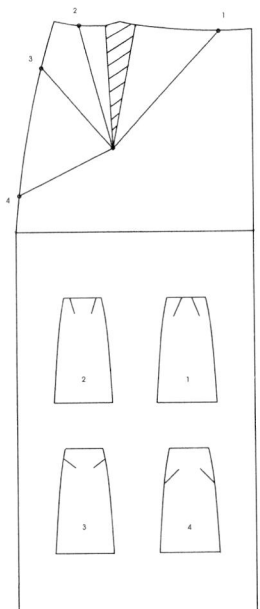
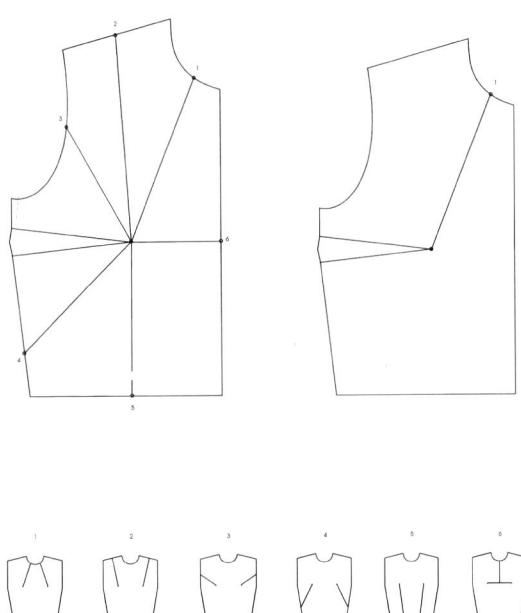
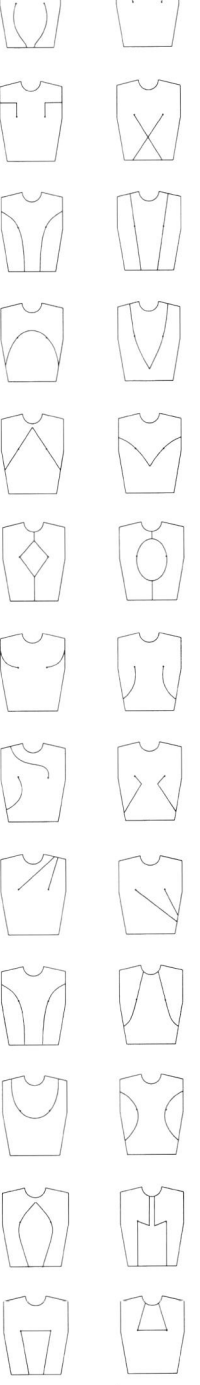

Eine einfache Rockform mit den Stellen für Abnäher, die den Rock an die Taille anpassen

Die Form für Oberteile mit den häufigsten Stellen für Abnäher, die das Oberteil formen

Verschiedene Arten, die Vorderseite des Oberteils mit dekorativen Abnähern zu verändern

Herstellung eines Nesselmodells

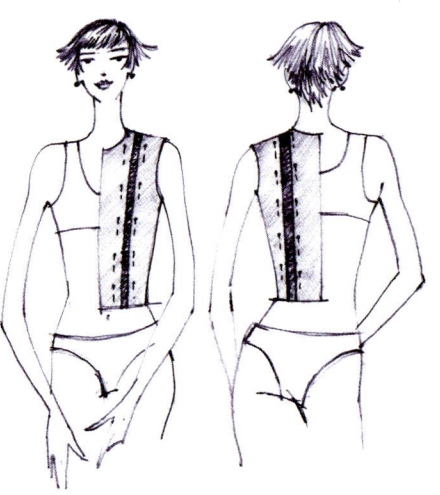

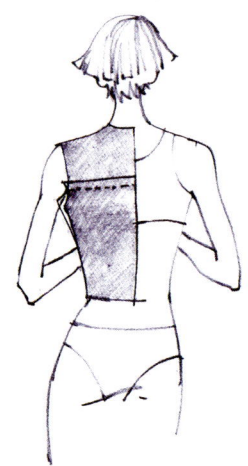

Um die Länge eines Oberteils zu verändern, steckt man das überschüssige Material unter dem Brustkorb ab oder fügt zusätzliches Material mit Klebeband ein.

Veränderungen der Brust- oder Rückenbreite können durch vertikale Zusätze oder Abzüge von der Brustmitte zur Taille oder entlang der Schulterblattlinie vorgenommen werden.

Ein flacher Rücken erfordert eine horizontale Anpassung und eine Stoffentnahme unter dem Arm.

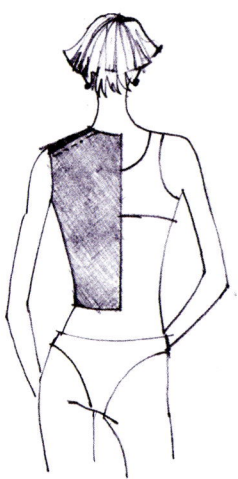

Für eckige Schultern oder für Schulterpolster fügen Sie Stoff hinzu.

Eckige oder schräge Schultern können den Sitz der Seitennähte beeinflussen.

Kleine Abnäher nehmen überschüssigen Stoff aus der Kragenlinie.

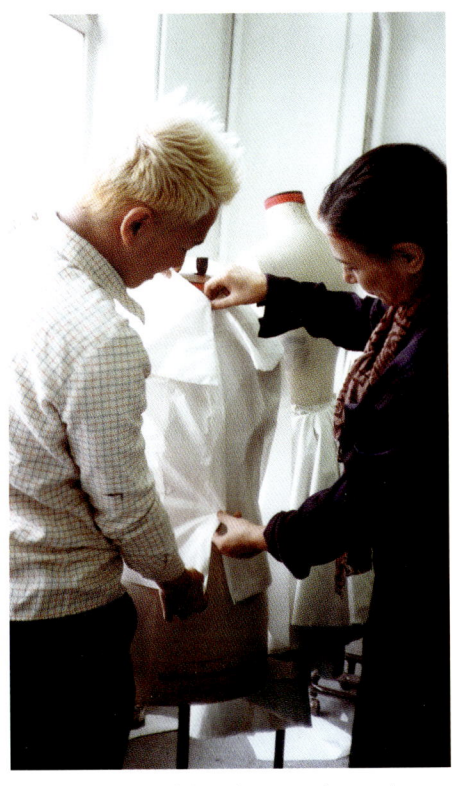
Eine Dozentin hilft bei der Ausrichtung des Nessel für eine bessere Passform.

Bord-à-Bord-Mantel mit Schalkragen

Kleid mit asymmetrischem Saum

Versetzter Etui-Schnitt, der auf der Hüfte eine Tasche erzeugt

Tunika-Kleid mit Applikationen

Reifrock mit Korsett

Diese Seite Beim Drapieren an der Schneiderpuppe arbeitet man mit Stoff und Körper – eine hoch angesehene, schwierige Kunst. Die große Fertigkeit liegt darin, mit dem geringstmöglichen Maß an Schnitten und maschineller Bearbeitung ein attraktives Ergebnis zu erzielen.

Nächste Seite Ein drapiertes, verknotetes Kleid

stück schnell auseinander genommen und überarbeitet werden kann. Änderungen werden vorgenommen und Anleitungen mit Stift oder Schneiderkreide auf dem Nessel vermerkt. Papier- oder Stoffteile können am Nessel befestigt werden, um Details, z. B. Revers, neu zu gestalten. Die Schnittlinien können neu gezeichnet und später mit einem Kopierrädchen auf das Papiermuster übertragen werden. Aufgrund der Bewegung und Dehnbarkeit von Stoffen ist eventuell eine Anpassung des Musters notwendig, um dem Rapport bzw. speziellen Stoffeigenschaften gerecht zu werden. Dies trifft v. a. auf Jerseystoffe und drapierte Schnitte zu, die oft mehrfach überarbeitet werden, um Fall und Schrägverzug zu korrigieren, die für leichte Materialien typisch sind. Bei symmetrischen Kleidungsstücken ist es manchmal sinnvoll, nur einen halben Nessel anzufertigen.

Wird eine **Kollektion** zusammengestellt, ist es üblich, den Dozenten eine **Aufstellung** der Nesselmodelle zu präsentieren. So können Ausgewogenheit und Umfang der Kollektion oder **Linie** diskutiert und vor dem Stoffzuschnitt verändert werden. Für die Herstellung von Nesselmodellen benötigen Sie Stoffscheren, kleine scharfe Stickscheren, einen weichen Bleistift, Buntstifte oder dünne Filzstifte, Stecknadeln, eine Nähnadel, ein Trenn-/Anreißmesser, Klebeband, Abdeckband, eine Nähmaschine und Faden.

Markierungen und Kerben

Sind alle Angaben auf dem **Schnittmuster** korrekt, wird es richtig ausgearbeitet. Markieren Sie alle Strichlinien. Diese werden mit wenigen Ausnahmen parallel zur vorderen oder hinteren Mitte gekennzeichnet. Die Strichlinien auf Ärmeln und ausgestellten Rockeinsätzen werden für gewöhnlich durch die Mitte gezeichnet. Soll das Muster auf einem ausgerichteten Druck oder einem Stoff mit Flor (z. B. Samt) verwendet werden, markieren Sie die Strichlinie mit Pfeilen, um die Richtung des Flors anzuzeigen. Die Nahtlängen werden ausgerichtet und überprüft, Nahtzugaben angefügt und markiert. Markieren Sie die Position von Abnähern, Taschen und Besätzen mit einer Ahle oder einem Lochstanzer. Die beiden Seiten eines Abnähers müssen immer gleich lang sein. Manchmal kennzeichnet man die Stellen für Knopflöcher mit einem sauberen Loch.

Damit das Kleidungsstück gerade hängt, kerbt man »Gleichgewichtspunkte« in einem Winkel von 90° zur Kante ein, um den Stoffstrich an der vorderen und hinteren Mitte zu markieren. Nahtverbindungspunkte werden eingezeichnet, jedoch nie in die Mitte der Naht, sondern daneben, damit das nächste Stück nicht versehentlich verkehrt herum angebracht wird. Dies ist v. a. bei schmalen Röcken mit Einsätzen wichtig. Einzelkerben werden für die Vorderseite, Musterstücke und Doppelkerben für die Rückseite verwendet. Bei Schnitten mit mehreren Einsätzen werden für jeden weiteren Einsatz zusätzliche Kerben angebracht, bis man bei vier Kerben in der Mitte des hinteren Teils angekommen ist. Die Kerben markieren die Position von Abnähern, Reißverschlüssen oder kleinen Stoffstücken, die zur Lockerung einer gekrümmten Naht (z. B. an der Taille oder unterhalb der Brust bei einem Prinzesskleid) eingefügt werden.

Vermerken Sie die Größe des Musters und die Anzahl der zuzuschneidenden Stücke (z. B. »Tasche x 4«). Geben Sie dem Muster einen Namen (oder eine Nummer) und schreiben Sie auch Ihren Namen darauf. Nun legen Sie alle Muster übereinander und stanzen durch den ganzen Stapel in etwa 10 cm Abstand von der oberen Kante ein Loch. Entweder stecken Sie einen Musterhaken durch das Loch und hängen den Stapel an eine Kleiderstange oder Sie falten den Stapel sorgfältig und legen ihn in einen Umschlag mit Ihrem Namen und der entsprechenden Spezifikation oder Illustration darauf.

Drapieren an der Schneiderpuppe

Drapieren ist wie Bildhauerei mit Stoffen. Es gelingt am eindrucksvollsten mit weichen Materialien in relativ großer Menge. Der Stoff kann eng am Körper drapiert und mit unsichtbaren Stichen fixiert oder lose gehängt werden. Der Stoff kann am echten Modell drapiert werden, wobei es teils relativ lange dauert, bis die gewünschte Wirkung erzielt ist. Daher ist für den Großteil der Arbeiten eine Schneiderpuppe vorzuziehen. Zwar kann das Drapieren sehr frustrierend sein, ist jedoch in jedem Fall die Mühe wert, wenn es funktioniert. Es ist wichtig, Gewicht und Elastizität des jeweiligen Materials in die Arbeit einzubeziehen. Ein Stoff, der schräg oder über Kreuz zum Stoffstrich (Fadenlauf) drapiert wird, dehnt und verhält sich ganz anders als bei einer Drapierung entlang des Stoffstrichs. Es kann faszinierend sein, mit den Stoffrichtungen zu experimentieren.

Es ist sinnvoll, beim Drapieren Aufnahmen mit einer Polaroid- oder Digitalkamera zu machen, da man sich nur schwer an alle Variationen erinnert. Machen Sie ein Foto, wenn Ihnen eine Form gefällt, um dann alle Varianten zu betrachten und die besten auszuwählen. Zudem kann das Bildmaterial als Arbeitsbeleg im Skizzenbuch dienen.

Sind Sie mit dem Design zufrieden und haben alles mit Nadeln fixiert, folgt der Test am lebenden Model. Hier fängt der Spaß erst an. Drapierte Stücke haben die Angewohnheit, auseinander zu fallen, sobald sich das Model bewegt. Sie können aber auch unerwartete Formen annehmen und so auf völlig neue Pfade lenken. Ist der Schnitt gezähmt, nehmen Sie den Nessel vom Model bzw. der Schneiderpuppe und legen ihn flach hin. Alles muss peinlich genau markiert werden. Vielleicht müssen Sie Stoff hinzufügen, wenn Sie schräg geschnitten haben und das Material zur Neige geht. Die Faltenrichtung zeigen Sie mit Hilfe von breitem Klebeband und Filzstiften. Markieren Sie vordere Mitte, Schulterlinie, Nähte und Armlöcher. Überstände schneiden Sie ab. Nun müssen der Stoffstrich begradigt und skizzierte Linien mit Kurvenlineal bzw. Lineal nachgezogen werden, um die Stücke dann mit Stift oder Kopierrädchen auf Schnitt-

Grundregeln des Drapierens

Markieren Sie den geraden Stoffstrich (Fadenlauf) und die Schräglinie des Nessel mit verschiedenfarbigen Filzstiften.

Stecken Sie den Stoff an der vorderen (oder hinteren) Mitte der Schneiderpuppe fest und gestalten Sie den Halsausschnitt.

Stecken Sie die Schulternähte fest und überprüfen Sie die Position.

Stecken Sie die Seitenteile fest und fixieren Sie den Bereich um die Armlöcher.

Stecken oder kleben Sie Falten und Plissees fest.

Nun treten Sie zurück und betrachten das Ergebnis.

Wenn nötig, nehmen Sie Veränderungen vor, korrigieren Raffungen, verschieben Nahtlinien, Abnäher, Falten usw. oder fügen bei Bedarf Stoff zu.

Wenn das Kleidungsstück richtig sitzt, markieren Sie mit weichem Bleistift oder dünnem Filzstift den Halsausschnitt, die Armlöcher, die Taille und die vordere und hintere Mitte.

Nehmen Sie den Stoff von der Puppe und übertragen Sie alle Markierungen auf Papier. Richten Sie alle Kurven und geraden Ecken exakt aus.

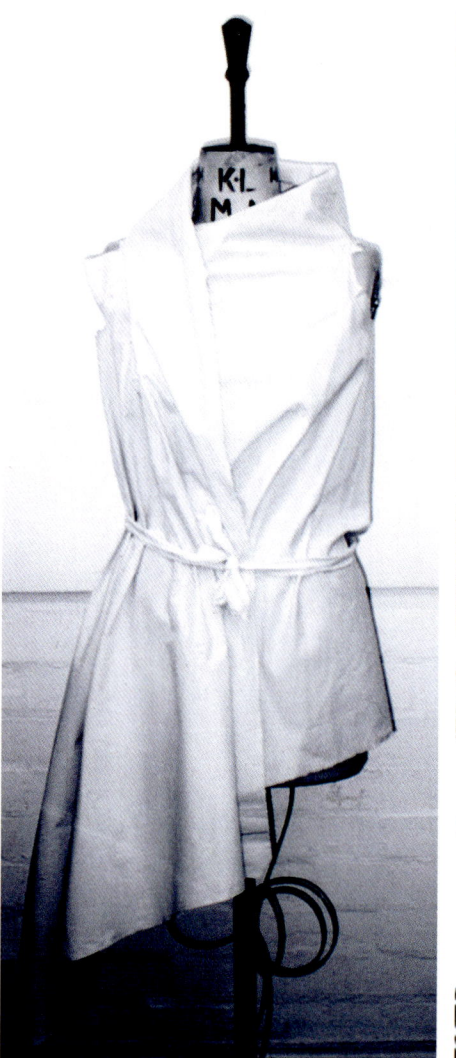

musterpapier zu kopieren. Drapierte Schnitte haben oft merkwürdige Formen. Daher müssen Sie obere und untere Saumkante markieren und eventuell zahlreiche Kerben und Pfeile einfügen, um die Faltrichtung der Teile anzuzeigen. Nähen Sie das Stück so schnell wie möglich zusammen, denn vieles vergisst sich leicht über Nacht.

Das wichtigste bei der Schnittentwicklung ist Sorgfalt und Methodik bei der Markierung des endgültigen **Schnittmusters,** egal, wie chaotisch der Prozess bis zu diesem Punkt war. Falten Sie das Muster sorgfältig zusammen und stecken Sie es in einen Umschlag, auf dem die Illustration aufgeklebt ist. Wochen später möchten Sie nicht mit einem zerknitterten Stück Papier arbeiten, an dem überall alte Klebestreifen haften.

Die Schnittentwicklung besteht zum Großteil aus flachem **Musterschnitt** und Drapieren. Auch wenn Sie Schablonen verwenden, ist eine Schneiderpuppe sehr nützlich, wenn man den Sitz eines Rollkragens oder den Fall eines ausgestellten Rocks ermitteln möchte. Es gibt keinen richtigen oder falschen Weg, Ihre Zeichnungen in Stoff umzusetzen. Einige Stile können sehr schwirig zu realisieren sein und erfordern drei oder vier Schnittmuster oder Nesselmodelle, um »eben gerade so« zu funktionieren.

»Es ist nicht so einfach wie es aussieht. Ich beginne mit der Vorstellung einer Bewegung und diese Saison schwebte mir die Nonchalance von etwas Fallendem vor. Ich verändere gern Bewegungen, die Art, wie etwas fällt. Es ist, als ob man der Kleidung durch den Schnitt eine eigene Haltung verleiht.« Designerin Ann Demeulemeester

Oben Ein Entwurf ist äußerst selten schon beim ersten Schnitt perfekt. Oft muss das Schnittmuster erneut verändert werden.

Unten Bei dieser Jacke sorgt eine Kombination aus Schnitt- und Drapiertechniken für Passform und Fall.

Zuschnitt des Musterstücks

Wenn das **Nesselmodell** korrekt ist und alle Änderungen am Papierschnittmuster vorgenommen wurden, können Sie ein Mustermodell aus dem vorgesehenen Stoff schneiden. Karierte und bedruckte Stoffe erfordern ein sorgfältiges Auslegen der **Schnittmuster**, um gute Wirkung zu erzielen. Einige Stoffe, z. B. Kord, haben einen **Strich** oder eine Florrichtung, die einen Schattierungseffekt hervorruft. Die Schnittmuster müssen alle in einer Richtung ausgelegt werden. Stretchstoffe können sich in eine oder mehrere Richtungen dehnen; schneiden Sie diese Materialien also in ihrem »entspannten« Zustand.

Nun rollt oder breitet man den Stoff auf dem Zuschneidetisch aus, legt die Schnittmuster flach auf den Stoff und fixiert sie mit schweren Metallbarren, da Stecknadeln zu zeitaufwendig sind, den Stoff verknittern und zu Ungenauigkeiten führen können. Prüfen Sie die Schnittmusteranordnung: Wie viel Stoff benötigen Sie? Ist die Anordnung verbesserbar? Wer die Anordnung der Stücke skizziert, während diese auf den Stoff gezeichnet werden, spart Zeit beim erneuten Auslegen für ein weiteres Musterstück. Fällt beim Zuschnitt zu viel Materialverlust an, muss eventuell das Schnittmuster oder sogar der Entwurf selbst verändert werden. Achten Sie darauf, dass für Teile, die doppelt gebraucht werden (Ärmel, Taschen usw.), jeweils zwei Stücke ausgelegt sind.

Der Umriss der Schnittmuster wird mit weichem Bleistift oder Kreide nachgezeichnet. Löcher im Schnittmuster markieren Abnäher und Taschenpositionen. Musterstücke und Nesselmodelle werden mit der Schere geschnitten, wobei bei geraden Kanten die volle Länge der Scherenklinge genutzt und der Stoff nicht angehoben wird. Je nach Art des Kleidungsstücks können auch Besätze, schmelzbare Einlagen und Posamente dazugehören, die eingearbeitet werden müssen. Schneiden Sie diese zu und stimmen Sie

  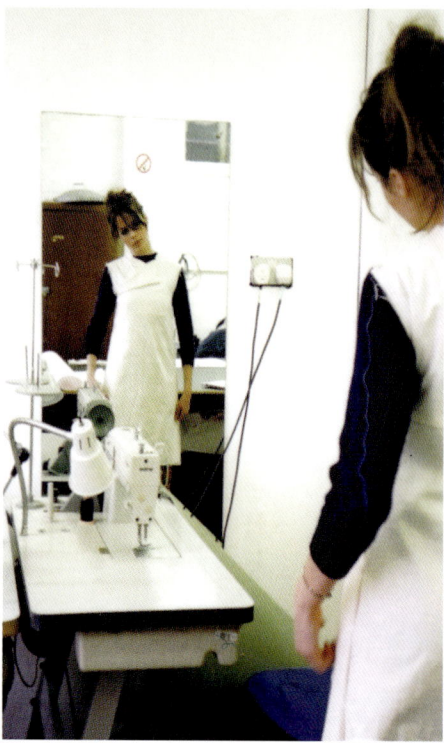

Oben Die Herstellung eines Kleidungsstücks umfasst die Markierung von Nähten und Details, die Durchführung von Änderungen sowie zahlreiche Anproben.

Unten Muster und Nesselmodelle werden von Hand mit der Schere geschnitten, wobei die gesamte Klingenlänge genutzt wird. Halten Sie das Schnittmuster beim Schneiden mit der flachen Hand fest und schneiden Sie die Abnäher ein, wenn Sie sie passieren.

sie mit den jeweilgen Stücken ab. Die Stoffstücke werden zusammen aufgerollt und gemeinsam mit einem Reststück des Materials und allen Reißverschlüssen oder Posamenten sowie einer Skizze des Designs zu einem Bündel gebunden. Zusammenrollen eignet sich hierbei besser, da weniger Falten entstehen. Das Bündel wird nun zum Nähen weitergegeben; vor dem Nähen werden alle Aspekte Ihres Entwurfs besprochen.

Nähen

Ein zentraler Aspekt Ihrer Modeausbildung besteht darin, Fertigkeit im Nähen zu erwerben. Einige Studierende haben bereits vor der Ausbildung Kleidungsstücke mit der Nähmaschine hergestellt, andere haben noch nie einen Faden eingefädelt. So mancher stellt sich vor, Kleidung könne ausschließlich am Zeichenbrett entworfen werden. Richtiges Entwerfen lernt man jedoch nur, indem man Ideen anhand eines **Nesselmodells** umsetzt und so technische Probleme wie Nahtvolumen und -dehnung erkennt.

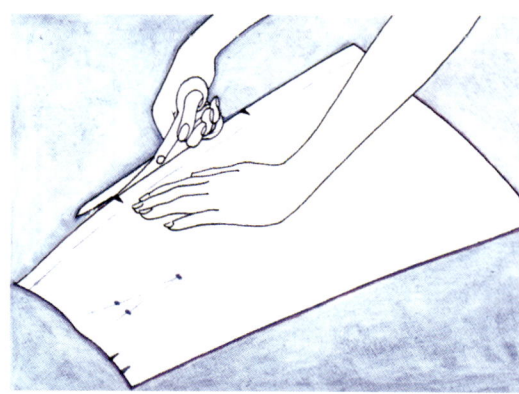

Mit industriellen Nähmaschinen arbeitet es sich schneller, gleichmäßiger und spezifischer als mit den herkömmlichen. Umgang und effektives Arbeiten mit diesen Maschinen müssen erlernt werden. Nähen erfordert Geduld und Geschick, und nicht jeder hat Spaß daran – doch ein gut gelungenes Kleidungsstück sorgt für Motivation. Professionelle Nähkenntnisse stärken später Ihre Glaubwürdigkeit, helfen Ihnen dabei, einer Fabrik genaue Anweisungen zu geben und sind praktisch, um zu ungewöhnlicher Stunde einen genialen Einfall umzusetzen oder für Fotoaufnahmen etwas zu korrigieren.

»Es erstaunt mich, wie schnell ich jetzt nähen kann. Ich habe diese Geschichten über John Galliano nie geglaubt, in denen er Kleider für Kunden schnell in der Mittagspause zusammengenäht hat, um es sich leisten zu können, abends auszugehen. Aber mittlerweile habe ich ein paar Sachen für mich selbst schnell zusammengenäht, und es fühlt sich wirklich gut an, wenn die Leute fragen, wo ich das herhabe, und ich sage: ›Naja, eigentlich …‹.« Studierender im zweiten Jahr

Bestimmte Nähtechniken assoziiert man mit verschiedenen Ebenen der Modeherstellung. Die kostbaren Stoffe der **Haute Couture** verlangen nach anspruchsvoller Nähkunst sowie mehr Handarbeit bei Appreturen, Einfassungen und Innenfuttern. Im unteren Marktsegment ist Handarbeit aus Kosten- und Zeitgründen dagegen selten.

Bei ungewöhnlichen Materialien wie Kunststoff und Leder setzt man teils Seidenpapier oder Silikonspray ein; bei anderen ist Erfindergeist gefragt. Manche Stücke müssen an Spezialfirmen für Appreturen geschickt werden. Einige Maschinen können Einfassungen einschlagen und anbringen, Kappnähte nähen oder dehnbare Bänder um Ausschnitte und Armlöcher befestigen. Doppelnadelmaschinen verstärken die Nähte von Jeans und Arbeitskleidung. Blindstichmaschinen nähen den Saum mit unsichtbaren Stichen um. Studierende, die sich mit Strickwaren beschäftigen, werden lernen, wie man Strickstoffe mit industriellen Kettelmaschinen verbindet.

Schneidern

Schneidertechniken sind eine Erweiterung des Nähhandwerks, die am häufigsten bei Herren- und Damenoberbekleidung zum Einsatz kommen. Die Methode besteht im Kombinieren und Formen von Stoffen, um am Körper die gewünschte Form zu erzielen. In der Praxis ist es eine Mischung aus Wattieren, Nähen von Ziernähten und Bügelpressen. Trägergewebe und Futter sorgen für zusätzliche Festigkeit und Komfort. Das Mehr an Handarbeit und Detailgenauigkeit machen maßgeschneiderte Kleidung kostspieliger.

Ein Schneider heftet die Teile eines Anzugs für die erste Anprobe lose zusammen. Nach den Änderungen wird der Anzug teils an der Maschine und teils per Hand zusammengenäht. Wollstoffe lassen sich gut schneidern, da sie flexibel sowie dehn- und formbar sind. Die Schneiderei beschränkt sich jedoch nicht auf Anzüge aus Wollstoff; diverse andere Stoffe, von Leinen bis Brokat, können ebenfalls geschneidert werden.

Passform

Nuancen in Passform und Verarbeitung können über den Erfolg des Aussehens entscheiden. Den zahlreichen Anbietern von Jeans gelingt es, Jahr für Jahr neue Versionen desselben Produkts auf den Markt zu bringen – jedes Mal mit leicht abgewandelter Passform. Es ist ratsam, ein **Nesselmodell** nicht nur an der Schneiderpuppe, sondern auch am »realen« Körper in Bewegung zu testen. Das Model kann sich in dem Outfit

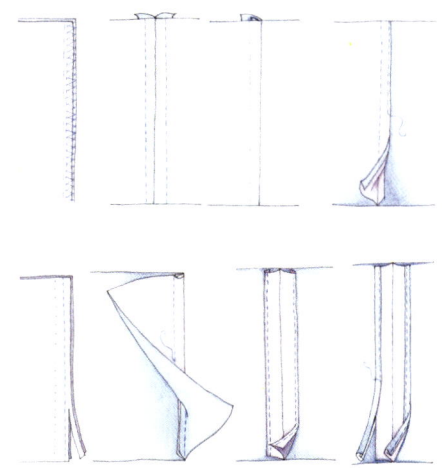

Von links oben nach rechts unten
Gerade Overlocknaht, ausgebügelte offene Naht, Steppnaht, Kappnaht, Rechts-Links-Naht (Französische Naht), versäuberte Naht, Schrägbandeinfassung

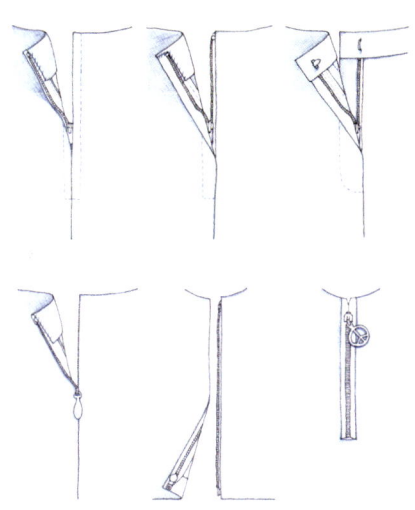

Von links oben nach rechts unten
Zentrierter Reißverschluss, verdeckter Reißverschluss, Hosenschlitz mit Sicherungshaken, unsichtbarer Reißverschluss (Nahtverschluss), zweiteiliger Reißverschluss, sichtbarer Deko-Reißverschluss

Links, von oben nach unten Die vielen Futter und Zwischenfutter eines Jacketts werden vorsichtig am Rand abgeschnitten, um wulstige Nähte zu vermeiden.

Ein großer Teil der Arbeit an einem maßgeschneiderten Jackett ist auf der Innenseite versteckt. Ein Jackett erfordert Besätze, Einlagen, Innenfutter, Schulterpolster und Nahtbänder.

Rechts Paspeltaschen und Taschenklappen zählen zu den schwierigsten Teilen, da Größe und Position genau übereinstimmen müssen. Die Knopflöcher stellt man oft als letztes Detail eines Maßanzugs fertig. Steht Ihnen kein Knopflochautomat zur Verfügung, setzen Sie die Nadeln vorsichtig ein, um den Stoff nicht zu beschädigen.

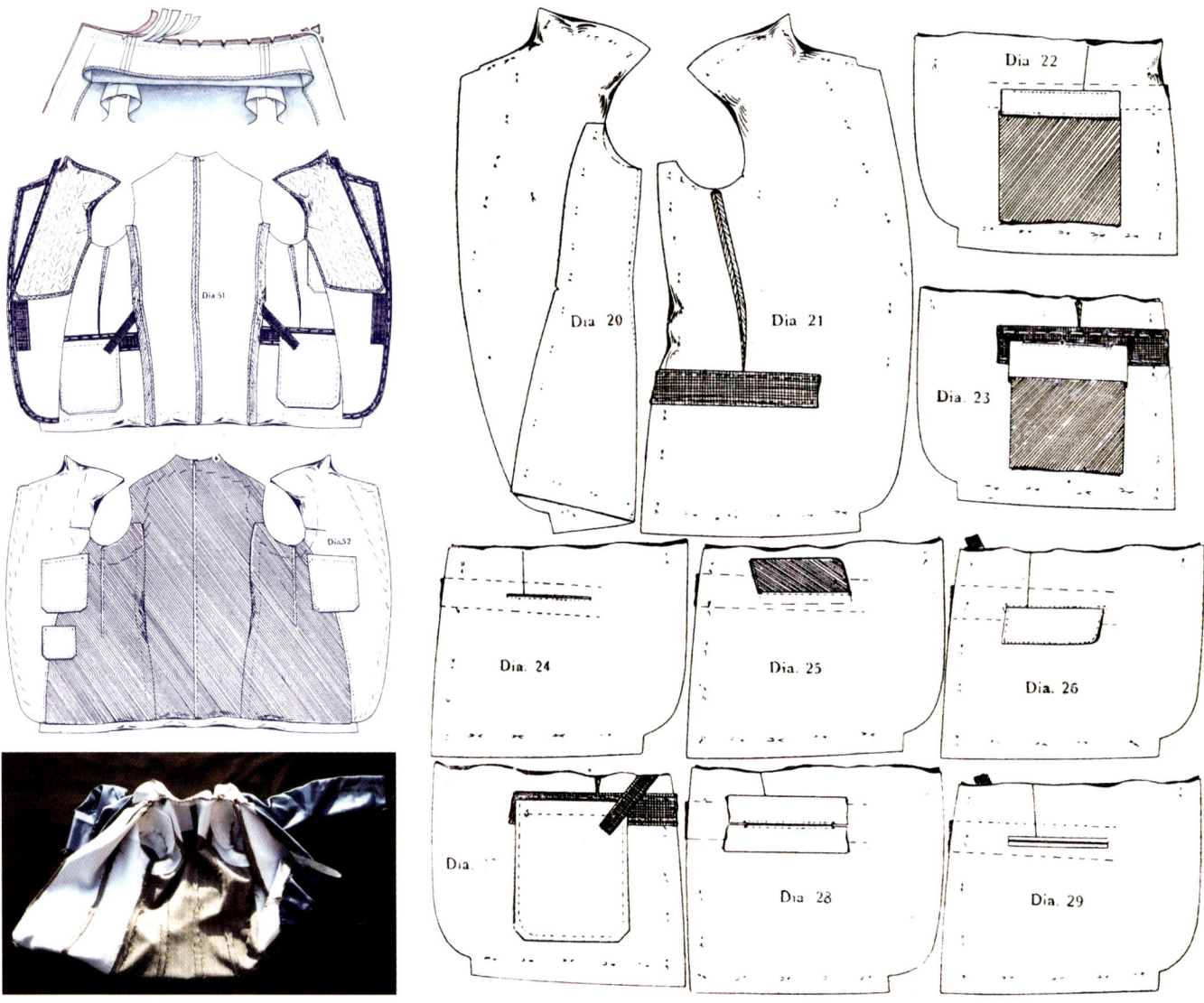

setzen oder strecken sowie Bequemlichkeit und Tragekomfort beurteilen. Manche bevorzugen großzügige Schnitte, andere spüren die Kleidung gern eng am Körper.

Ein aktiver Lebensstil erfordert Beweglichkeit, ein Faktor, der bei Tageskleidung normalerweise berücksichtigt wird. Die heutige Stoffgeneration ist hoch entwickelt; oft sorgen Stretch-Polymer und Materialien mit »Gedächtnis« für Formstabilität. Strickstoffe, Jersey und Lycra sind leicht zu handhaben. Sie erfordern keine große Anzahl von Abnähern und Nähten und würden damit auch nicht gut aussehen.

Tipps für die Anprobe

Einige Kriterien der Passform müssen am realen Körper geprüft werden, um sicherzustellen, dass das Kleidungsstück sich an den Nähten nicht verzieht oder Falten wirft. Achten Sie darauf, ob das Model Probleme beim Anziehen hat. Manchmal ist ein längerer Reißverschluss oder ein zusätzlicher Knopf die Lösung. Bei eng anliegender Kleidung können leichte Veränderungen an den Schultern, im Brustbereich und am Gesäß nötig sein, die man an der Schneiderpuppe nicht bemerkt. Das Model soll in dem Outfit auf und ab laufen und sich bequem hinsetzen können. Bei Abendkleidern mit Trägern oder trägerlosen Kleidern muss das Dekolleté auf die Gefahr des Verrutschens geprüft werden, am besten an mehreren Models. Bei drapierten Schnitten sieht man erst in Bewegung, ob an einigen Stellen Abnäher nötig sind. Die Passform vieler Röcke zeigt sich oft erst, wenn darin gelaufen oder getanzt wird.

Der »Schneidersitz« ist die traditionelle Sitzhaltung des Schneiders – obwohl es nicht so erscheint, ist sie sehr bequem, der Stoff kann über den Schoß gebreitet und die Knie können benutzt werden, um den Stoff für die richtige Form zu entspannen oder zu dehnen.

Vorangehende Seite Ein Schneider macht eine Anprobe der ersten »gehefteten« Version eines Maßanzugs.

Links Ein fertiger Anzug auf dem Laufsteg

Rechts Einige Schnitte sollten am Körper ausprobiert und auf Passform und Dehnung überprüft werden.

Avantgardistische oder innovative Schnitte müssen in jedem Fall anprobiert werden, um Tücken zu offenbaren, für die dann eine Erklärung gefunden werden muss. Aber auch **klassische** Schnitte muss man am Körper sehen und nach den klaren Maßstäben für Sitz und Fall beurteilen. Zahlreiche technische Bücher erläutern die Korrektur von Falten, Durchhängern etc. Wenn leichtes Dämpfen nicht hilft, müssen einige Nähte aufgetrennt oder sogar der gesamte Entwurf überarbeitet werden.

Fertigstellung
Bügeln, Pressen und Dressieren

Lernen Sie, wie man bügelt, presst und dressiert. Viele Nähte, Saumbesätze und Abnäher müssen bei Fertigstellung eines Kleidungsstücks in Form gebügelt werden. Dieser Vorgang wird als »Dressieren« bezeichnet. Eingefasste Knopflöcher und Teile von Pas-

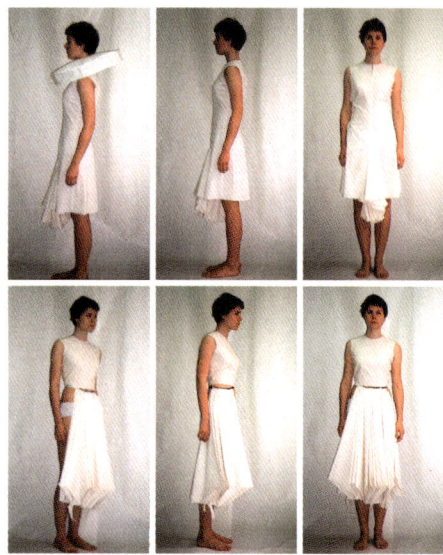

Links und rechts Nessel- und Mustermodellentwicklung für einen Plisseerock

Nächste Seite Präsentation im Atelier

peltaschen werden gepresst, um steife, gerade Kanten zu erhalten. Kragenspitzen, Manschetten, schräg zusammenlaufende Ecken, aufgesetzte Taschen und Hosenbünde müssen mit der Bügeleisenspitze sorgfältig gebügelt werden. Einige Ausbildungsstätten verfügen über industrielle Maschinen und Spezialgeräte wie Dampfbügelautomaten zur professionellen Fertigstellung. Doch auch mit einem gewöhnlichen, schweren Dampfbügeleisen lässt sich ein professionelles Ergebnis erzielen. Maßgeschneiderte Kleidung und leicht knitternde Stoffe wie Leinen und Baumwolle sehen erst nach gründlichem Bügeln richtig fertig gestellt aus. Dampf kann Wollstoffen Fülle verleihen.

Sind Sie sich über Stoffzusammensetzung und Pflegehinweise für das Material im Klaren, können Sie das Bügeleisen bei korrekter Temperatureinstellung richtig vorheizen. Überprüfen Sie die Eisenunterseite auf klebrige Rückstände. Bügeln Sie zunächst möglichst einen Stoffrest und prüfen Sie, ob bei der Dampfabgabe Kalk- oder Rostflecken auf dem Stoff entstehen. Am sichersten ist es, durch ein fusselfreies Musseline-Tuch zu bügeln, das transparent genug ist, um das Ergebnis sehen zu können. Bei schwereren Stoffen kann das Tuch auch angefeuchtet werden, indem man es von Zeit zu Zeit mit einer Spritzflasche besprüht. Seien Sie bei Säumen und Nähten auf billigeren Materialien vorsichtig, da diese durch Hitze eine glänzende Oberfläche bekommen können und daher auf der Rückseite gebügelt werden sollten. Es ist nicht ratsam, bei Hemden und Strickwaren scharfe Kanten einzubügeln. Freizeit- und Sportbekleidung sollte natürlich aussehen. Für Bügelfalten bei Hosen gilt: Probieren Sie erst am Körper aus, wie sie fallen sollen, da eine nachträgliche Entfernung der Bügelfalte sehr schwierig ist! Hängen Sie die noch warme Kleidung sofort auf. Legt man warme Bügelwäsche zusammen, bilden sich Falten. Bestimmte Kleidungsstücke, z.B. Anzüge, können an der Schneiderpuppe aufgefrischt werden, indem man sie leicht mit dem Dampfbügeleisen behandelt.

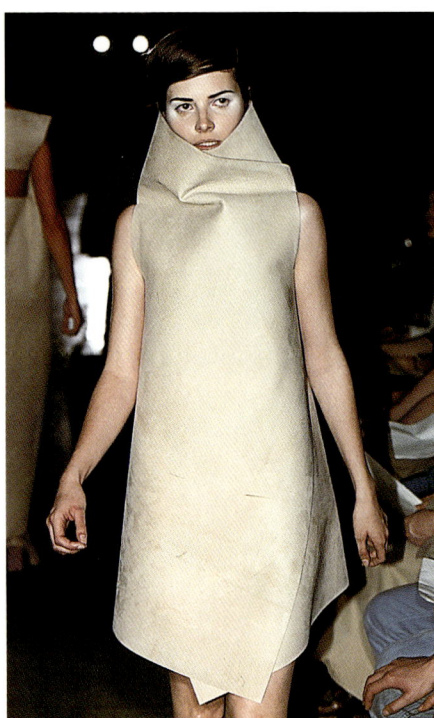

Diese Seite Einfache gemusterte Stoffe, die zusammengefügt und um den Körper gewickelt werden, sind die Grundlage dieser Kollektion, die an Holzpuppen entwickelt wurde.

Nächste Seite Dieses »Origami«-Kleid stellt ein äußerst kompliziertes Beispiel der Musterentwicklung dar.

V: Im Atelier 135

Sie werden vielleicht Stücke für ungewöhnliche Materialien wie Gummi oder Plastik entwerfen oder Techniken wie das Verkleben oder Schweißen verwenden. Prüfen Sie geeignete Reinigungsmittel und vermerken Sie dies auf der Kleidung. Vor einer Show oder Ausstellung sollten sie die Stücke mit Ihrem Namen, der Größe und den Pflegehinweisen auszeichnen. Üblicherweise geschieht dies auf der Rückseite in der Taille oder am Halsausschnitt. Eventuell ist es erwünscht, dass die Stücke in geplanter Reihenfolge nummeriert sind und ein Foto oder Anweisungen für das Tragen oder die **Accessoires** beiliegen. Manche Entwürfe dürfen nicht gefaltet oder gelegt werden, empfindliche Stoffe müssen unter Umständen in Papier eingeschlagen werden. Oft fordern Pflege, Verpackung und Transport genauso viel Erfindungsgabe wie der Entwurf.

Links Wenn Sie die Grundlagen der Schnittentwicklung und des Nähens beherrschen, können Sie sich an ungewöhnliche Schnitte und Materialien wagen. Hier werden Spiegelscherben auf einem Rahmen befestigt, der einem Reifrock ähnelt.

Rechts Das fertige Kleid, von schimmernden Diamanten inspiriert, wurde zur Feier des ausgehenden Jahrtausends getragen.

Projekt VI

Oben Ein aufblasbares Kleid für Barbie, Ergebnis eines Projekts im zweiten Studienjahr, gesponsert von Mattel

Unten »Smirnoff hat wirklich Spaß gemacht. Ich wollte mich nur amüsieren. Ich dachte wirklich, ich hätte keine Chance, zu gewinnen. Ich habe in meinem Leben noch nie etwas gewonnen, also war der Preis eine ganz große Ehre, besonders bei so berühmten Juroren.« Nick Darrieulat, Sieger.

Was ist ein Projekt?

Die beliebteste und erfolgreichste Unterrichtsmethode ist das Projekt. Dies ist eine längerfristige Arbeitsaufgabe, meist über zwei bis sechs Wochen, die Recherche und praktische Tätigkeiten beinhaltet. Titel, Aufgaben, Absichten und Zielsetzungen des Projekts werden in einem Projektauftrag festgehalten. Teilweise muss das erste Projekt während der Ferien vor Unterrichtsbeginn ausgeführt werden. Dieser erste Auftrag ist eine Einführung in den Entwurfsprozess und später, im Rahmen der kritischen Bewertung oder **Projektkritik**, in die Präsentation der Arbeit vor Dozenten und Kommilitonen. Der Umfang eines Projekts ist abhängig von Ihrem Spezialgebiet und dem Ausbildungsabschnitt, in dem Sie sich befinden. In einer Einsatzbesprechung stellen die Dozenten das Projekt sowie die Erwartungen an Sie vor. Der Projektauftrag legt Aufgabe, Lehrpersonal und Prüfer fest, stellt die Bewertungskriterien dar, führt die vorzulegenden Arbeiten auf und bestimmt Termin und Art der **Beurteilung**.

Sinn eines Projektauftrags ist es, die eigene Kreativität im Rahmen bestimmter Vorgaben zu entwickeln. Oft werden dabei die Anforderungen simuliert, die einen Modedesigner innerhalb verschiedener Marktsektoren erwarten. Im Projekt können Sie die Fähigkeiten praktisch anwenden, die nach Studienabschluss am Arbeitsplatz von Ihnen erwartet werden. Es gibt jedoch erhebliche Unterschiede bei den Projektansätzen.

Projektarten

Individuelles Projekt

Der individuelle Projektauftrag kann durch festes Lehrpersonal oder von Gastdozenten erteilt werden. Es kann zum Problem werden, allen Studierenden eines Jahrgangs einen Auftrag zu erteilen oder eine Aufgabe zu stellen, die auf die jeweiligen Kandidaten und die Verbesserung ihrer Fähigkeiten zugeschnitten ist. Bei der Lösung der Aufgaben muss ein persönlicher Ansatz entwickelt werden. Die Lösung wird bewertet und sämtliche vergebenen Noten dienen als Maßstab für den Fortschritt des Prüflings.

Gesponsertes Projekt

Das gesponserte Projekt wird von einem Unternehmen ausgeschrieben – meist (aber nicht immer) einer Textil- oder Modefirma. Manchmal bespricht das Unternehmen die Anforderungen mit dem Lehrpersonal. Die Ergebnisse werden von einem Team aus Dozenten und Mitarbeitern des Unternehmens ausgewertet, das entsprechende Noten oder Auszeichnungen vergibt. Teils differieren die von der Ausbildungsstätte verteilten Noten und die Bewertung durch den Sponsor, da verschiedene Erwartungen bezüglich der Projektergebnisse bestehen – akademische versus kommerzielle Gesichtspunkte.

Wettbewerbsprojekt

Modewettbewerbe in Form eines Wettbewerbsprojekts werden von Unternehmen oder externen Organisationen meist landesweit an Hochschulen und Akademien ausgeschrieben. Sie sind ein beliebtes Werbemittel. Die Preise bestehen aus Dotierungen, Reisestipendien oder/und Praktikumsplätzen. Ein Team des Unternehmens wertet die Ergebnisse aus. Wer nicht gewinnt, erfährt die Beurteilung kaum. Die eingereichten Arbeiten erhält man nicht immer zurück; daher sollte man Fotokopien für die **Mappe** anfertigen.

Teamprojekt

Bei einem Teamprojekt arbeiten Studierende in einer Gruppe zusammen. Die umfangreichen Projekte erfordern oft die Berücksichtigung von Aspekten wie Marketing, Kennzeichnung und Preisfestsetzung. Die Rollen der Teilnehmer werden von der Gruppe selbst definiert. Man erwartet **Brainstormings** sowie Teamwork in einer simulierten Arbeitssituation. Der Druck ist groß, teilweise werden die Studierenden aufgefordert, den eigenen Beitrag zum Team und den der anderen zu beurteilen. Manchmal werden Teamprojekte von anderen Fachbereichen der Ausbildungsstätten oder, häufiger, von Unternehmen und Sponsoren ausgeschrieben, die mit diesen zusammenarbeiten.

Anforderungen des Projekts

Das Projekt soll Sie inspirieren. Es wird aber auch erwartet, dass Sie verschiedene Parameter berücksichtigen: Manche von diesen beziehen sich auf die Umstände des realen Modemarkts, andere hingegen sind ausbildungstechnischer Natur. Vermutlich werden Ihnen nicht alle Projekte Spaß machen. Meist erläutert der Projektauftrag die allgemeinen Projektziele und die Ergebnisse, die Sie am Ende vorlegen sollen und anhand derer Sie eigene Fortschritt messen können.

Absichten und Zielvorstellungen

Die Schwerpunkte der Zielsetzungen und -vorstellungen werden bei jedem Projekt anders gesetzt. Allgemein werden die Kriterien für das Lernziel, das demonstriert werden soll, wie folgt definiert:

Die Fähigkeit, Entwürfe zu analysieren und umzusetzen sowie Entwurfsprobleme zu erkennen und zu formulieren
Kreatives und intellektuelles Hinterfragen sowie risikofreudige Entwurfslösungen
Geschicklichkeit, Fantasie und Originalität beim Einsatz von Techniken, Materialien, visueller Symbolik und Farbe
Die Fähigkeit zur Synthese eigener Ideen innerhalb des gewählten Ausbildungswegs
Gute Auffassungsgabe für industrielle/professionelle Rollen und Methodik
Die Fähigkeit, als Individuum oder im Team zu arbeiten
Gute Arbeitspraktiken und Ausdrucksfähigkeiten in visueller, mündlicher oder/und schriftlicher Form
Effektive Zeiteinteilung, selbstständiges Arbeiten und Selbstbeurteilung
Die volle Nutzung des eigenen kreativen und intellektuellen Potenzials sowie die Umsetzung eigener Interessen und Entwurfsvorstellungen innerhalb der Parameter des Projektauftrags und des Lehrplans

Im Rahmen des Projektauftrags werden Sie aufgefordert, eine spezifische Aufgabe oder eine Auswahl an Aufgaben zu lösen. Teilweise wird diese Aufgabenstellung klar formuliert. Manchmal kann der Auftrag auch ziemlich schwer verständlich sein; ein wesentlicher Teil der Übung besteht dann in der Auflösung des Rätsels. Im Projektauftrag werden die Bedingungen oder Parameter formuliert, die Sie beachten müssen. Einige mögliche Beispiele werden im Weiteren beschrieben.

Anlass und Saison

Sie müssen wissen, für welchen Anlass Sie Entwürfe anfertigen sollen. Dieser Anlass kann durch eine Situation, eine Tageszeit oder die Saison definiert werden. Oft wird im Projektauftrag die jeweilige Saison oder Veranstaltung genannt. Von den Studierenden wird erwartet, dass sie vorausschauend denken. Modedesigner müssen Trends eher kreieren und bestätigen, als ihnen zu folgen.

Oben Sieger-Outfit eines von Adidas gesponserten Wettbewerbs für Sportbekleidung

Unten »Bei diesem Projekt war gut, dass man ein bisschen von allem tun musste. Keines der Outfits stammt von nur einer Person, wir sind alle beteiligt und wir haben uns wirklich gut kennen gelernt. Wir sind praktisch eine Familie geworden.« Josh Castro, Studierender im zweiten Jahr.

Links Geschäfte, die auf Stoffbesätze, Borten und Knöpfe spezialisiert sind, bieten die Details, die über den Erfolg eines Outfits entscheiden können.

Rechts In einigen Städten können Straßenmärkte eine gute Quelle für schöne und preiswerte folkloristische Stoffe sein. Oft muss man jedoch einen ganzen Sari oder ein Batikstück kaufen und bekommt keine Meterware.

Nächste Seite, links Traditionelle und einzigartige Stoffe, wie Umhänge aus Kaschmir und Pashmina, Folklorestickereien und französischer Jacquard, können eine reichhaltige Inspirationsquelle für Modedrucker und Weber sein.

Nächste Seite, rechts Als Studierender hat man den Vorteil, für Einzelstücke besondere Materialien wie Brokat oder Spitze verwenden zu können, die in großen Mengen nicht verfügbar sind.

»Wenn ich etwas über Yves Saint Laurent las, dachte ich: ›Was ist es, das ihn so neurotisch macht?‹ Aber jetzt verstehe ich ihn. Alle sechs Monate muss man durch einen Feuerreifen springen.« Designer Paul Frith

Muse oder Kunde

Manche Projektaufträge fordern einen Entwurf für einen bestimmten Verbrauchertyp – bestimmte Größen, Altersgruppen oder Geschlechter – oder für eine bestimmte Person, die einem physischen Ideal entspricht oder eine Inspirationsquelle darstellt. Hierbei kann es sich um einen Freund oder eine Freundin, ein Model, einen Filmstar etc. handeln. Voraussichtlich muss ein Kundenprofil erstellt werden, das Elemente wie Arbeit, privates Umfeld, Lebensstil und Kaufkraft berücksichtigt. Die Idee ist, eine Person auszuwählen, die nach Ihrer eigenen Vorstellung ein Design optimal zur Geltung bringt.

Zielmarkt

Wichtiger Teil der Designausbildung sind Kenntnisse zu den verschiedenen Marktsektoren. Oft müssen sie Marktanalysen erstellen und Entwürfe in diesen Kontext stellen. Die Beweggründe, für einen bestimmten Zielmarkt zu entwerfen, variieren stark. Für manche Designer ist das Entwerfen für den mittleren Marktbereich Freude und kreative Herausforderung. Andere beschäftigen sich mit den subtilen Veränderungen **klassischer** Bekleidung und erlangen über viele Saisons hin ihre eigene **Handschrift** und treue Kundschaft. Wenige legen den Schwerpunkt auf Nischenmärkte wie Sportbekleidung, Damenunterwäsche oder Abendkleidung. Projekte werden in Zusammenarbeit mit Geschäften oder Designern vergeben, die aus erster Hand Feedback zur Eignung Ihrer Entwürfe für ihren Markt geben können.

Material- und Stoffauswahl

Die Materialauswahl ist oft die Grundlage eines Projekts. Sie ist das zu lösende »Problem«. Manchmal wird Ihnen eine Themenauswahl vorgegeben, die Sie untersuchen sollen, eine Liste von aktuellen Ausstellungen, die Sie besuchen sollen, oder ein bestimmter Stoff, der Sie inspirieren soll. Gewisse auferlegte Einschränkungen sollen Ihre

Überlegungen fokussieren und Ihren kreativen Einfallsreichtum fördern. Die häufigste Form der Einschränkung ist die Begrenzung auf eine Kleidungsgattung oder die Auswahl des zu verwendenden Materials oder Stoffs. Sie können z. B. mit einem »Hemdprojekt« oder dem »Kleinen Schwarzen« betraut werden. Ersteres erfordert den Erwerb technischer Fähigkeiten beim Nähen normaler Hemdmerkmale, wie Taschen und Kragen, in einer unbegrenzten Auswahl von Stilen und Stoffen. Letzteres bedeutet den Entwurf eines Outfits in nur einer Farbe, das für einen bestimmten Anlass gedacht ist.

Alternativ dazu kann die Auswahl aber auch offen sein. Die meisten Ausbildungsstätten haben ein Materialarchiv, mit Hilfe dessen Sie sich mit Stoffeigenschaften vertraut machen können. Es wird von Ihnen erwartet, mit neuen Materialien und Techniken zu experimentieren und zu arbeiten. Auch werden Sie ermutigt, durch Stricken, Drucken oder die Oberflächenbehandlung von Materialien Ihre eigenen Stoffe herzustellen.

Preisfestsetzung

Die Preise für Modeartikel in den Geschäften werden meist vom Stoff- und Herstellungspreis sowie durch die vom Einzelhändler aufgeschlagene Gewinnspanne bestimmt. Bei der Preisfestsetzung für ein Kleidungsstück können wenige Zentimeter in der Stoffbreite einen enormen Unterschied im Gesamtpreis machen, so dass **Schnittmuster** gegebenenfalls umgeändert werden müssen. Posamente können die Kosten für ein Kleidungsstück drastisch steigern, so dass sie zum Zeitpunkt des Verkaufs im **Einzelhandel** um das Vierfache höher liegen und der Preis nicht mehr marktfähig ist. Obwohl diese finanziellen Gesichtspunkte im Unterricht kein wesentlicher Teil des Entwurfsprozesses sind, werden sie meist berücksichtigt. Sie sollten in der Lage sein, die Herstellung eines Artikels zu kalkulieren und so die Vereinbarkeit mit den Marketingvoraussetzungen des Projektauftrags abwägen. Eventuell müssen Sie **Kostenaufstellungen** sowie **technische Zeichnungen** anfertigen, um diese Fragen zu klären.

Im Designersektor liegt der **Gewinnaufschlag** etwa im Bereich von 80–120 %. (Der Einzelhändler schlägt etwa weitere 120–160 % auf). Berechnen Sie den voraussichtlichen Einzelhandelspreis, um dessen Angemessenheit einschätzen zu können. Die Preis-

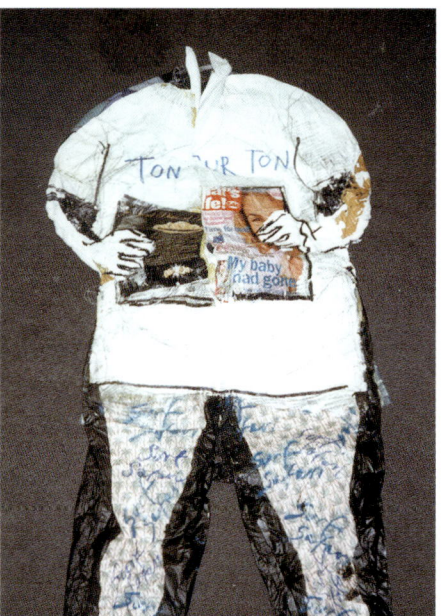

Oben links Ein Streetwise-Outfit, das durch Sammelaufkleber und -abzeichen an Wert gewinnt

Oben rechts Diese handbestickten Tuniken wurden von alten Kreuzstich-Handarbeiten inspiriert.

Unten links Die Wiederverwertung von Secondhandkleidung, das Auftrennen alter und Stricken neuer Pullover sowie die individuelle Umgestaltung sind bei Studierenden beliebte Methoden, um mit einem kleinen Budget auszukommen. Hier wurde ein billiger Malerkittel aus Papier zum »Trash Look« umgestaltet.

Unten rechts Beim Stöbern in Geschäften für alte Textilien und Kostüme kann man die faszinierenden Techniken der Kleiderherstellung verschiedener Epochen entdecken.

Nächste Seite John Gallianos Abschlusskollektion (1984) war von einer Kostümrecherche der »Macaronis« und »Incroyables« in den Jahren vor und nach der Französischen Revolution inspiriert und regte den »New Romantic Look« an, der im Jahr 1984 in London aufkam.

Folgende Seiten Einige beliebte Themen (z. B. der Uniformstil) werden von Designern auf viele verschiedene Arten interpretiert.

festsetzung für eine **Kollektion** zielt stets auf das Gleichgewicht zwischen dem Wert der Kleidung und der Summe, die der Kunde bereit ist zu zahlen.

Not ist die Mutter der Innovation. Projektaufträge setzen selten voraus, dass die Studierenden viel Geld ausgeben. Inspirationen in preiswerten Stoffen werden höher bewertet als fantasieloses Design in teuren Stoffen. Wiederverwertung, in Secondhandläden und auf Märkten erstandene Waren sowie neue Ideen in der Verwendung werden von den Studierenden wirkungsvoll eingesetzt. Wer jedoch plant, im Bereich von **Haute Couture** bzw. anspruchsvoller Mode tätig zu werden, sollte sich an den couragierten Umgang mit luxuriösen Stoffen gewöhnen. Manchmal werden Studierende von Stoffherstellern gesponsert, die ihre Waren in der Öffentlichkeit präsentieren möchten.

Praktische Aufgaben

Der praktische Teil des Projektauftrags führt meist aus, wie viele Artikel anzufertigen sind und welche Arbeitsgänge erwartet werden. Bei den praktischen Aufgaben erhalten Sie technische Hilfe von den Dozenten. Professionelle Designer verwirklichen ihre Ideen nur sehr selten ausschließlich auf Papier. Das Erlernen von Musterzuschnitt und Nähtechnik bietet Ihnen einen Einblick darin, welche Auswirkungen diese Praktiken auf Ihren Entwurf haben (s. Kapitel V). Unter praktischen Gesichtspunkten ist zudem effektive Kommunikation – sowohl visuell als auch verbal – wichtig, um Änderungen und Fehler zu vermeiden. Auch effektive Zeitplanung ist unerlässlich. Bedenken Sie, dass Dozenten und technische Vorrichtungen auch von anderen gebraucht werden. Zu ehrgeizige oder unvollendete Arbeiten schaden Ihrer Glaubwürdigkeit und Ihren Noten.

144 Modedesign

Links Die Bearbeitung eines Projekts kann auch das Studium von Fachlektüre sowie historische und praktische Recherche zu Stoffen und Posamenten umfassen.

Rechts Das Konzept für dieses Outfit begann mit der Lektüre des Romans *Das Parfum* von Patrick Süskind. Das Model trägt eine Jacke in Form eines Kabinettschranks mit Parfumflakons in den Regalen. Der Ventilator auf ihrem Kopf verteilt den Duft ins Publikum.

Inspiration

Mode ist Ausdruck des **Zeitgeists,** Spiegel gesellschaftlicher Veränderungen. Auf der Suche nach Inspiration müssen Designer Augen und Ohren offen halten: in Shows, Geschäften, Clubs, Cafés, Galerien und Filmen, bei der Lektüre von Zeitschriften, Zeitungen und Romanen, auf Partys und in der Musik … Sie müssen aber v. a. Menschen beobachten und die feinen, wachsenden ästhetischen Veränderungen in der Gesellschaft wahrnehmen. Der Schlüssel zur Kreation neuer Ideen ist, verschiedene Einflüsse in einem Skizzenbuch festzuhalten, zu vermischen und diese Inspiration dann mit den wachsenden Kenntnissen zu Stoffen, Modedetails und Zielmärkten zu verschmelzen. Diese konstante Feinabstimmung von Signalen verbessert Ihre Ausgangsposition für die Projektaufgabe, zu der Sie Ihre individuelle und zeitnahe Sichtweise beitragen können.

> »Ein guter Designer ist ein Spiegel der Gegenwart … ich gehe nie auf Partys, aber ich beobachte Menschen und lese – z. B. darüber, wie das Leben der Menschen durch die Technologie beherrscht wird – und ich reagiere darauf.« Designer Joe Casley-Hayford

Ausbildungstätten ermutigen Studierende, als Primärquelle für Entwürfe lebende Objekte und Motive aus der Natur zu zeichnen und zu malen. Genaue Beobachtung schärft den Blick für das, was wir in unserer Umgebung als inspirierend, störend oder schön empfinden. Beliebte visuelle Motive sind Blumen, Tiere, Landschaften oder urbane Themen wie Architektur. Im Atelier kann auch ein Stillleben oder ein Modell mit Hintergrund als Übungsobjekt für abstrahierende Farb- und Zeichenstudien dienen.

Projektrecherche

Als Ausgangspunkt für die Projektrecherche dienen häufig:

Museen, Galerien, Kostümsammlungen und Büchereien; historische und folkloristische Kostüme können sich als besonders ergiebige Bereiche erweisen.

Interesse für Kunsthandwerk, folkloristische Kunst und Hobbys – z.B. Spielzeug, Stickerei, Flora und Fauna

Gesellschaftliche Einflüsse – z.B. Kultbewegungen, Musik, Film, Literatur und Poesie, Theater und Tanz

Lifestyle-Themen – z.B. Architektur, Innenarchitektur, gesellschaftliche Anlässe

Prêt-à-porter- und Haute-Couture-Modenschauen, Zeitschriftenberichte und -prognosen, Stilbücher

Inspiriert wurde dieser eklektische Look durch die fröhliche Mischung von Pullovern aus Billigläden mit landestypischer Kleidung, wie sie der Studierende während eines Praktikums in Afrika gesehen hatte.

Kreativität und persönlicher Stil

Studierende des Modedesign lernen, wie die Kenntnis **klassischer** Kleidung und ihrer Details als Basis für die Kreation neuer Mode dient. Fundiertes Wissen allein genügt jedoch nicht. Modedesigner müssen über das Existierende hinausblicken und neue Ideen- und Materialkombinationen finden, die den Wünschen der Menschen gerecht werden. Innovation entsteht mit der Vision und dem Mut, die Regeln spielerisch zu verändern.

Zu Beginn Ihrer Designerlaufbahn ist Ihr Geschmack, ebenso wie Ihre Persönlichkeit, durch Ihre Herkunft, Ihre soziale Stellung und Ihre Erfahrung geprägt. Dies ist der Kern Ihrer einzigartigen Ausdrucksform. Beim Projektauftrag möchten die Dozenten Ihren eigenen, ehrlichen Stil erkennen, nicht den Ihrer Lieblingsdesigner. Dieser Stil entsteht über die Jahre hinweg durch leidenschaftliches Eintauchen in die Arbeit und starkes Interesse am kreativen Schaffen von Kommilitonen und professionellen Designern.

Obwohl Originalität hoch geschätzt wird, muss eine gesunde Balance bestehen. Mode, die ihrer Zeit zu weit voraus ist oder bis zur Schwelle der Missachtung schockiert, kommt nicht an. Sie werden Ihre Ideen in einem kreativen Umfeld diskutieren, vorstellen und realisieren sowie von anderen unterstützt und inspiriert werden.

»Jeder macht sein eigenes Ding. Einige machen romantische Sachen, andere sind eher konzeptionell, andere wieder kommerziell. Man kann uns nicht vergleichen, weil wir machen, was wir wollen. Wer zu viel Konkurrenzdenken hat, wird sich selbst verrückt machen, weil es hier so viele gute Studenten gibt.« Studierender im zweiten Jahr

Kreativität erschließen

Es gibt viele Techniken, um kreatives Potenzial zu erschließen; einige sind erlernbar, andere findet man selbst. Psychologen haben zwei Arten des Denkens identifiziert, die für die Problemlösung nützlich sind: konvergentes und divergentes Denken. Bei konvergentem Denken konzentriert sich das Bewusstsein auf bereits bekannte Aspekte der Aufgabe und reduziert das Problem auf eine Ebene, auf der es durch Geschick, logische Kombination und Organisation lösbar ist. Manchmal setzt kreative Problemlösung bestimmte Werkzeuge, Tricks, Verfahrensweisen oder Analysemethoden voraus.

Divergentes Denken erfordert einen weiter gefassten Schwerpunkt, das Eintauchen ins Unbewusste und die Nutzung visueller Bildersymbolik für die Vermittlung von

Ideen. Dies meint nicht dasselbe wie Tagträumen, sondern eher die Fähigkeit, für Eindrücke offen und empfänglich zu sein. Haben Sie den Mut, ins Unbekannte vorzudringen, auch wenn Sie nicht wissen, wohin Sie dies führt oder ob dieser neue Weg eine Lösung verspricht. Probieren Sie Ideen aus, die zunächst vielleicht weniger Erfolg versprechen als definierte Ansätze. Viele Modedesigner verwenden Zeit darauf, Stoffe auf ähnlich meditative Art auszuprobieren und kennen zu lernen. Die Antwort, wie und wo man den Stoff am besten einsetzt, kann dann plötzlich deutlich werden.

Es kann die Kreativität fördern, sich in andere Personen oder Situationen hineinzuversetzen. So kann ein Projekt darin bestehen, im Stil eines bekannten Designers bzw. einer bestimmten Epoche oder Schnittmethode zu entwerfen. Dieser Bezugsrahmen

Diese Seite Blumenmuster sind fast immer in Mode, manchmal klein und diskret, manchmal groß und dramatisch. Hier sind sie Teil einer Themenkarte (Storyboard) für den Entwurf behaglicher Strickwaren.

Nächste Seite Bei diesem Trägerkleid wirkt das Rosenmotiv frisch und sommerlich.

Diese Seite Humor hat seinen Platz in der Mode. Diese maßgeschneiderte Kollektion wurde von Bauchrednerpuppen inspiriert.

Nächste Seite Hussein Chalayan nahm für seine Abschlusskollektion 1993 ein großes Risiko auf sich. Für seine Kleider verwendete er Papier, Metall und Magneten, die er für sechs Monate in der Erde vergrub, um sie verrotten und verrosten zu lassen. Unter dem Laufsteg wurden Elektromagneten eingesetzt, damit der Stoff überraschend vibrierte und sich verzog.

ermöglicht es, erwiesenermaßen erfolgreiche Techniken und Schnitt- und Detailkombinationen zu testen. Sie erhalten Einblick in das Talent und den Geschmack anderer sowie das Selbstvertrauen, Ihre Kreativität noch weiter auszuschöpfen. Versuchen Sie dabei, ein Gleichgewicht zwischen diesem Ansatz und Ihrer eigenen Arbeit herzustellen.

Vermeiden Sie eine emotionale oder egoistische Fixierung auf Ihren eigenen Stil; der Lernprozess erfordert Flexibilität. Bestimmte Entwurfsthemen und -eigenschaften oder intellektuelle Ideen, die Sie besonders faszinieren, werden zur Basis Ihrer kreativen Stärke, zu Ihrer **Handschrift**. Letztere sollte sich auch – dem von Ihnen entworfenen Kleidungstyp angemessen – in Ihren Illustrations- und Präsentationstechniken zeigen.

»Guter Geschmack« in der Mode ist ein weit gefasstes Konzept: zeit- und kontextsensitiv, teils instinktiv, teils anhand einiger Grundregeln erlernt, häufig eher intuitiv wahrnehmbar als logisch zu analysieren. Eine absichtliche Missachtung kann schockieren oder amüsieren. So setzte sich z. B. Alexander McQueen, angesehener Modedesigner, immer wieder über geschmackliche Vorstellungen hinweg und galt in seiner Zeit doch als modisch. Bedenken Sie also: Die Grenzen verschieben sich extrem schnell.

»Als McQueen im College war, wurde Galliano verworfen. Als ich im College war, wurde McQueen verworfen. Und als ich das College im letzten Jahr besuchte, haben sie mich verworfen.« Designer Andrew Groves

Positives Denken

Kritik und **Beurteilungen** sind wichtig, um Fortschritte zu machen und die eigenen Leistungen zu verbessern. Verwechseln Sie Kritik an Ihrer Arbeit nicht mit einem Angriff auf Ihre Person. Halten Sie Ihr Ego unter Kontrolle. Designs können Menschen nicht aufgezwungen werden, sie müssen von Ihnen angenommen werden. Die Fähigkeit, über Enttäuschungen hinwegzukommen, ist ein ebenso wichtiger Teil der Kreativität wie das Zeichnen und Anfertigen von Kleidung.

Arbeiten Sie nicht zu hart. Geben Sie Ihr eigenes Tempo vor – Sie brauchen Energie, um kreativ zu sein. Lange, intensive Konzentration, Schlafmangel oder falsche Ernährung können kontraproduktiv wirken und den kreativen Fluss verlangsamen. Es ist sehr unangenehm, sich in einer Phase des Stillstands zu befinden oder keine Entscheidungen treffen zu können, während alle anderen fleißig arbeiten. Manchmal setzen Geduld, Hilfe, eine Pause oder ein inspirativer Durchbruch die Räder wieder in Bewegung.

Präsentation

Skizzenbücher

Skizzenbücher und visuelle Notizbücher sind wichtiger Teil der Studienausrüstung. Regelmäßig geführt und mit einer Kamera kombiniert, entsteht so ein »Aktenordner«, der alles enthält, was Sie inspiriert. Skizzenbücher sollten die Entwicklung Ihrer Interessen dokumentieren: Impressionen von Kunstgegenständen, Menschen, Körperposen, Kleidung und Details, Farben und Aspekte der Umwelt. Mit den Jahren entsteht ein Archiv und eine Ideensammlung, aus der Sie beliebig schöpfen können.

Es lohnt, stets eine Auswahl an Skizzenbüchern bei sich zu tragen. Wählen Sie je nach Bedarf verschiedene Größen und Papierqualitäten. In ein kleines Buch können Sie kleine Skizzen zeichnen, Stoffproben einkleben und interessante Designdetails notieren, die Ihnen in Geschäften oder unterwegs auffallen. Größere Skizzenbücher können für Zeichnungen von lebenden Objekten oder für die Ausarbeitung komplexerer Ideen

verwendet werden. Manchmal verleiht ein größerer Maßstab einer Idee Gewicht. Strukturiertes Zeichenpapier ist aufgrund seiner fast durchsichtigen Qualität gut geeignet, um Körperhaltungen und Silhouetten schnell nachzuzeichnen und Details zu verändern.

Ein gutes Skizzenbuch bietet dem Betrachter einen Einblick in Ihre Denkprozesse und Aufschluss über die Herkunft Ihrer Entwurfsideen. Dozenten werfen von Zeit zu Zeit einen Blick in die Skizzenbücher. Möglicherweise werden sie auch am Ende eines Projekts oder zu bestimmten Zeiten während des Studiums bewertet. Eventuell müssen Sie Bücher mit einem klarer definierten Zweck anfertigen: z.B. ein **visuelles Tagebuch** bei Auslandsbesuchen bzw. eine **Quellensammlung** zu einer bestimmten Recherche oder einem Spezialthema. Studierende des Strick- und Druckdesigns führen Notizbücher zu Experimenten mit Farben und Farbstoffen.

Quellensammlung

Eine Quellensammlung besteht aus Bildern, die aus Zeitschriften, Zeitungen, Ausstellungsprogrammen, Postkarten etc. ausgerissen wurden. Sammeln Sie Bilder, die Ihnen

Vorangehende Seite Seiten aus einem Skizzenbuch mit Ideen für Entwurfsentwicklungen

Diese Seite Eine Stimmungscollage zum Thema Patchwork verdeutlicht das Interesse des Studierenden an einfachen, fröhlichen Effekten und lebhaften Farben.

gefallen, um damit interessante Stimmungen oder einen Look besser definieren zu können, nicht aber, um sie direkt zu kopieren. Diese Quellen müssen nicht unbedingt zeitlich aktuell sein. Secondhandbuchläden sind z. B. eine gute Quelle für ungewöhnliches Bild- und Referenzmaterial. Auch Fotokopien sind nützlich, achten Sie aber darauf, nicht zu viele zu verwenden, da Ihre Arbeit sonst zu sehr »aus zweiter Hand« wirkt.

Stimmungscollagen (Mood boards)

Haben Sie im Rahmen der Recherche genügend Bilder und Ideen gesammelt, können Sie mit der Entwurfsentwicklung beginnen. Möglicherweise sollen Sie eine Stimmungscollage zusammenstellen. Hierbei handelt es sich um eine eher formale Darstellung Ihres Konzepts und Ihrer Intentionen mit Hilfe von Bildern und Stofffetzen, die Sie wie für eine Zeitschriftenseite sorgfältig zusammenstellen. Häufig werden die Gegenstände an eine Pinnwand gesteckt, seltener aufgeklebt. Solche Pinnwände sind leicht und tragbar, stabil genug für das Gewicht von Stoffen und Posamenten und können so als flexibler Mittelpunkt der Diskussion Ihrer Ideen mit den Dozenten dienen.

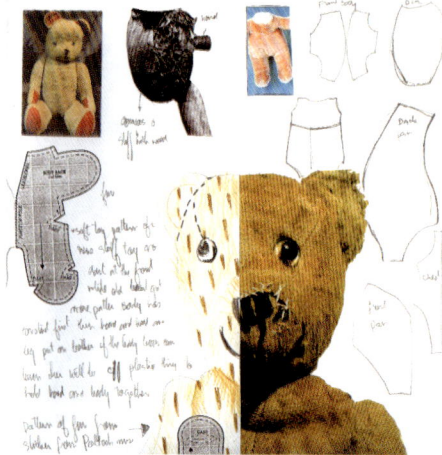

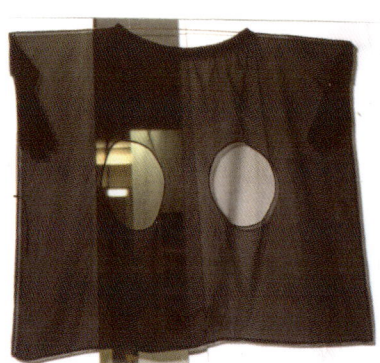

Links Entwurfsideen werden zuerst in einer spontanen Skizze oder einem Rohentwurf festgehalten. Hier wird ein Teddybär-Schnittmuster untersucht.

Rechts und nächste Seite Eine Idee wird zeichnerisch festgehalten, dann in Miniaturform und schließlich in Originalgröße angefertigt.

Entwurfsskizzen

In den Anfangsstadien der Projektbearbeitung sollten Sie Ihre Ideen spontan in Ihrem Skizzenbuch oder auf strukturiertem Zeichenpapier skizzieren. Dies wird auch als **Rohentwurf** oder Entwurfsentwicklung bezeichnet. Markieren oder wählen Sie diejenigen Rohentwürfe, die Ihnen am besten gefallen, sowie jene, die Elemente enthalten, die Sie ausbauen möchten. Arbeiten Sie diese Skizzen weiter aus, um dann eine erneute Auswahl zu treffen. Sie können die Entwürfe nach verschiedenen Kriterien sortieren, etwa nach Stoffen, **Silhouetten,** Details usw. Ihre Designdozenten werden diese Auswahl mit Ihnen diskutieren. Dies hilft Ihnen, Ihre Entscheidung erklären und rechtfertigen zu können.

Themenkarten (Storyboards)

Es ist allgemein üblich, dass die Studierenden im Rahmen eines Projekts ihre Ideen anhand von Bildmaterial sowie Prototypen oder fertigen Kleidungsstücken präsentieren. Themenkarten bestehen aus einer Reihe von fertigen Präsentationsbogen oder Pinnwänden, welche das gesamte Thema des Projekts darstellen. Normalerweise gehören dazu eine Stimmungscollage, Abschlussillustrationen, koordinierte Stoffmuster und Posamente sowie ein kurzer Text, der das Thema, die Farben und den Zielmarkt

Die mündliche Vorstellung Ihres Entwurfsprozesses und Ihrer Aufzeichnungen vor Dozenten und Kommilitonen bei der Projektkritik ist ebenso wichtig, wie das Outfit selbst.

erläutert. Die Schulen vertreten unterschiedliche Ansätze für diese Art der Präsentation. Zum Teil werden den Studierenden große Freiheiten bei der Materialzusammenstellung für die Bewertung eingeräumt. Diese Arbeit bildet häufig das Kernstück einer **Mappe**.

Projektkritik

Eine Projektkritik besteht in der Beurteilung der studentischen Projektlösungen durch den Dozenten. Sie stellt sowohl eine objektive als auch eine subjektive Bewertung dessen dar, in welchem Maß Sie den Anforderungen des Projekts gerecht geworden sind. Zudem wird diese Gelegenheit für den Ideenaustausch genutzt. Abhängig vom Projektauftrag kann die Kritik auf unterschiedliche Art durchgeführt werden. Manchmal ist es eine persönliche Beurteilung vor einem Gremium von Dozenten. In anderen Fällen handelt es sich um eine kleine Modenschau, bei der Models die Entwürfe präsentieren. Bei diesen Veranstaltungen können alle anderen Studierenden oder aber eine Auswahl an Studierenden sowie Dozenten, technische Mitarbeiter und Gastdozenten anwesend sein. Das Gremium achtet nicht nur darauf, ob die im Projektauftrag gestellten Aufgaben gelöst wurden, sondern legt auch Wert auf Ausgewogenheit, Harmonie und Originalität sowie eine gute Wahl von Stoffen und **Zubehör**. Zusätzlich möchte man eine Weiterentwicklung Ihrer Fähigkeiten im Entwurf und in der Realisation erkennen.

Hin und wieder werden nur ausgewählte Entwürfe umfassend diskutiert, um den teilweise sehr langwierigen Prozess der Kritik zu beschleunigen. So ist es z. B. möglich, dass lediglich die erfolgreichsten oder misslungensten Aspekte Ihrer Projektarbeit erläutert und diskutiert werden. Schließlich erfolgt die Benotung der Präsentation Ihrer Arbeit; dabei wird sowohl auf die praktische Ausführung als auch auf die Form, in der Sie Ihre Projektlösung erläutert und begründet haben, Bezug genommen.

> »Während der Kritik müssen die Studierenden aufmerksam zuhören und lernen, nützliche Informationen und Fakten aus den persönlichen Meinungen zu ziehen ... Eine Kritiksituation hat die gleiche Dynamik wie eine Gruppentherapie; sie ist normalerweise sehr positiv, aber oft gibt es auch Schuldbekenntnisse und Tränen. Wir lernen alle davon.«
> Sally Calendar, Dozentin für Studierende des Modedesign im zweiten Jahr

Die meisten Studierenden und Dozenten sehen die Kritik als schönen Projektabschluss. Es ist ein sehr befriedigendes Gefühl, seine Entwürfe in fertiger Form an Models zu sehen und zu erleben, wie andere dieselben Themen bearbeitet und vollkommen andere Schlüsse gezogen haben. Oft gibt es widersprüchliche bzw. unterschiedliche Sichtweisen dazu, wie erfolgreich Sie Ihre Zielvorstellungen verwirklicht haben. Wenn Sie gut vorbereitet sind und Ihre Präsentation geprobt haben, sollte dies kein Problem sein. Sinn und Zweck der Kritik ist es, Ihnen Ihren eigenen Fortschritt vor Augen zu führen und Sie bei der Bewältigung potentieller zukünftiger Probleme zu unterstützen.

> »Wenn man weiß, was man machen will und alles durchdacht hat, sollte sich eine innere Logik und konzeptionelle Stimmigkeit ergeben – wenn alle Elemente stimmen, legt man Form und Farbe fest. Von da an ist es eine geradlinige Produktion. Wenn man erst tagelang darüber brütet, kann man alles verderben.« Studierender im Abschlussjahr

Bewertung

Das Bewertungssystem, das für alle benoteten Projekte verwendet wird, variiert je nach Ausbildungsstätte und Studiengang. In einigen Fächern werden Scheine vergeben – Punkte oder Noten, die man sammelt, um zu einer anderen Unterrichtseinheit oder zum nächsthöheren Semester fortschreiten zu können. Wenn Sie Ihre Noten in einer Tabelle festhalten, können Sie Ihren Fortschritt mitverfolgen und erhalten einen Überblick über Ihre Stärken und Schwächen.

Normalerweise erfolgt außerdem an wichtigen Eckpunkten Ihrer Ausbildung eine formelle **Beurteilung**, z.B. ein Vordiplom. Möglicherweise sollen Sie dem Lehrpersonal Ihre bis dahin gesammelten Arbeiten vorstellen oder eine **Mappe** vorlegen. Bewertung ist Ansichtssache, nicht nur Kalkulation. Im Endstadium eines Abschlussjahrs erfolgt die Benotung durch ein Gremium von Dozenten, von denen die meisten schon länger mit Ihrer Arbeit vertraut sind. An einigen Ausbildungsstätten sitzt zumindest ein externer Prüfer aus der Wirtschaft oder von einer anderen Universität im Gremium, der eingeladen wurde, um die faire Beurteilung aller Studierenden sowie die Einhaltung der erforderlichen Standards zu gewährleisten.

Die für den Studienabschluss vergebenen Noten können wie folgt klassifiziert werden: 1,0–1,3 (sehr gut) für besonders hervorragende Leistungen, 1,7–2,3 (gut) für erheblich über dem Durchschnitt liegende Leistungen, 2,7–3,3 (befriedigend) für durchschnittliche Leistungen, 3,7–4,0 (ausreichend) für trotz Mängeln durchschnittliche Leistungen und 4,3–5,0 (nicht ausreichend) für Leistungen mit erheblichen Mängeln. Einige Schulen vergeben ein »Bestanden«, ein »Ausreichend« oder ein »Nicht bestanden«. (Andere Abschlussformen wie Zertifikate oder Diplome werden nach »Mit besonderer Auszeichnung«, »Mit Auszeichnung« oder »Bestanden« klassifiziert). Normalerweise gibt es für schriftliche Arbeiten wie Diplomarbeiten oder Geschäftsberichte Noten, die in die Gesamtnote eingehen. Die Gewichtung dieser kontextuellen Studien variiert je nach Ausbildungsstätte. Tritt der unwahrscheinliche Fall ein, dass Sie Ihre Abschlussprüfung nicht bestehen, ist die Hochschule oder Akademie verpflichtet, Sie über die Gründe aufzuklären. Möglicherweise wird Ihnen eine Wiederholung angeboten. Wenn Sie sich zu irgendeinem Punkt in Ihrer Ausbildung ungerecht benotet fühlen, sollten Sie dies in einem Gespräch mit Ihren Dozenten klären. Auch die Lehrkräfte sind grundsätzlich an einem guten Abschneiden der Studierenden interessiert. Alle Ausbildungsstätten bieten die Möglichkeit der Berufung an.

Abschlusskollektion – und danach VII

Abschluss-/Diplomkollektion

Das letzte Projekt, auch »Abschluss-« oder »Diplomkollektion« genannt, sollte auf den individuellen Erfolgen aufbauen, die in der Ausbildung erreicht wurden. Dies ist die **Kollektion**, mit der Sie in die Berufswelt eintreten werden. Im Wesentlichen erarbeiten Sie Ihre Abschlusskollektion selbst. Vielleicht müssen Sie Ihre Intentionen schriftlich begründen oder erklären, was Ihnen bei den Entscheidungsprozessen helfen soll. Diese Texte werden den Dozenten und eventuell externen Prüfern oder anderen Gästen mit Ihren Zeichnungen, der Stoffauswahl und allen weiteren relevanten Daten vorgelegt, damit Ihre endgültige Kleiderauswahl und die Präsentation diskutiert werden können.

Eine Diplomarbeit besteht aus einem schriftlichen Teil von ca. 40 bis 80 Seiten, meist mit Abbildungen und gebunden, sowie einem praktischen Teil in Form einer Kollektion von etwa sechs Outfits. Bei diesem praktischen Teil werden Entwürfe, Ausführung und häufig auch die Präsentation beurteilt.

An diesem Punkt Ihres Modestudiums kennen Sie Ihren Zielmarkt und die Personengruppe, für die Sie entwerfen möchten. Über die Jahre haben Sie eine Entwurfsidentität entwickelt. Sie verfügen über Kenntnisse der komplexen, wettbewerbsorientierten Industrie, für die Sie sich entschieden haben. Das Begleitmaterial in Ihrer **Mappe** – Fotografien und Illustrationen – zeigt, dass Sie für Ihren ersten professionellen Auftrag bereit sind. Sie behandeln Stoffe, Farben sowie die **Silhouette**n und Entwurfsdetails mit herangereiftem Selbstvertrauen. Anhand der Vielzahl erworbener Fähigkeiten und technischer Kenntnisse stellen Sie Kleidung her, die zu Ihrem Spezialgebiet passt.

Ihre aussagekräftige Abschluss-/Diplomkollektion sollte richtungsweisende Ideen und weniger auffällige Stücke umfassen. Wurden Ihre Entwürfe in der Präsentationskritik positiv beurteilt, beginnt die Mustererstellung. Vermutlich sind Veränderungen nötig, bevor die Kollektion Form annimmt und die **Nesselmodelle** bei der Präsentation oder der nochmaligen Kollektionsprüfung Zustimmung finden. Dann erfolgt die Anfertigung. Für einige ist die praktische Herstellung der Kollektion der schönste Teil des Prozesses.

»Eine Kollektion kann am Ende ganz anders aussehen, als man sich das vorgestellt hat. Sie ist schwer zu kontrollieren; sie hat ein Eigenleben; sie springt aus Ihren Händen. Sie sehen sie sich am Tag der Präsentation an, wenn alles zusammengestellt ist, und sie hat sich verändert. Sie denken: ›Wie konnte das passieren?‹« Designerin Suzanne Clements

Modenschau

Die Modenschau eines etablierten Designers unterscheidet sich stark von der eines Studierenden. Erstere bietet Einkäufern im Einzelhandel und Presse einen ersten Blick auf eine neue, kommerziell erhältliche Kollektion. Zudem ist sie eine PR-Veranstaltung, die Material für Zeitschriften liefert und zunehmend auch Unterhaltungswert hat. Bei einer studentischen Modenschau sind die wichtigsten Zuschauer die Dozenten, neben anderen Studierenden, Eltern sowie einigen Sponsoren und Herstellern, die nach neuen Mitarbeitern und Ideen suchen. Einige Ausbildungsstätten halten die simulierte Erfahrung einer Modenschau für pädagogisch wichtig, da viele Studierende später im Beruf damit zu tun haben. Die kritische Einteilung der Arbeitsmenge und die Fähigkeit, eine in sich schlüssige Kollektion zu präsentieren, die kreativ interessant und für die zukünftige Arbeit relevant ist, sind messbare Ergebnisse der Abschluss- bzw. Diplomkollektion.

Links oben Jeder Studierende steuert Schuhe und Accessoires für die Outfits bei.

Links unten Studierende helfen vor der Show beim Make-up.

Rechts Sitz und Details werden bei der Aufstellung hinter der Bühne überprüft.

Nächste Seite Vor der Show wird nochmal »Probe gelaufen« und der zeitliche Ablauf durchgespielt.

Nach der harten Arbeit an Ihrer Abschlusskollektion haben Sie natürlich konkrete Vorstellungen, wie sie auf dem Laufsteg dargestellt und getragen werden soll. Bedenken Sie aber, dass an einer studentischen Modenschau viele Personen mitarbeiten; es ist nicht möglich, sie wie bei einer Produktion für einen einzelnen Designer in Eigenregie durchzuführen. Ausbildungsstätten haben oft nur begrenzte Mittel und obwohl die meisten versuchen, den Wünschen der Studierenden zu entsprechen, ist es nötig, den Einsatz von Models zu rationalisieren. Nicht immer haben Sie Einfluss auf die Wahl Ihrer Models, was Typ, Größe und Teint betrifft, oder auf Musik und **Accessoires**.

Nicht alle Ausbildungsstätten halten es für angemessen, die Studierenden auf dem Laufsteg zu prüfen. Zahlreiche Aspekte des Modedesign eignen sich nicht für diese Art der Darstellung. In allen Ausbildungen wird jedoch die Bedeutung einer guten, professionell aufgemachten **Mappe** gegenüber dem kurzen Spektakel einer Modenschau betont. Meist wird am Ende des Studienjahres eine Ausstellung der studentischen Arbeiten veranstaltet, zu der interessiertes Publikum und Hersteller eingeladen sind. Zunehmend unterstützt auch der Einsatz neuer Technologien, z. B. digitales Video oder Internet Studierende bei einer breiter angelegten Promotion ihrer Arbeit.

Stylingtipps für die Abschlussmodenschau

Versuchen Sie, Ihr Konzept einfach zu halten. Die klare Botschaft der **Silhouetten,** Farben und Entwürfe wird effektiver vermittelt, wenn sie nicht durch Stylingtricks oder Models, die sehr unterschiedlich aussehen, überlagert wird.

Visualisieren Sie die gewünschte Wirkung. Sollen die Models einzeln, paarweise oder in Gruppen auftreten, schnell oder langsam laufen, Stücke ablegen oder posieren?

Klären Sie Ihre Dozenten schon rechtzeitig über Ihre Pläne auf – dramatische Einfälle in letzter Minute können der Benotung schaden. Eine Modenschau mit einigen ungewöhnlichen Höhepunkten kann gut funktionieren, vorausgesetzt, sie wurde im Voraus organisiert und eingehend geplant, um eine optimale Wirkung zu erzielen.

VII: Abschlusskollektion – und danach

Shows von Studienabsolventen werden oft an provisorischen Ausstellungsorten veranstaltet.

Hierarchische Sitzordnung und Sicherheit zählen auch bei studentischen Shows.

Draußen versammelt sich die Menge.

Models, die keine Profis sind – egal, wie schön sie sind oder wie gern man sie mag – können eine Präsentation verderben, weil sie am falschen Platz stehen, schlecht oder befangen laufen bzw. versuchen, andere in den Schatten zu stellen. Proben Sie mit ihnen, um Eigenheiten herauszufinden und diesen gegebenenfalls vorzubeugen.

Models haben eigene Vorstellungen davon, was sie tragen möchten. Einige lehnen sehr kurze oder »offenherzige« Kleidung ab. Andere möchten etwas nicht anziehen, weil sie sich darin lächerlich oder hässlich fühlen. Seien Sie in solchen Situationen diplomatisch, indem Sie die Models z. B. Outfits tauschen lassen. Die Kleidung muss zwischen den »Auftritten« sehr schnell gewechselt werden. Setzen Sie also keine aufwändigen Accessoires ein – das An- und Ausziehen von Strumpfhosen, Gürteln und Schmuck ist zeitaufwendig. Die Zeiten für das Umziehen müssen koordiniert werden, da sonst der Show-Ablauf zum Stillstand kommen kann. Eventuell müssen Sie andere um Accessoires und Zubehör für die Show bitten, sie borgen, mieten oder hohe Kautionen hinterlegen. Dies alles sollte weit im Voraus organisiert werden.

Produzenten von Modenschauen arbeiten meist mit einem Team professioneller Garderobieren. Eventuell dürfen Sie kurz vor der Show nicht mehr hinter die Bühne, um alles zu prüfen. Daher sollten Zeichnungen und Listen aufzeigen, was wozu gehört und wie jedes Outfit zu tragen ist. Machen Sie den Garderobieren und Models Ihre Erwartungen klar. Auch sollte man mehrere Ersatzstrumpfhosen parat haben, da diese bei der Probe leicht beschädigt werden oder verloren gehen. Accessoires, die an der Kleidung befestigt werden können, sollten festgesteckt werden. Öffnen Sie alle komplizierten Verschlüsse und erklären Sie den Garderobieren, wie sie funktionieren. »Konzeptuelle« Mode erfordert oft eine Demonstration.

Sind kunstvolle Frisuren geplant, müssen die Halsausschnitte der Kleider leicht über den Kopf zu ziehen sein. Einige Schulen bestehen während der gesamten Show auf einfachen, glatten Frisuren. Zwar kann man mit Perücken oder Hüten den Stil verändern, doch ist hier Vorsicht geboten: Nichts sieht alberner aus als ein verrutschtes Haarteil. Beim Make-up sind möglicherweise Kompromisse mit anderen Studierenden nötig, es sei denn, Sie haben eigene Models oder sind ganz am Schluss der Show an der Reihe, und die Models haben Zeit, sich während des Umziehens neu zu schminken.

Wenn Sie Schuhe ausleihen oder anfertigen lassen, müssen Sie die Schuhgröße der Models kennen. Die meisten großen Models tragen überdurchschnittliche Größen. Es ist sinnvoll, eine Schuhform zu wählen, die angepasst werden kann oder bei der

Die Garderobiere genießt einen Moment der Ruhe vor der Modenschau.

Die Presse kommt früh. Die Show wird für die Ausstellung auf Video aufgenommen.

Eine Studierende begutachtet besorgt ihre Outfits, bevor sie auf den Laufsteg gehen.

schlechter Sitz nicht auffällt: z.B. Slingpumps, Stiefel oder geschnürte Halbschuhe (Oxfordschuhe). Setzen Sie sich weit im Voraus mit Lieferanten in Verbindung, damit die Schuhe rechtzeitig geliefert werden und eine Anprobe das bequeme Laufen bei der Show sicherstellen kann. Bekleben Sie die Sohlen der Schuhe mit Abdeckband, damit sie nicht zerkratzt werden und Sie sie zurückgeben können. Schlichte Schuhe, wie Sandaletten, sind billig, modisch, leicht und unaufdringlich.

Falls Sie die Musik für Ihre Kollektion selbst auswählen dürfen, ist Ihnen ein exakter Zeitrahmen vorgegeben, den sie einhalten müssen. Beginnen Sie mindestens einen Monat vor der Show mit der Musikauswahl und versuchen Sie, zur Musik zu »laufen«. Eintönige, laute oder atonale, avantgardistische Musik kann leicht irritieren.

Spezialeffekte können Ihre Designs zwar betonen, sind sie aber schlecht gemacht, haben sie eventuell katastrophale Auswirkungen. Trockeneis kann z.B. beim Publikum Husten und Augenirritationen verursachen oder die Kleidung verdecken. Ihre Pläne können auch an Gesundheits- und Sicherheitsvorschriften scheitern. Informieren Sie sich also, bevor Sie teure Ausrüstung mieten. Wasserduschen, Glitzerstaub, das Streuen von Blumen u.Ä. sollten am besten erst im Finale eingesetzt werden, da die Models sonst während der Show über »Reste« laufen müssen. Sammeln Sie nach der Show schnell sämtliches Zubehör ein, da es hinter der Bühne oft chaotisch zugeht und kleine Teile beschädigt werden oder verloren gehen können.

»Es ist alles sehr schnell vorbei. Man studiert drei oder vier Jahre, und dann ist alles in drei oder vier Minuten vorbei ...« Studierender im Abschlussjahr

Diese Seite Die Aufstellung auf dem Laufsteg ermöglicht dem Publikum, alle Silhouetten und Farben zusammen zu sehen.

Nächste Seite Die Show endet mit einem echten »Hingucker«.

VII: Abschlusskollektion – und danach

Studentische Ausstellungen

Ein allgemein üblicher Teil der akademischen Ausbildung im Textil- und Modebereich ist eine kleine Ausstellung von Abschlussprojekt und **Mappe**, die in die Bewertung Ihrer Arbeit eingeht. Über die Jahre haben sich diese Veranstaltungen äußerst reizvoll entwickelt. Zunächst für Eltern und geladene Experten gedacht, sind sie dann auch öffentlich zugänglich, teilweise gegen eine Gebühr. Standards für Darstellung und Präsentation sind sehr hoch, weshalb früh mit der Planung begonnen werden muss.

Oft bleibt nur ein Tag, um den Ausstellungsstand vorzubereiten. Alle besonderen Einrichtungsgegenstände, die Beleuchtung und die Regale müssen zuvor mit den Dozenten bzw. Assistenten abgeklärt werden. Fotografien, Grafiken und komplizierte Diashows oder Videopräsentationen sollten schon Wochen im Voraus organisiert werden. Wenn Sie Ihre Kleidungsstücke ausstellen, müssen Sie Kleiderbügel oder Puppen finden, die dazu passen. Kleidungsstücke gehen seltener verloren und sehen professioneller aus, wenn sie mit Namensschildern und Labelanhängern ausgestattet sind. Die Grafiken auf diesen Anhängern und auf Ihren Visitenkarten sollten identisch sein, damit sich Interessierte leichter an Ihre Arbeit erinnern. Textilmuster können mit denselben Informationen versehen und in einer Weise ausgestellt werden, die zum näheren Ansehen einlädt. Normalerweise gib es ein Regal oder einen Ständer für Ihre Mappe.

Versuchen Sie, Ihre Persönlichkeit zu vermitteln, aber vermeiden Sie es, Ihren Stand zu überladen – je kleiner der Raum, desto schlichter sollte er eingerichtet sein. Skizzenbücher und technische Arbeiten sollten für die **Beurteilung** ordentlich gestapelt ausgelegt werden. Normalerweise wird erwartet, dass der Designer während der Ausstellung anwesend ist, um am Stand für Sicherheit und Ordnung zu sorgen, Fragen zu beantworten und für die eigene Arbeit und die anderer zu werben. Gehen Sie nach der Ausstellung allen Anfragen nach, die an Sie gerichtet wurden, überarbeiten Sie gegebenenfalls Ihre Mappe und starten Sie die Jobsuche.

Schaukästen für Studienabsolventen

Ausstellungen von Absolventen des Modedesign sind eine hervorragende Gelegenheit, um Kontakte zu knüpfen, Feedback zur eigenen Arbeit zu sammeln sowie die Arbeiten anderer zu begutachten und von ihnen zu lernen. Zu den Besuchern zählen Presse- und Fernsehleute, Modetalentsucher und Designer. Dies ist nicht der Zeitpunkt, sich zu entspannen. Sie müssen vor Ort und in bester Form sein, wenn Sie unter den Hunderten von hoffnungsvollen Talenten eine Chance haben wollen.

Vorangehende Seite Studierende, die hinter der Bühne geholfen haben, sehen die Wirkung ihrer Kollektion auf dem Laufsteg erst nach der Show auf Video.

Oben Einige Schulen stellen nur die besten studentischen Arbeiten aus.

Unten TV und Presse interviewen Studierende, deren Arbeiten ihnen aufgefallen sind.

Nächste Seite Einige Ausbildungsstätten reservieren große Ausstellungsräume, so dass alle Studierenden ihre Entwürfe zeigen können.

Übernächste Seite Eine Accessoire-Kollektion ist gut sichtbar auf Augenhöhe ausgestellt

Mappe

Es ist unbedingt erforderlich, von Anfang an eine professionelle Demonstrationsmappe zu haben, in der Sie Entwürfe und Bildmaterial in flacher, ordentlicher Form transportieren können. Wenn Sie es sich leisten können, kaufen Sie zwei Mappen – eine, die Sie täglich bei sich haben, und eine für Vorstellungsgespräche. Eine DIN-A1-Mappe (84,1 x 59,4 cm; 33 x 23 1/2 in.) ist nur dann sinnvoll, wenn Sie ausgezeichnetes großflächiges Material haben. Ansonsten lässt sich eine DIN-A2-Mappe (59,4 x 42 cm; 23 1/2 x 16 1/2 in.) oder eine DIN-A3-Mappe (42 x 29,7 cm, 16 1/2 x 11 3/4 in.) besser transportieren. Vermeiden Sie bei einer Präsentation sperrige Arbeiten oder Skizzenbücher. Auch wenn diese interessant sein mögen, machen sie keinen professionellen Eindruck. Fertigen Sie Kopien von besonders gut gelungenen Seiten an und legen Sie sie der Mappe bei.

Klemmringe am Mappenrücken halten Klarsichthüllen, was das Umsortieren der Mappe erleichtert. Schätzen Sie, wie viele Seiten Sie brauchen. Zu volle oder zu leere Mappen können unprofessionell wirken. Die Arbeiten sollten zunächst sortiert und in die richtige Reihenfolge gebracht werden, bevor man sie in die Plastikhüllen schiebt. Achtung: Den Stücken auf den rechten Seiten wird häufig mehr Beachtung geschenkt.

An einigen Ausbildungsstätten wird erwartet, dass die Arbeiten für eine effektivere Beurteilung chronologisch geordnet werden. Die beste visuelle Wirkung erzielt man jedoch, wenn man die Projektarbeiten in die Kategorien »Beste«, »Zweitbeste« und »Vielleicht« sortiert. Arrangieren Sie Ihre Werke, indem Sie mit der auffälligsten Arbeit beginnen, dann gute Arbeiten und gegen Ende weniger gute folgen lassen. Den Abschluss sollte wiederum ein sehr aussagekräftiges Stück bilden. Eine einheitliche Seitenausrichtung erspart es dem Betrachter, ständig den Kopf oder die gesamte Mappe drehen zu müssen. Überladen Sie die Seiten nicht; Sie selbst sind mit den Arbeiten vertraut, andere sehen Ihre Mappe hingegen zum ersten Mal und können leicht verwirrt werden. Jeder Abschnitt sollte den gesamten Prozess der Recherche, der Entwurfsentwicklung und der Auftragserfüllung zeigen.

Entscheiden Sie sich für ein einheitliches Layout und einen durchgängigen Stil. Das Buch sollte sich als Arbeit einer einzigen Person darstellen und Ihre Stärken zeigen. Die Hüllen haben häufig einen schwarzen Hintergrund aus Papier, der Ihre Arbeit hervorheben kann. Verändern Sie diesen Hintergrund nicht zu oft. Neutrale Farben eignen sich am besten, zu viel Schwarz kann aber depressiv wirken. Verwenden Sie das Papier in den Hüllen als Vorlage für den Zuschnitt anderen Papiers.

Sind die Arbeiten von einem Rand umrahmt, so wirkt dies übersichtlicher. Kleben Sie Ihre Werke lediglich an den Ecken fest und fixieren Sie sie nur leicht, da Sie die Stücke eventuell umarrangieren möchten. Nicht alles sieht in transparenten Hüllen gut aus; das Polyäthylen kann lebhafte Farben abstumpfen. Bei interessanten Stoffen ist es besser, wenn sie der Betrachter in die Hand nehmen kann.

Jedes Projekt sollte eindeutig definiert sein. Überschriften verweisen darauf, worum es bei jedem Abschnitt geht. Schreiben Sie die Überschriften auf ein separates Stück Papier, nicht direkt auf die Arbeit. Um der Peinlichkeit zu entgehen, beim Vorstellungsgespräch auf eine falsche Schreibung hingewiesen zu werden, sollten Sie alles sorgfältig überprüfen. Handschrift kann entspannt wirken, am Computer geschriebene Texte sehen aber professioneller aus. Halten Sie Texte und Überschriften kurz, schreiben Sie aber genug, um Ihre Intention darzustellen, falls Sie die Mappe bei jemandem abgeben. Datieren Sie die Arbeiten nicht, da sie sonst eventuell veraltet wirken.

Collagen zu Ihren Recherchen eignen sich gut als Einführung in ein Projekt; sperrige Einzelstücke legt man aber besser in Fotokopien vor. Letztere sehen erstaunlicherweise manchmal besser aus als das Original. Manche fertigen Laserkopien ihrer gesamten Mappe an, als Archiv oder für mehr Kontinuität. Dies kann jedoch zu Zweifeln an der Echtheit Ihrer Arbeiten führen. Große Zeichnungen können ordentlicher aussehen, wenn sie verkleinert werden. Auf dieselbe Größe gebrachte Skizzen schaffen Einheitlichkeit. Die Mappe sollte in ausgewogenem Maße durchdachte Zeichnungen und einige **Rohentwürfe** bzw. fertig gestellte Illustrationen mit künstlerischem Fokus enthalten. Die Zeichnungen sollten in der Anzahl der abgebildeten Figuren, dem Maßstab und den Herstellungsmitteln variieren. Ziel ist, in der Auswahl an Arbeiten und Stilen die eigene Vielseitigkeit im Entwurf für verschiedene Saisons und **Farbpaletten** zu belegen.

Prüfen Sie die Reihenfolge, indem Sie sie mehrfach probehalber durchgehen – sie sollte zum automatischen Weiterblättern animieren. Es kann nützlich sein, ein beeindru-

Links Mappen werden für Interessierte aus der Branche ausgelegt.

Rechts oben Das Ausstellen von Strickwaren ist schwierig.

Rechts unten Ihre Kleidung wird auf Stil, Schnitt, Stoff, Verarbeitung und Farbe geprüft.

ckendes Stück zum Auseinanderfalten dabei zu haben, das man aus der Hülle der Mappe zieht und ausbreitet, wenn die Unterhaltung stockt. Zudem sollte man die Kopie einer Illustration mitnehmen, die man als Erinnerungsstütze samt Visitenkarte zurücklässt.

Es gibt auch andere Präsentationsarten. Sie können mit Hilfe eines tragbaren Diaprojektors Bilder zeigen oder eine digitale Mappe mit Lebenslauf erstellen und diese in Form einer CD-ROM einreichen. Die Sammlung sollte nicht alle Ihre besten Arbeiten, jedoch ein besonders bemerkenswertes und viel sagendes Stück beinhalten.

Bewerben Sie sich für eine bestimmte Stelle, sollte Ihre Mappe entsprechend abgestimmt sein. Finden Sie etwas über das Unternehmen, sein Produktangebot der vergangenen Saisons und seine Marketingziele heraus. Stellen Sie sich vor, wer Ihre Mappe begutachten wird, und überarbeiten Sie sie entsprechend.

Erste Arbeitsstelle

Zum Glamour der Arbeit in der Modebranche gibt es jede Menge unrealistischer Vorstellungen. Die Abschlussmodenschau verursacht hohe Adrenalinspiegel und viele Hoffnungen. Dennoch sollten Sie sich auf Enttäuschungen vorbereiten. Sehr wenige Glückspilze erhalten auf der Abschlussausstellung ein viel versprechendes Jobangebot. Wer eine Anstellung findet, muss oft ganz unten anfangen, hart arbeiten und zunächst langsame Fortschritte machen, bevor das Ziel erreicht ist. Die kritische Überlegung, wo man arbeiten möchte und warum man eine Karriere in der Modebranche anstrebt, hilft bei der Planung der beruflichen Laufbahn. Oft bringt ein weniger gut bezahlter Job bei angesehenen Firmen mit Weiterbildung und einem breiteren Spektrum an Möglichkeiten mehr, als ein eng definierter, gut bezahlter Kurzzeitjob. In Stellen für Berufsanfänger mag sich der Wunsch zu entwerfen nicht erfüllen, doch können wichtige Grundkenntnisse und Verantwortlichkeiten erlernt werden, die sich gut im Lebenslauf machen.

Praktikum

Für Absolventen kann die Konfrontation mit der Arbeitswelt entmutigend sein. In Deutschland gibt der *Verband Deutscher Mode- und Textil-Designer e.V.* Hilfestellung

Diese Seite Der Presseraum bei der *Graduate Fashion Week*

Nächste Seite Bei einem Besuch der Stände auf der *Graduate Fashion Week* sehen Sie, was die Hochschulen zu bieten haben.

bei Existenzgründung, Jobvermittlung, Rechtsberatung u. Ä. Der Schlüssel liegt hier in der Vorbereitung. Knüpfen Sie schon früh Kontakte, sammeln Sie Arbeitserfahrungen oder machen Sie ein Praktikum. Zumindest sollten Sie sich ein Kurzpraktikum bei einem für Sie interessanten Unternehmen suchen. Einige Ausbildungsstätten räumen ein Praxissemester ein, in dem Arbeitserfahrungen in der Wirtschaft gesammelt werden sollen. Dies ist eine gute Gelegenheit, um die verschiedenen beruflichen Laufbahnen und Funktionen kennen zu lernen und vor Ort zu beurteilen.

Obwohl die Arbeit oft schlecht bzw. gar nicht bezahlt wird, erweisen sich Praktika als wertvolle Investition. Meist arbeitet man als Hilfskraft in einem **Atelier.** Zu den Aufgaben kann alles zählen, von der Anfertigung von **Nesselmodellen** über das Annähen von Labels und Knöpfen bis hin zu Telefondienst und Kaffeekochen. Es ist unwahrscheinlich, dass Sie im Praktikum entwerfen oder zu einer Kollektion beitragen, aber wenn Sie sich interessiert zeigen, werden Ihnen komplexere Aufgaben und Verantwortungen übertragen, bei denen Sie Ihre Kompetenz beweisen können.

Persönlichkeit und Selbstdarstellung des Praktikanten werden genau geprüft. Ordentlichkeit, das Einhalten von Zeitplänen, harte Arbeit und gute Umgangsformen sind hoch geschätzt. Man kann Kontakte knüpfen und Freunde gewinnen, die den Grundstein für ein zukünftiges Netzwerk bilden, als Referenzquelle dienen oder finanziell und materiell Unterstützung bieten. Viele werden aufgefordert, nach dem Abschluss zur Firma zurückzukehren, diesmal aber in der lohnenderen Funktion des Designassistenten.

»Ich hatte eine wunderbare Zeit während meines Praktikums. Anfangs war ich sehr nervös und traute mich nicht, mit den Designern zu sprechen, aber alle waren so freundlich, dass ich mich schnell eingewöhnte. Das Beste war, bei den Kollektionen zu helfen, zu sehen, wie alles zusammengetragen wurde und zu wissen, an welchen Teilen ich mitgearbeitet hatte. Nun kenne ich mich auch in Paris aus. Ich fühle mich richtig zugehörig.« Studierender im dritten Jahr

Ausbildungsstätten fordern oft eine schriftliche Beurteilung von Struktur und Produktangebot des Unternehmens sowie Ihrer Aufgaben während des Praktikums. Daher soll-

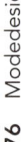

Wenn Sie Ihre Kollektion rechtzeitig fertig stellen, können Sie Ihre Präsentation durch eine Fotoserie aufwerten.

ten Sie ein Arbeitstagebuch führen und Ihre Kollegen um Informationen und Material für Ihren Bericht bitten. Ihr Arbeitgeber wird möglicherweise ebenfalls gebeten, ein Formular auszufüllen oder mündlich über Ihr Verhalten am Arbeitsplatz zu berichten.

Karrieren in der Mode

Das kreative Design lebt von Netzwerken und Kontakten. Viele Spitzenpositionen werden nie öffentlich ausgeschrieben. Einige ausgewählte Agenturen mögen vielleicht davon erfahren, aber meist besetzt man diese begehrten Stellen über Empfehlungen, teils von Dozenten, über freiberufliche Kontakte oder durch Abwerben von der Konkurrenz. Im Kreativbereich reduziert man zunehmend Festanstellungen in zentralen Positionen zugunsten von Werkverträgen für Mitarbeiter mit den aktuell gefragten Fähigkeiten und Entwurfsstilen. Die Modebranche ist für den Mangel an festen Stellen berüchtigt. Die Maxime »Du bist nur so gut wie deine letzte Kollektion« spukt in allen Designerköpfen.

Es bieten sich aber viele berufliche Möglichkeiten neben dem Designbereich, die ein breites Spektrum an Kreativität, Begabung und Wissen erfordern: technisch, statistisch und logistisch, stark gesellschaftlich oder auf die Presse- und Öffentlichkeitsarbeit ausgerichtet. Es ist ein vielschichtiger Bereich mit vollen und halben Stellen sowie jeder Menge freiberuflicher Arbeit und Beratungstätigkeiten. Nicht alle beruflichen Ebenen und Variationen können hier aufgezählt werden. Im Folgenden zeigt jedoch ein kleiner Leitfaden beispielhaft, welche Beschäftigungsbereiche Sie ins Auge fassen könnten.

Herstellung

Herstellungsfirmen in der Modebranche (s. Kapitel II) brauchen modeorientierte Mitarbeiter mit entsprechender Ausbildung, um die Produktion zu steuern, ihre Waren zu vermarkten und als Verbindung zwischen Produktion und Kunden zu fungieren. Modedesigner mit technischen Fachkenntnissen zu Stoffdruck, Weben und Stricken sind in der Herstellung gut aufgehoben. Modefirmen und Hersteller von Fasern und Strickwaren beschäftigen häufig Modedesigner und **Stylisten** für die Organisation und Koordinierung ihrer Kollektionen sowie die Veranstaltung von Ausstellungen und Fachmessen für die Vermarktung der Waren. Modehersteller, die Kleidung für Geschäfte mit **Eigenmarken** und für **Ladenketten** produzieren, benötigen ebenfalls gut ausgebildetes und stilsicheres Verkaufspersonal, das oft mehr verdient als Einkäufer oder Designer. Viele Designer finden ihre erste Anstellung in der Herstellung: als Assistent beim **Musterschnitt**, Produktionsassistent oder Musternäher. Diese Positionen stellen einen gut bezahlten, überaus lehrreichen und befriedigenden Einstieg in die Modebranche dar.

Einkauf und Einzelhandel

Beim Modeeinkäufer kann es sich um den Besitzer oder Angestellten einer einzelnen **Boutique** oder das Mitglied eines großen Geschäftsteams handeln. Aufgrund der Unterkategorien im Angebot von Geschäften und Ladenketten sind Einkäufer auf Bereiche oder Marktsektoren spezialisiert, z. B. Abendgarderobe oder Strickwaren für Damen. Es gibt zwei Hauptarten des Einkaufs: zentralisierter und abteilungsorientierter Einkauf.

Der zentralisierte Einkauf ermöglicht Ladenketten die Verschiebung der Lagerbestände von Geschäft zu Geschäft. Beim Einkauf großer Mengen können zudem Preisnachlässe ausgehandelt werden. Der abteilungsorientierte Einkauf ist eher regional ausgerichtet. Einkäufer unterstehen gewöhnlich der Leitung der Modeabteilung, die die allgemeine Einkaufsstrategie vorgibt, dem Einkäufer jedoch gewisse Entscheidun-

Presse und Stars kommen mit Hilfe des PR-Agenten zusammen. Hier posiert Plum Sykes von der britischen *Vogue* mit der Schauspielerin Minnie Driver.

gen zum Inhalt der Bestellungen überlässt. Für den professionellen Einkauf muss man sich meist vom einfachen Verkaufsassistenten hocharbeiten oder eine Ausbildung im Modebereich mit zusätzlichen Marketingkenntnissen besitzen und als Assistenzeinkäufer einsteigen. Bevor man die gut bezahlte Spitze erreicht, sind Erfahrungen im Ladenverkauf eine Grundvoraussetzung, da der gekonnte Drahtseilakt zwischen einem kreativen Instinkt für Kundenwünsche und guten kommerziellen Praktiken erlernt sein will.

Der Einkäufer muss auf dem Laufenden darüber sein, was sich verkauft und was in Zeitschriften erscheint. Zudem muss er die Kundennachfrage sechs Monate im Voraus kalkulieren. Viele Designer bemühen sich tatkräftig um die Aufmerksamkeit von Einkäufern, indem sie diese zu Partys einladen und ihnen bevorzugte Sitzplätze bei Modenschauen reservieren. Der Einkäufer kann dem Designer dezent Verbesserungsvorschläge zu Kollektionen bzw. der Vermarktung seiner Arbeit machen. Einkäufer unternehmen jährlich zwischen zwei und zwölf Geschäftsreisen. Auch verbringen sie viel Zeit damit, Kollektionen in Ausstellungsräumen zu begutachten und sich mit Verkäufern zu treffen. Ein Einkäufer muss eine gewisse Reife und Professionalität ausstrahlen. Eine kreative Vision, gutes Zahlengefühl und Diplomatie im Umgang mit Mitarbeitern, dem Management und Designern sind ebenfalls wünschenswerte Eigenschaften.

Merchandising

Dieser vage Begriff wird manchmal für den Einkauf und die Zusammenstellung von Warenbeständen verwendet. Genauer betrachtet beschreibt er jedoch den Bereich der finanziellen Vereinbarungen, die hinter der Aufgabe des **Einkäufers** stehen. Ein Merchandiser genehmigt Preissenkungen und -nachlässe bei Mehrfachbestellungen oder verschiebt Waren an andere Filialen. Er ist Experte für die Geschäftspräsentation oder den Warenvertrieb und arbeitet eng mit dem **Einkauf** zusammen. Da die Berufsbezeichnung oft auch für Verkaufspersonal verwendet wird, das für die Warenauslage im Geschäft zuständig ist, sollte man sich bei einer Bewerbung genau über das Tätigkeitsfeld informieren. Merchandiser benötigen Organisationstalent und gutes Zahlengefühl.

Public Relations

Modeunternehmen beauftragen oft PR-Agenturen mit der Öffentlichkeitsarbeit für ihre Designs. PR-Agenturen bringen Kollektionen ins öffentliche Bewusstsein und stellen Kontakte zu Zeitungen, Zeitschriften, Fernsehen und Radiosendern her. Die richtige Zusammenstellung des Publikums einer Modenschau – Moderedakteure, Einkäufer und Stars – kann darüber entscheiden, ob die Veranstaltung Schlagzeilen macht oder floppt.

Für den Public-Relations-Bereich sind gutes Allgemeinwissen und journalistische Begabung nötig. Sie müssen sich gut ausdrücken können, Presseberichte aus dem Ärmel schütteln oder Designer im Umgang mit der Öffentlichkeit beraten. Persönlichkeit ist wichtig. PR-Agenten müssen gut mit Menschen umgehen können – sich ungezwungen auf dem gesellschaftlichen Parkett bewegen und ein Talent für die Vermittlung zwischen Konfliktparteien haben. Fundierte Kenntnisse der Sitzordnung bei Modenschauen, stets mit den richtigen Leuten auf den richtigen Partys zu plaudern sowie kommunikativ und offen zu sein, sind die wichtigsten Voraussetzungen. Gute Kontakte und gute Kleidung helfen natürlich ebenfalls. Abendveranstaltungen machen einen erheblichen Teil der Arbeit aus und oft verlangt der Job viele Geschäftsreisen.

Modejournalismus

Die Medien im Modebereich sind für Designer die effektivste Form der Werbung. Entsprechend große Macht haben Modejournalisten. Autoren wie Colin McDowell von der britischen *Sunday Times*, Suzy Menkes von der *International Herald Tribune* und Anna Wintour, Chefredakteurin der amerikanischen *Vogue*, zählen zu den höchstgeachteten Persönlichkeiten in der Branche. Modejournalisten besuchen Modenschauen und Ausstellungen, analysieren Trends und Neuigkeiten und kommentieren sie für die Öffentlichkeit. In der Hoffnung auf gute Kritiken werden sie von Modefirmen umworben, sei es in Form von Geschenken oder mit den besten Plätzen bei den Schauen.

Aufgabe der Journalisten ist es, die Entwürfe und breiten Veränderungen in der Mode zu interpretieren, und dies nicht nur mit ihrem geübten Auge, sondern für die Leserschaft und die Anzeigenkunden, die ihre Zeitschrift unterstützen. Unter konstantem Termindruck müssen sie stets heiße Storys und neue Sichtweisen zu Shows liefern, die Hunderte anderer Journalisten ebenfalls besucht haben. In der Phase zwischen den Modenschauen nehmen sie auch an Redaktionssitzungen teil, um Geschichten und Ideen beizutragen, die das Interesse der Öffentlichkeit wachhalten.

Der Modejournalismus hat sich in den letzten Jahren um das Schreiben von Drehbüchern für und die Präsentation von Fernsehsendungen im Zeitschriftenformat erweitert. Kenntnisse in Desktop-Publishing (DTP) und Textverarbeitung gehören zum Handwerkszeug des Modejournalisten.

Modestylisten

Modestylisten wählen die richtigen **Accessoires** aus, schlagen Make-up und Frisur vor und arbeiten eng mit dem Designer oder Modezeitschriften und -fotografen zusammen. Sie sind »Dolmetscher« der Mode, indem sie die verschiedenen Looks für Modeaufnahmen zusammenstellen – entweder als Interpretation der redaktionellen Vorgaben oder nach eigener Vorstellung. Manche überrascht es, dass die besten Stylisten nicht mehr ganz jung sind. Doch Geschmack und Stilgefühl sind zeitlose Sprachen, und der Stylist kann, ebenso wie der erfahrene Modedesigner, aus einem riesigen Wissensschatz von Bekleidungsideen schöpfen, die »funktionieren«. Effizienz und Erfahrung sind in einer Branche mit großem Termindruck wertvolle Eigenschaften, die mit der Zeit wachsen.

Stylisten haben oft eine kreative Beziehung zu einem bestimmten Redakteur oder Fotografen, durch die ein enges persönliches Verhältnis und ein bestimmter Look entstehen. Andere helfen Designern dabei, den Look für eine Modenschau herauszuarbeiten. Amanda Grieve war über viele Jahre Stylistin für John Galliano und Katy England arbeitet für Alexander McQueen. Zeitschriften beschäftigen häufig einen eigenen Stylisten, um ihrer Publikation eine gewisse Kontinuität zu verleihen. Stylisten können großen Einfluss auf unsere Kleidung und unser Verhalten haben, üben jedoch einen der am wenigsten »sichtbaren« Berufe der Modemedien aus. Der Job erfordert meist eine lange, schlecht bezahlte Lehrzeit bei Zeitschriften und Katalogen oder als Assistent für einen Fotografen.

Modefotografie

Die Modefotografie ist ein Spezialbereich der Zeitschriften- und Grafikindustrie. Für Ausnahmetalente kann dies zur lukrativen künstlerischen Betätigung werden. Tempo und Druck sind hoch in diesem Job. Die Arbeit wird von Veröffentlichungsvorgaben und Abgabeterminen bestimmt. Die meisten Fotografen arbeiten freiberuflich und selbstständig. Oft haben sie Agenten, die Anfragen entgegennehmen und potenziellen Kunden ihre Arbeiten präsentieren. Es entstehen hohe anfängliche Aufwendungen für Ausrüstung, Atelier und Reisen, die sich erst viel später rentieren können. Meist werden Fotografen von einer Zeitschrift beauftragt und besprechen mit dem Redakteur,

Oben Modejournalisten beschreiten einen schmalen Grat zwischen der Unterhaltung ihres Publikums und dem Verspotten oder Bejubeln von Designern. Isabella Blow, Moderedakteurin der *Sunday Times* und Muse, und Colin McDowell, Journalist und Autor.

Unten Die Modefotografie ist ein Beruf mit viel Konkurrenz und Zeitdruck.

was erwartet wird. Erst wenn sie bereits sehr bekannt sind, können sie aus eigener Initiative Aufnahmen für einen Leitartikel machen und diese anbieten.

Modefotografie ist anstrengend und manchmal ziemlich einsam. Man verbringt viel Zeit mit Entwicklung und Abzug in der Dunkelkammer. Es gibt aber auch viele Gelegenheiten, auf Kosten des Auftraggebers mit den Reichen und Schönen an exotische Orte zu reisen. Fotografen arbeiten oft mit einem kleinen Team aus Assistenten, Stylisten und Maskenbildnern, die gemeinsam an einem Look feilen. Laufsteg-Fotografen sind auf Modenschauenberichte spezialisiert. Sie kämpfen hart um ihre Stellung in der Hierarchie, um die richtigen Aufnahmen liefern zu können. Die Arbeit für Kataloge und Zeitungen besteht in Einzelaufträgen. Gute Modefotografen verfügen über technische Kamerakenntnisse, ein kreatives Auge, ein Verständnis für Lichtverhältnisse und Mode sowie die Fähigkeit, mit einem fast ständig erhöhten Adrenalinspiegel zu leben.

Branchenprognosen und -berichte

Verschiedene Unternehmen oder Verbände bieten der Modeindustrie Branchenprognosen und -berichte (s. S. 94). Trends, die sich in der Branche niederschlagen könnten, gehen in objektive Berichte für die nächsten 18 Monate bis zwei Jahre ein, die an Großunternehmen verkauft werden. Die größeren Beratungsunternehmen beschäftigen ein Team von internen Designern für die Illustration aktueller Modetrends, die Detailanalyse und die Skizzierung von Variationen eines Themas. Der Arbeitsstandard und die Qualität der Informationen sind sehr hoch, die Kosten für die Berichterstellung erheblich. Der Kunde erwartet große Vielseitigkeit und aktuelle Informationen.

Die Kundenbetreuer einer Prognosefirma arbeiten eng mit ihren Kundengruppen zusammen und reisen zu Fachmessen und Modezentren. Sie geben Bildmaterial in Auftrag, fertigen Berichte und statistische Analysen an. Wer gerne reist und sich auf dem gesellschaftlichen Parkett wohl fühlt, kann seine Karriere als Trendscout beginnen.

Lebenslauf

Egal, für welchen beruflichen Weg – mit einem gelungenen Lebenslauf (CV) und einer guten **Mappe** sind Sie im Vorteil. Tausende von Studienabsolventen drängen gleichzeitig auf den Arbeitsmarkt – man muss sich also von der Masse abheben. Der Lebenslauf fasst in maximal zwei Seiten Ausbildungsschritte, Fähigkeiten und Leistungen zusammen, soll das Interesse des potentiellen Arbeitgebers wecken und Ihnen ein Vorstellungsgespräch sichern. Legen Sie einen kurzen Begleitbrief bei, der die Gründe für Ihre Bewerbung erläutert. Nachfolgend einige Richtlinien, die bei der Erstellung eines Lebenslaufs zu berücksichtigen sind:

Erstellen Sie den Lebenslauf am Computer. So ist er schnell veränderbar und sieht gut aus. Halten Sie ihn klar, präzise und gut lesbar (keine außergewöhnliche Schrifttype). Nennen Sie nur den Namen, unter dem Sie auch tatsächlich bekannt sind.
Angaben zu Ausbildung und Arbeitserfahrung führen in umgekehrter chronologischer Reihenfolge nur relevante Qualifikationen und Benotungen auf.

Nennen Sie alle Auszeichnungen, Preise und Ausstellungen. Machen Sie keine falschen Angaben zu Qualifikationen und Erfahrungen; man wird Sie entlarven.
Führen Sie weitere Fähigkeiten wie Sprachen oder Computerkenntnisse an und geben Sie an, ob Sie einen Führerschein besitzen.

Nennen Sie keine Namen oder Telefonnummern von Referenzpersonen. Sie können am Fuß der Seite den Vermerk »Referenzen werden auf Anfrage nachgereicht« anfügen.

Lassen Sie persönliche Angaben wie Familienstand, Gesundheit, Religion, Nationalität und allgemeine Freizeitaktivitäten weg; nur in Deutschland ist ein Foto üblich.

Nennen Sie sämtliche verantwortungsvollen Positionen, in denen Sie tätig waren. Keine Angaben zur Gehaltshöhe in früheren Anstellungen und Gehaltsvorstellungen!

Lassen Sie den Lebenslauf auf Tippfehler und andere Mängel prüfen. Stellen Sie immer sicher, dass Sie sich an den richtigen Ansprechpartner im Unternehmen wenden.

Stimmen Sie Lebenslauf und Mappe immer auf den Job ab, für den Sie sich bewerben.

Wenn möglich, legen Sie ein Empfehlungsschreiben oder eine Referenz von einem Dozenten oder ehemaligen Arbeitgeber bei.

Eine einzelne Seite mit Zeichnungen oder eine Visitenkarte im Postkartenstil kann Interesse wecken, solange sie der Position angemessen ist.

Lassen Sie Ihrem Lebenslauf etwa nach zwei Woche einen Anruf folgen: Finden Sie heraus, ob Sie in der engeren Wahl sind und einen Vorstellungstermin bekommen.

Vorstellungsgespräch: Dos und Don'ts

Informieren Sie sich über das Unternehmen, bei dem Sie sich bewerben. Sie sollten eine ungefähre Vorstellung von Geschichte, Produktpalette und Zielmarkt haben.

Finden Sie heraus, wo Sie sich einfinden sollen und seien Sie rechtzeitig da, damit Sie nicht außer Atem und unkonzentriert ankommen. Wahrscheinlich sind Sie nervös, also sollten Sie Ihre Gedanken ordnen: Überdenken Sie noch einmal die wichtigsten Punkte, die Sie darlegen möchten sowie die Fragen zu Unternehmen oder Job.

Kleidung hinterlässt einen Eindruck. Übertreiben Sie nicht: Eigenkreationen sind angemessen, vorausgesetzt, sie sind nicht fehl am Platz. Rauchen, Kaugummi und unpassende Witze sind tabu. Haltung und Körpersprache vermitteln Ihr Selbstbewusstsein.

Seien Sie ehrlich was Ihre Fähigkeiten betrifft und verdeutlichen Sie Ihre Stärken anhand von Beispielen aus Ihrer Mappe. Einige Unternehmen bieten Schulungen in Spezialbereichen an, also geben Sie nicht vor, etwas zu können, wenn es nicht stimmt.

Ein freundliches, flexibles und bestimmtes Auftreten kann Wunder wirken. Jedoch ist der Grad zwischen Selbstsicherheit und Arroganz sehr schmal. Sehen Sie jeden Job als Chance, etwas dazuzulernen und neue Fähigkeiten und Talente zu entwickeln. Lächeln Sie und schauen Sie Ihrem Gegenüber in die Augen.

Stellen Sie Fragen über Aspekte des Jobs, die Sie nicht verstehen oder die nicht erwähnt wurden, z. B. Arbeitszeiten und die Anzahl von Personen, denen Sie unterstellt sind. Fragen Sie, wie sich der Job zukünftig entwickeln könnte. Es ist nicht ratsam, auf die Besprechung der Gehaltsfrage zu drängen. Warten Sie auf den richtigen Moment. Nehmen Sie die Stelle jedoch nicht an, ohne über die Finanzen gesprochen zu haben.

Erscheinen Sie weder zu gelassen noch zu übereifrig. Das Unternehmen will in erster Linie hören, dass Sie an dieser einen Stelle interessiert sind.

Hinterlassen Sie Ihre Mappe nicht für eine Begutachtung durch andere. Vereinbaren Sie lieber einen weiteren Gesprächstermin. Nicht alle Firmen sind hier zuverlässig.

Lassen Sie sich nicht entmutigen, wenn es das erste Mal nicht klappt. Die Fähigkeit, sich selbst zu motivieren und an die eigenen Fähigkeiten zu glauben, wird sich früher oder später auszahlen.

Nur wenige talentierte und engagierte Designer schaffen es zum Modeschöpfer mit eigenem Label. Matthew Williamson verneigt sich hier mit Helena Christensen.

Unabhängig davon, ob Ihr Abschluss mit einem Feuerwerk aus Shows, Ausstellungen und Feierlichkeiten begleitet wird oder Sie Ihr Zeugnis per Post erhalten – es wird ein Moment sein, der Sie mit großem Stolz erfüllt. Die Anerkennung eines Reifeprozesses, der mehrere Jahre harter Arbeit bedeutet hat, der Ihnen aber auch wertvolle kreative und praktische Fähigkeiten sowie Freundschaften und viel Spaß geschenkt hat, zeigt an, dass Sie nun bereit sind, die ersten Sprossen einer Karriereleiter zu erklimmen, die fesselnd, lohnend und stets veränderlich sein wird. Viel Glück!

Glossar

Accessoires Beiwerk zur Komplettierung der Bekleidung, z. B. Schuhe, Kopfbedeckungen

Atelier Ein Modeatelier. Pariser Ateliers werden auch als »Flou« (Damenschneiderei) oder »Tailleur« (Maßanfertigung von Anzügen und Mänteln) bezeichnet.

Aufstellung Voransicht von Nesselmodellen bzw. fertigen Kleidungsstücken an Modellen, um die Balance der Kollektion zu prüfen und die Reihenfolge der Präsentation festzulegen

Auszeichnung Etikettiersystem, mit dem Kleidung ausgezeichnet wird

Avantgarde Eine Mode oder ein Konzept, die bzw. das ihrer/seiner Zeit voraus ist

Beurteilung Formale Bewertung und Benotung von Entwurfsarbeiten

Boutique Begriff aus dem Französischen für unabhängige, meist kleine Geschäfte mit eigenem Warenbestand und individueller Atmosphäre

Brainstorming In einer offenen Diskussion gesammelte spontane Einfälle, um neue Ideen, Konzepte und Lösungen zu entwickeln

Bridge fashion Amerikanischer Ausdruck für Kleidung, die zwischen Designermode und Mode der gehobenen Klasse einzuordnen ist. Auch als »Zweitlinie« bezeichnet

CAD (Computer Aided Design) Computerunterstütztes Design

CAM (Computer Aided Manufacturing) Computerunterstützte Herstellung

Coordinates (Kombinationsmode) Mehrere Kleidungsstücke, die in Farbe und/oder Stil aufeinander abgestimmt sind

Couturier Französische Bezeichnung für »Modeschöpfer«

Croquis Skizze des Modedesigners, die ein Kleidungsstück oder ein Dessin für das Bedrucken eines Stoffs illustriert

Dekonstruktion Ein von japanischen und belgischen Modeschöpfern begründeter Designstil, bei dem Kleidung unfertig wirkt oder Fertigungsdetails offen gezeigt werden

Demografie Marketingbegriff für statistische Erhebungen zur Beschreibung der Bevölkerung anhand von Alter, Geschlecht, Einkommensgruppen, Lebensstil und Wohnort

Drapieren Das Modellieren von Stoffen am Körper oder an einer Schneiderpuppe

EAN-Strichcode (Europäische Artikel-Nummerierung; auch »Bar Code«) 13-stelliger Strichcode, der die Standardkodierung auf Preisschildern bezeichnet. Dieser ermöglicht die elektronische Datenerfassung bei der Bestandsermittlung oder an der Kasse.

E-Commerce Handel und Verkauf via Internet

Eigenmarke Vgl. »Private Label«

Einfuhrquoten (Importkontingente) Der internationale Handel von Stoffen und fertigen Kleidungsstücken wird von Regierungen durch ein Quotensystem begrenzt, um eine Überschwemmung der Märkte durch Billigwaren zu verhindern.

Einkäufer Die Person, die für Planung, Einkauf und Verkauf von Waren zuständig ist

Einkauf Unternehmensinterne Abteilung, die für den Einkauf eines bestimmten Geschäfts zuständig ist, oder ein unabhängiges Unternehmen, das den Einkauf für Ladenketten und Boutiquen, v. a. von ausländischen Lieferanten, organisiert

Einzelhandel Der Verkauf von Waren an Einzelverbraucher in einem Geschäft

EPOS (Electronic point of sale) Elektronisches Kassensystem, das an ein Computernetzwerk angeschlossen ist; häufig mit Strichcode-Scanner. Vgl. »EAN-Strichcode«

Erstmuster Vgl. »Probemuster«

E-zines Internet-Magazinformate und Nachrichtenforen

Fabrikationsnachweis Herstellungseinzelheiten und Angaben zu Materialzusammensetzung für ein Kleidungsstück

Fad Sehr kurzlebige Modeerscheinung

Farbpalette Das Farbspektrum oder die Farbskala einer Kollektion.

Firmenzeichen Logo eines Unternehmens, das am Geschäftseingang bzw. auf Werbematerial zu sehen ist

Franchising Absatzsystem im Einzelhandel, bei dem ein Unternehmen, der Franchisegeber, seine Produkte durch einen Einzelhändler, den Franchisenehmer, in Lizenz verkaufen lässt

Geometrics Mit geometrischen Formen, wie Linien, Punkten oder Rechtecken, bedruckte Stoffe

Gewinnaufschlag Differenz zwischen Einkaufs- und Verkaufspreis einschließlich Steuern

Gradierung Größenanpassung eines Schnittmusters

Großhandel Großhändler erwerben Waren vom Hersteller und verkaufen diese ohne Weiterverarbeitung an Einzelhändler, Verarbeiter sowie andere Großabnehmer weiter. Meist geschieht dies in großen Mengen und daher zu günstigeren Konditionen.

Grunge Eigenständiger Designstil bzw. Zusammenstellung von Kleidung, die absichtlich minderwertig, schlecht sitzend oder schlecht kombiniert wirken soll

Handschrift Individueller Entwurfsstil eines Modedesigners, der sich in der Zeichenart oder Entwurfsmerkmalen manifestiert

Haute Couture, Französische Schneiderkunst höchster Qualität. Modeschöpfer oder Unternehmen dürfen diese Bezeichnung nur dann für sich in Anspruch nehmen, wenn sie die strengen Kriterien der *Chambre Syndicale de la Fédération Française de la Couture* erfüllen.

Imitat (auch »Line-for-Line-Copy«) Exakte Kopie eines Stils, manchmal lizenziert, häufiger jedoch illegal

Industrial placement (auch »Internship«) Praktikum

JIT (Just-in-Time-Produktion) Zeitlich stark an der Nachfrage orientierte Herstellungsart

Kettfaden Die Kettfäden bilden den Längsstrich eines Gewebes.

Klassisch Der Begriff bezeichnet einen Stil, der immer gefragt ist und bei dem nur sehr wenige Details verändert werden.

Kollektion Gruppe von Mustermodellen, die verwandte Eigenschaften aufweisen und/oder für eine bestimmte Saison gedacht sind.

Kolloquium Besprechung der Fortschritte eines Studierenden mit dem Dozenten

Kostenaufstellung Exakte Aufstellung von Zeitaufwand sowie Material- und Verarbeitungskosten für die Herstellung eines Kleidungsstücks

Lab-dips Farbtests an Stoffproben oder Garnstücken

Label Etikett, das ausweist, von welchem Modeschöpfer oder Hersteller ein Produkt stammt und Angaben zu Herkunft, Faserzusammensetzung und Pflege macht. Manchmal auch als Synonym für »Logo« verwendet.

Ladenketten Gruppe von Geschäften mit einheitlicher Betriebs- und Marketingstruktur, die denselben Eigentümer haben. Das unverkennbare Produktsortiment wird unter einem Logo verkauft.

Layoutblock Skizzenbuch mit dünnen Papierseiten, durch die kopiert werden kann

Licht-/Farbechtheit (auch »Light fastness« bzw. »Colour fastness«) Grad der Farbbeständigkeit gegenüber Licht und bei wiederholtem Waschen

Linie Stile, die in Thema und Detail verwandt sind. In den USA synonym für den in Europa verwendeten Begriff für »Kollektion« benutzt

Lizenzierung Vertragliche Autorisierung eines Herstellers, gegen die Zahlung einer Lizenzgebühr, einen Namen, ein Logo oder einen Produkttypen zu verwenden/vertreiben

Lockartikel Artikel, der mit unterdurchschnittlichem Gewinnaufschlag verkauft wird, um das Käuferinteresse für andere Designs zu wecken; auch »Highlights« genannt.

Logo Markenname oder Symbol, über den/das ein Produkt oder ein Modeschöpfer unverwechselbar zu identifizieren ist

Mappe Große, tragbare Mappe für Bildmaterial, Ausrisse etc., die einen Gesamteindruck des Stils und der Fähigkeiten eines (angehenden) Modedesigners vermitteln soll

Marke Name oder Warenzeichen, das der Identifizierung eines Produkts dient und etwas über Qualität und Wert aussagt

Mischkonzern Übergeordnetes Finanzunternehmen, das eine Reihe von Firmen besitzt, deren Produkte oder Zielmärkte nicht verwandt sein müssen

Modezyklus Wiederkehrender Kalender, nach dem ein Unternehmen seine Kollektionen plant, entwirft, herstellt und vermarktet. Auch »Saisons« genannt

Musteranfertigung Vgl. »Schnittmusterkonstruktion«

Musterschnitt Vgl. »Schnittmusterkonstruktion«

Nessel(modell) Ungebleichter, roher Baumwollstoff, auch Muster- oder Probestück; in Frankreich »Toile« genannt

Off-schedule Modenschauen, die nicht auf der offiziellen Veranstaltungsliste der Organisatoren stehen, finden »off-schedule« statt.

Over-dyeing/cross-dyeing (Überfärbung) Manche Stoffe benötigen mehr als eine Farbanwendung, um die verschiedenen Fasertypen zu färben, dem Material Farbintensität zu verleihen oder bestimmte Farbeffekte zu erzielen.

Passe Stoffstück, das zur Unterstützung weit geschnittener oder geraffter Partien, z.B. an Hemdschultern oder an der Hüftlinie eines Rocks verwendet wird

Plagiat Kopie des Stils eines Modeschöpfers. Die entsprechenden Kleidungsstücke werden aus minderwertigen Materialien hergestellt und zu niedrigerem Preis verkauft.

Preisschwellen Verschiedene Preisklassen, die etwas über Qualität und Marktebene aussagen, z.B. Budget, Modeschöpfer, Luxus

Première Vision Auch kurz als »P. V.« bezeichnet. Frz. für »erster Blick«. Name einer der bedeutendsten Stofffachmessen, die zweimal im Jahr in Paris stattfindet

Prêt-à-porter Frz. für »Fertig-zum-Tragen«. Bezeichnung für Designer-Separates gehobener Qualität. Zudem der Name einer bedeutenden Modemesse in Paris

Private Label Hersteller nutzen häufig überschüssige Produktionskapazitäten für die Produktion von Kleidung für Geschäfte und andere Unternehmen, die diese mit ihren eigenen Labels versehen.

Probemuster Testversion eines Kleidungsstücks (auch als »Toile« oder »Nesselmodell« bezeichnet), das aus Baumwolle bzw. aus dem Originalmaterial angefertigt wird

Produktnutzenvorteil (engl. »USP« für »Unique Selling Proposition«) Mindestens ein entscheidender Punkt, der ein Produkt positiv von Konkurrenzprodukten unterscheidet

Projektkritik Besprechung und Bewertung einer Arbeit, häufig in Form einer Gruppendiskussion am Ende eines Projekts oder Auftrags

Proportion Prinzip des Modedesigns. Beziehung zwischen und Ausgewogenheit der verschiedenen Aspekte eines Entwurfs

Quellensammlung Bilder aus Zeitschriften, Zeitungen, Ausstellungsprogrammen usw., die als erste Inspiration oder zur Verdeutlichung eines Konzepts verwendet werden

Ready-to-wear (Konfektionsware) Auch bekannt als Kleidung »von der Stange«

Restposten Überhänge, Abverkauf

Rohentwurf Erste Zeichnungen für Entwürfe, die normalerweise schnell mit Bleistift angefertigt werden und keine unwichtigen Details enthalten

Rohgewebe (engl. auch »Grey goods«) Stoffe in ihrem ursprünglichen, unbearbeiteten Zustand, z.B. ungebleichter Kattun

Salon (auch »Showroom«) Raum, in dem Vertreter potentiellen Einkäufern eine Kollektion oder andere Waren vorführen

Schmelzbare Stoffe Hitzeempfindliche Stoffe, die durch Erhitzen mit anderen Materialien verbunden werden (auch zur Stabilisierung)

Schnittlagenplan Vorlage für den Zuschnitt eines Musters aus Stoff, um sicherzustellen, dass möglichst wenig Materialverlust entsteht.

Schnittmuster Ein Satz individueller oder standardisierter Musterschablonen, aus denen der Entwurf entwickelt werden kann. Auch »Musterschnitte« genannt

Schnittmusterkonstruktion Das Zeichnen eines flachen Schnittmusters anhand von Maßen oder Formschablonen

Schrägschnitt (auch »Bias Cut«) Beim Schrägschnitt wird der Stoff nicht parallel zum Fadenlauf, sondern quer zugeschnitten.

Schussfaden Die Schussfäden verlaufen in einem Winkel von 90° zum Kettfaden von Webkante zu Webkante. Sie bilden den Querstrich eines Stoffs.

Separates Kombinierbare Einzelteile, die auch getrennt voneinander getragen werden können.

Short run Ein kleiner Produktionsauftrag; auch als »Zwischenkollektion« bezeichnet

Silhouette Die Gesamtform eines Kleidungsstücks oder einer Kollektion, die auf wesentliche geometrische oder alphanummerische Beschreibungen reduziert wird, z.B. kastenförmig, A-Linie

Sourcing Die Recherche von Material, Besätzen und Produktionsmöglichkeiten zu den besten Preis- und Lieferkonditionen

Staffierarbeiten Begriff, der sowohl Verschönerungsdetails/Besätze eines Kleidungsstücks als auch den Vorgang des Versäuberns loser Fäden bezeichnet

Stapel Länge der Einzelfaser, wie Wolle oder Kaschmir, die zum Garn versponnen wird.

Stimmungscollage (auch »Mood board«) Eine Pinnwand, auf der das Gesamtkonzept und die Richtung einer Entwurfskollektion dargestellt wird

Stoffmuster Eine kurze Stoffpartie, die für die Erstellung eines Probemusters verwendet wird

Strich Gerade Faserausrichtung eines Stoffs

Stylist Allgemein jeder in der Mode schöpferisch/kreativ Tätige. Im engeren Sinne Experte, der Modeartikel für Fotoaufnahmen oder Präsentationen vorbereitet und arrangiert

Technische Zeichnung Eine technische Entwurfszeichnung mit Maßangaben und Herstellungsdetails wie Stichart und Staffierarbeiten

Themengruppen Designthemen, die Assoziationen zu Stoffen, Farben oder Stilen enthalten, die für eine Kollektion verwendet werden.

Themenkarte (auch »Themenbrett« oder »Storyboard«) Dient der Darstellung des Konzepts für eine Kollektion. Stilrichtungen und Kombinationsstücke werden detailliert aufgegliedert.

Toile Französischer Begriff für »Nesselmodell«. Beschreibt in der Praxis ein Muster- oder Probestück.

Trendbücher Prognoseberichte für die Modebranche

Übergangszeit Phase zwischen den Saisons, auch unsichere Wetterlage. In dieser Zeit überschneiden sich verschiedene Kollektionen, um einerseits der Nachfrage zu entsprechen und andererseits dem Bedarf an neuen Waren nachzukommen.

Unter Preis verkaufen Verkauf von Waren zu einem Preis, der niedriger als der ursprüngliche Großhandelspreis ist

UPC (Universal Product Code) Amerikanische Entsprechung der Europäischen Artikel-Nummerierung. Vgl. »EAN-Strichcode«

Veredelungsbetrieb (auch »Konverter«) Unternehmen, die Rohgewebe kaufen und diese durch Bleichen, Färben und Drucken bis hin zum fertig ausgerüsteten Stoff veredeln

Verschnitt Reste des Zuschnitts, Abfallstoff, Materialverlust

Versiegeltes Abschlussmuster Das Modell, das als Standard für die Anfertigung aller weiteren Stücke festgelegt wird

Vertriebsfirma (auch »Jobber«) Firmen oder Agenturen, die Stoffe von Webereien oder Herstellern kaufen, um sie an Unternehmen weiterzuverkaufen, die keine großen Mengen benötigen bzw. Mindestabnahmemengen nicht erfüllen können

Virtueller Laufsteg Computerunterstützte Visualisierung einer Modenschau mit digital kreierten Figuren und Kleidungsstücken

Visuelles Tagebuch Skizzenbuch, das den Verlauf eines Projekts dokumentiert und so die Entwicklung von Ideen aufzeigt

Warengriff Bezeichnung für die haptischen Eigenschaften eines Stoffs

Warenzeichen Ein Logo oder eine Marke, das/die durch Eintragung oder Copyright geschützt ist

Webkante Ränder von Webstoffen, die parallel zum Kettfaden verlaufen. Aus Stabilitätsgründen meist mit höherer Fadenanzahl oder stärkeren Fäden gewebt

Zeitgeist In der Mode steht der Begriff dafür, dass Kleidung die Ära, in der sie kreiert wurde, reflektiert.

Zubehör Besätze oder Kurzwaren, die zu einem Stil gehören, z.B. Knöpfe oder Spitze

Zweitlinien Eine Bekleidungslinie, die eine zweitrangige oder preisgünstigere und vereinfachte Version einer Designerkollektion darstellt

Zwischenfutter Ein Stoff, der als Verstärkung oder Wattierung zwischen den Oberstoff und das Futter eingefügt wird

Zwischenkollektion Kleine Kollektionssegmente von verwandten Designs, die eine bestimmte Funktion oder Aussage gemeinsam haben

Literatur

Kapitel I
Barthes, Roland, *Die Sprache der Mode*, Frankfurt/M., Suhrkamp, 1985
Becker, Susanne & Stefanie Schütte, *Magisch angezogen. Mode. Medien. Markenwelten*, München, Beck, 1999
Boehn, Max von, *Die Mode, Eine Kulturgeschichte vom Mittelalter bis zum Jugendstil*, 2 Bde., München, Stiebner, 1996
Koda, Herold, *Extreme Beauty: The Body Transformed*, New York, The Metropolitan Museum of Art, 2001
Loschek, Ingrid, *Mode – Verführung und Notwendigkeit*, München, Bruckmann, 1991
Loschek, Ingrid, *Fashion of the Century. Chronik der Mode von 1900 bis heute*, München, Battenberg, 2001
Polhemus, Ted, *Street Style. From Sidewalk to Catwalk*, New York, 1994
Reuter, Christiane, *Berufe mit Zukunft. Einstieg – Praxis – Perspektiven*, Frankfurt/M., Eichborn, 1998

Kapitel II
Agins, Teri, *The End of Fashion*, New York, William Morrow and Co., 1999
Albaum, Michael, *Das Kundenbuch. Menschen und ihr Einkaufsverhalten bei Bekleidung*, Frankfurt/M., Dt. Fachverlag, 1997
Borrelli, Laird, *www.mode. Design, Vermarktung und Kommunikation im Internet*, München, Stiebner, 2002
Fuchslocher, Hermann (Hg.), *Euro – Fashion – Marketing, Teil 1: Westeuropa*, Düsseldorf, 1992
Hermanns, Arnold, Wissmeier, Kilian & Josef Krebs, *Internet und Mode-Marketing*, Frankfurt/M., Dt. Fachverlag, 1997
McDowell, Colin, *The Designer Scam*, London, Random House, 1994

Kapitel III
Abling, Bina, *Fashion Rendering with Color*, New York, Prentice Hall, 2001
Allen, Anne & Julian Seaman, *Fashion Drawing: The Basic Principles*, London, Batsford, 1996
Borelli, Laird, *Illustrationen der Mode*, München, Stiebner, 2000
Boyes, Janet, *Essential Fashion Design: Illustration Theme Boards, Body Coverings, Projects, Portfolios*, London, Batsford, 1997
Eberle, Hannelore, Salo, Tuula & Hannes Döllel, *Mode – Zeichnen & Entwerfen*, Haan, Europa Lehrmittel, 2001
Seaman, Julian, *Professional Fashion Illustration*, London, Batsford, 1995
Stipelman, Steven, *Illustrating Fashion: Concept to Creation*, New York, Fairchild, 1996

Kapitel IV
Black, Sandy, *Mode gestrickt*, München, Stiebner, 2002
Braddock, S.E. & M. O'Mahony, *Techno Textiles: Revolutionary Fabrics for Fashion & Design*, London, Thames & Hudson, 1998
Colchester, Chlöe, *The New Textiles: Trends and Traditions*, London, Thames & Hudson, 1991
Dalby, Gill, *Natural Dyes – Fast or Fugitive*, Ashill Publications, 1992
Garfield, S., *Mauve*, London, Faber & Faber, 2000
Handley, Susannah, *Nylon: The Manmade Fashion Revolution*, London, Bloomsbury, 1999
Itten, Johannes, *The Elements of Colour*, New York, Van Nostrand Reinhold, 1982
Lösch, Josef, *Fachwörterbuch Textil. Lexikon für die gesamte Textilindustrie*, Frankfurt/M., 1975
Newton, Deborah, *Designing Knitwear*, Newtown, CT, Taunton Press, 1992
Nixdorff, Heide & Heidi Müller, *Weiße Westen, Rote Roben*, Museum für Völkerkunde und Museum für Deutsche Volkskunde, Berlin, 1983
O'Mahony, M. & S.E. Braddock, *SportLook – Mode im Sport, Sport in der Mode. Material, Design, Trends*, München, Stiebner, 2002
Pastoureau, Michel, *Des Teufels Tuch. Eine Kulturgeschichte der Streifen und der gestreiften Stoffe*, Frankfurt/M., Campus (u.a.), 1995
Schoeser, Mary, *International Textile Design*, London, Laurence King, 1995
Schubert, Joachim, *Fachwörterbuch Textil. Deutsch/Englisch – English/German*, Frankfurt/M., Dt. Fachverlag, 6. Aufl., 1994
Seiler-Baldinger, Annemarie, *Systematik der textilen Techniken*, Basler Beiträge zur Ethnologie, Bd. 32, Basel, Wepf, 1991
Stockton, James, *The Designers Guide to Color*, Melbourne, Angus & Robertson, 1984
Storey, Joyce, *Manual of Dyes and Fabrics*, London, Thames & Hudson, 1992
Storey, Joyce, *Manual of Textile Printing*, London, Thames & Hudson, 1977
Thomas, Katharina (Hg.), *Filz. Kunst, Kunsthandwerk und Design*, Arnoldsche Verlagsbuchhandlung, 2000
Wells, Kate, *Fabric Dyeing & Printing*, London, Conran Octopus, 1997

Kapitel V
Brinkmann-Stieler, Annegret, *DOB-Gradierung. Schnitt-Know-how für Industrie und Handwerk*, München, Rundschau Verlag, 2001
Eberle, Hannelore, Hermling, Hermann & Marianne Hornberger, *Fachwissen Bekleidung*, Haan, Europa Lehrmittel, 2001
Historische Schnitte DOB, Lindau, Rundschau Verlag, 2001
Historische Schnitte – HaKa, Lindau, Rundschau Verlag, 2001
HAKA Schnittkonstruktionen, Lindau, Rundschau Verlag, 2001
Kraft, Kerstin, »kleider. schnitte«, In: Mentges, Gabriele & Heide Nixdorff, *Textil – Körper – Mode, Band 1: zeit.schnitte. Kulturelle Konstruktionen von Kleidung und Mode*, Dortmunder Reihe zu kulturanthropologischen Studien des Textilen, edition ebersbach, 2001
Krolopp, Luise & Margarete Stiegler, *Schnitttechnik für Röcke und Hosen*, Lindau, Rundschau Verlag, 23. Aufl.
Krolopp, Luise & Margarete Stiegler, *Schnitttechnik für Jacken und Mäntel*, Lindau, Rundschau Verlag
Loschek, Ingrid, *Reclams Mode- und Kostümlexikon*, Stuttgart, Reclam, 2. Aufl., 1999
Stiegler, Margarete, *Schnitttechnik für Kleider und Blusen*, 21. Aufl.

Kapitel VII
Boyes, Janet, *Essential Fashion Design: Illustration Theme Boards, Body Coverings, Projects, Portfolios*, London, Batsford, 1997
Loschek, Ingrid, *Accessoires, Symbolik und Geschichte*, München, Bruckmann, 1993
Tain, Linda, *Portfolio Presentation for Fashion Designers*, New York, Fairchild Publications, 1998

Adressen

INTERNATIONAL

BELGIEN Koninklijke Academie voor schone Kunsten Mutsaerstraat 31, 2000 Antwerpen, Tel. +32/3/23 24 161

FRANKREICH Esmod (Ecole Superieure de la Mode) 16 Boulevard de Montmartre, 75009 Paris
Institut Français de la Mode 33 Rue Jean Goujon, 75008 Paris
ISEM – Institut Supérieur Européen de la Mode 12 Rue de Clery, 75002 Paris

GROSSBRITANNIEN British Fashion Council (BFC) 5 Portland Place, London W1N 3AA, Tel. +44/20/76 36 77 88
Central Saint Martin's School of Fashion and Textiles 107-109 Charing Cross Road, London WC2H 0DU, Tel. +44/171/51 47 022
The Royal College of Art Kensington Gore, London SW7 2EU

ITALIEN Accademia di Costume e Moda Villa della Rondilla 2, 00186 Rom
NABA – Nuova Accademia di Belle Arti Via Paolo Bassi 3, 20159 Mailand, Tel. +39/02/66 84 413

ÖSTERREICH Fachverband der Bekleidungsindustrie Schwarzenbergplatz 4, 1037 Wien, Tel. + 43/1/71 21 29 60
Fachverband der Textilindustrie Rudolfsplatz 12, 1013 Wien, Tel. + 43/1/53 33 726
Universität für angewandte Kunst in Wien Oskar-Kokoschka-Platz 2, 1010 Wien, Tel. +43/1/71 13 30

SCHWEIZ SWISSFASHION, Gesamtverband der Schweizerischen Bekleidungsindustrie Gotthardstr. 61, 8027 Zürich, Tel. + 41/1/20 20 651
Textilverband Schweiz (TSV) Beethovenstr. 20, 8022 Zürich, Tel. + 41/1/20 15 755
Schule für Gestaltung Abtlg. Modedesign, Vogelsangstr. 15, 4021 Basel, Tel. +41/06/16 95 61 11
Schule für Gestaltung Mode- und Textilgestaltung, Rössligasse 12, 6000 Luzern, Tel. +41/4/12 28 54 64

USA Council for American Fashion 1710 Broadway, 5th Floor, New York, NY 10019, Tel. +1/212/26 57 000, Fax: +1/212/48 96 062
FIT Fashion Institute of Technology Seventh Avenue at 27th Street, New York NY 10001-5992, Tel. +1/212/21 77 642
New York Fashion Council 153 East 87th Street, New York, NY 10128, Tel: +1/212/28 90 420, Fax: +1/212/28 95 917
Pantone Color Institute 590 Commerce Boulevard, Carlstadt, NJ 07072, Tel: +1/201/93 55 500, Fax: +1/201/93 53 338
Parsons School of Design 66 Fifth Avenue, New York NY 10011, Tel. +1/212/22 98 910

DEUTSCHLAND

AACHEN Fachhochschule Aachen Fachbereich Design Boxgraben 100, 52064 Aachen, Tel. 0241/60 09 15 10, Fax 60 09 15 32

BERLIN Berufsfachschule für Foto-, Grafik- und Modedesign der Stiftung Lette-Verein Viktoria-Luise-Platz 6, 10777 Berlin, Tel. 030/21 99 41 31, Fax 21 99 42 41
ESMOD (Ecole Superieure de la Mode) Schlesische Str. 29/30, 10997 Berlin, Tel. 030/61 12 214, Fax 61 12 187
Freie Kunstschule Berlin e.V. Lottumstr. 9/10 10119 Berlin, Tel. 030/449 00 57, Fax 44 90 084
HdK Hochschule der Künste Berlin Straße des 17. Juni 118, 10623 Berlin, Tel. 030/31 85 20 51
Kunsthochschule Berlin-Weißensee Hochschule für Gestaltung Bühringstr. 20, 13086 Berlin, Tel. 030/47 70 50, Fax 47 70 52 90
VDMD/DDV Verband deutscher Mode- und Textildesigner, Ravensbergerstr. 14, 10709 Berlin, Tel. 030/89 54 06 65, Fax 89 54 06 68

BIELEFELD Fachhochschule Bielefeld Fachbereich Gestaltung, Lampingstr. 3, 33615 Bielefeld, Tel. 0521/10 62 485, Fax 10 62 444

BÖNNIGHEIM Forschungsinstitut Hohenstein, Bekleidungsphysiologisches Institut Hohenstein e.V., Schloss Hohenstein, 74357 Bönnigheim, Tel. 07143/27 10, Fax 27 151

BREMEN Hochschule für Künste Bremen Am Wandrahm 23, 28195 Bremen, Tel. 0421/30 19 100, Fax 30 19 109

DARMSTADT Fachhochschule Darmstadt, Fachbereich Gestaltung Olbrichweg 10, 64287 Darmstadt, Tel. 06151/16 83 31, Fax 16 89 40

DORTMUND Institut für Textilgestaltung/Kulturgeschichte der Textilien Emil-Figge-Str. 50, 44221 Dortmund, Tel. 0231/75 52 974, Fax 75 54 506

DRESDEN Hochschule für Bildende Künste Güntzstr. 34, 01307 Dresden, Tel. 0351/44 020, Fax 45 90 025

DÜSSELDORF Fachhochschule Düsseldorf Fachbereich Design, Georg-Glock-Str. 15, 40474 Düsseldorf, Tel. 0211/43 51 200, Fax 43 51 203
Modeschule Düsseldorf Heidelberger Str. 42, 40229 Düsseldorf, Tel. 0211//21 18 13, Fax 22 01 091

ESCHBORN Gesamttextil-Gesamtverband der Textilindustrie der Bundesrepublik Deutschland Frankfurter Str. 10–14, 65760 Eschborn, Tel. 06196/96 60

FRANKFURT/M. Fachschule für Bekleidungstechnik Peter-Bied-Str. 55, 65929 Frankfurt/M., Tel. 069/21 24 56 69, Fax 31 59 11
Staatliche Hochschule für bildende Künste – Städelschule Dürerstr. 10, 60596 Frankfurt/M., Tel. 069/60 50 080, Fax 60 50 08 66

HALLE Burg Giebichenstein – Hochschule für Kunst und Design PF 20 02 52, 06003 Halle, Tel. 0345/77 510, Fax 77 51 569

HAMBURG Anna-Siemsen-Schule Fachschule für Gestaltung – Gewandmeister Zeughausmarkt 32, 20459 Hamburg, Tel. 040/42 84 32 191, Fax 42 84 32 985
Fachhochschule Hamburg, Fachbereich Gestaltung, Technik/Textil u. Bekleidung Armgartstr. 24, 22087 Hamburg, Tel. 040/42 86 34 127, Fax 42 86 33 217
Hochschule für bildende Künste Hamburg Lerchenfeld 2, 22081 Hamburg, Tel. 040/42 83 23 255, Fax 42 83 22 279

HANNOVER Institut für Textil- und Bekleidungstechnik und ihre Didaktik an der Universität Hannover Wunstorfer Str. 14, 30453 Hannover, Tel. 0511/76 25 594, Fax 76 24 035

KARLSRUHE Staatliche Hochschule für Gestaltung Karlsruhe Durmersheimerstr. 55, 76185 Karlsruhe, Tel. 0721/95 410, Fax 95 41 206

KÖLN Bundesverband Bekleidungsindustrie e.V. (BBI) Mevissenstr. 15, PF 10 09 55, 50668 Köln, Tel. 0221/77 44 115

KREFELD Fachhochschule Niederrhein I Studienrichtung Textil-Design, Frankenring 10, 47798 Krefeld, Tel. 02151/82 22 01, Fax 82 25 55

METZINGEN Fachschule für Bekleidung (Meisterschule)/Gewerbliche Schule Metzingen Max-Eyth-Str. 5, 72555 Metzingen, Tel. 07123/96 550, Fax 96 55 19

MÖNCHENGLADBACH Fachhochschule Niederrhein II Fachbereich Textil- und Bekleidungstechnik, Webschulstr. 3, 41065 Mönchengladbach, Tel. 02161/18 67 01, Fax 18 67 01
Fachschule für Technik, Fachrichtung Bekleidungstechnik am Maria-Lenssen-Berufskolleg Werner-Gilles-Str. 20/32, 41236 Mönchengladbach, Tel. 02166/62 87 70, Fax 62 87 799

MÜNCHBERG Fachhochschule Hof Abt. Münchberg, Kulmbacher Str. 76, 95213 Münchberg, Tel. 09251/99 320, Fax 99 32 70

MÜNCHEN AMD Akademie Mode Design Müller & Sohn Ohmstr. 15, 80802 München, Tel. 089/38 66 780, Fax 38 66 78 78
Deutsche Meisterschule für Mode, Fachschule für Schnitt und Entwurf und Berufsschule für Mode- und Kommunikationsdesign Roßmarkt 15, 80331 München, Tel. 089/23 32 24 23, Fax 23 32 60 07
ESMOD (Ecole Superieure de la Mode) Fraunhoferstr. 23, 80469 München, Tel. 089/20 14 525, Fax 20 22 591

MÜNSTER Fachhochschule Münster Fachbereich Design, Sentmaringer Weg 53, 48151 Münster, Tel. 0251/83 65 301, Fax 83 64 091

NAGOLD Lehranstalt des Deutschen Textileinzelhandels – LDT Vogelfangweg 23, 72202 Nagold, Tel. 07452/84 090, Fax 84 09 40

NAILA Staatliche Fach- und Berufsfachschule für Bekleidung Naila Stengelstr. 25, 95119 Naila, Tel. 09282/465, Fax 33 94

OLDENBURG Carl von Ossletzky Universität Oldenburg FB 2/Textilwissenschaft, Ammerländer Heerstr. 114–118, 26129 Oldenburg, Tel. 0441/79 82 653, Fax 79 83 105

OSNABRÜCK Universität Osnabrück Fachgebiet Textiles Gestalten, Seminarstr. 33, 49074 Osnabrück, Tel. 0541/96 94 225, Fax 96 94 570

PADERBORN Universität – Gesamthochschule – Paderborn FB 4 Kunst, Musik, Gestaltung: Fach Textilgestaltung, Warburger Str. 100, 33098 Paderborn, Tel. 05251/60 35 70, Fax 60 35 18

PFORZHEIM Hochschule für Gestaltung, Technik und Wirtschaft Studiengang Mode, Fachhochschule, Östliche-Karl-Friedrich-Str. 24, 75175 Pforzheim, Tel. 07231/28 60 45, Fax 28 60 40

SCHWÄBISCH GMÜND Fachhochschule für Gestaltung Schwäbisch Gmünd Rektor-Klaus-Str. 100, 73525 Schwäbisch Gmünd, Tel. 07171/60 26 00, Fax 69 259

STUTTGART Staatliche Akademie der bildenden Künste Am Weissenhof 1, 70191 Stuttgart, Tel. 0711/25 750, Fax 25 75 225
Staatliche Modeschule Stuttgart – Fachschule für Entwurfsdirektricen Urbanstr. 50, 70182 Stuttgart, Tel. 0711/12 32 730, Fax 23 60 512

TRIER Fachhochschule Trier Fachbereich Modedesign, Schneidershof, 54293 Trier, Tel. 0651/81 03 291, Fax 81 03 413

Register

Fett gedruckte Zahlen verweisen auf Illustrationen

A

Abendgarderobe 18–19, 80, 98
Abnäher 113, 119, **119**, 122
Abschlussjahr 14
Abschlusskollektion 161
    siehe Modenschauen
Abschlussmuster, versiegeltes 45
Abschlusssemester
    Bewertung 158
    Projektkritik 157
Accessoires 18, 21, 23, 48, 52, 55, 162
Additivfarben 92
Adidas 139
Adobe Illustrator 74
Akkordarbeit 40
Aktzeichnen/Unterricht 64, 65, 68
A-Linie 76, **77**
Analogfarben 92, **93**
Anzüge 37, 40, 49, 80, 127
    Hosenanzug 26, **27**, 79
Aquatex 102
Armani, Giorgio 29
Asymmetrie 83, 84, **121**
Atlasgewebe 98
»Ausbeuterbetriebe« 47
Ausbildungsstätten 10–11
    Atelier und Grundausstattung 112–113, **133**
    Bewerbung 11–12
    Lehrplan 12–14
ausgestellter Rock 76
Auslandsproduktion 47
Ausrisse *siehe* Quellensammlung
Ausschnitt 113
    Ausschnittformen **85**
Ausstellungen, studentische **168**, 169, 174, 180, 182

B

Balmain, Pierre 25, 26, 36
Barthes, Roland 22
Batik 105
Baumwolle, merzerisierte 98
Bergé, Pierre 26
Berufskleidung 20
Bewerbung an Ausbildungsstätten 11–12
Bewerbungsgespräche 11, 12
    Dos und Don'ts 181–182
Bewertung und Projektkritik 157–158, 169
Bitmaps 74–75
Blechschmidt, Angelica 38
Bloomer, Amelia Jenks 17
Blow, Isabella 179
Blumenmotiv **148**
British Textile Colour Group 94
Brokat 98, 140
Brubach, Holly 24
»Bubble-up«-Effekt« 33, 35
Bügeln 131, 134

C

CAD 40, 71, 73
Calendar, Sally 157
CAM 71, 73
Campbell, Naomi 63
Cardin, Pierre 25, 28, 55
Casely-Hayford, Joe 54, 72
Casting 63
Castro, Josh 139
Céline 26
Cellophan 102
Chalayan, Hussein 150
Chambre Syndicale 24
Chanel, Coco 24, 25, 54, 106
Chloé 26
Clements, Suzanne 14, 64, 161
CMT *siehe* Cut, Make and Trim
Code 42
Collagen 173
Color Association of the United States 94
Color Marketing Group (USA) 94
Computer 73–75
    Bitmaps 74–75
    CAD/CAM 40, 71, 73
    Collage **68**, 75, **75**
    Vektoren 71, 74, 75
Coolmax 102
Copyright 54–55
CorelDRAW 74
Courrèges, André **26**
Crêpe-Chiffon 98
Curriculum Vitae *siehe* Lebenslauf
Cut-Make-and-Trim(CMT)-Werkstätten 43–46
    siehe Zwischenmeisterbetriebe

D

3-D-Bodyscanner 113
Dahl, Sophie 63
Damast 98
Damenmode 11, 47, 114
Dampfbügelautomat 134
Dampfbügeleisen 134
Davidson, Caroline 54
Demeulemeester, Ann 125
Demografie und Marktforschung 48
Design
    Designelemente 76–77, **78–79**
    Designprinzipien 76, 80–81, **82–83**, 107
Designerlabels 20
Dior, Christian 25, 26
    »New Look« 25, 76
Diplomarbeit 161
Diplomkollektion *siehe* Abschlusskollektion
Diskont-Läden 52
Doc Martens **21**
Drapers Record 38
Drapieren an der Schneiderpuppe 118, **122**, 123, **124**, 124–125, **125**
Drapieren 118, 122
Drillich 98
Durchhänger 131

E

EAN-Strichcode 42
Eickhoff 48
Einkäufer 177, 178
Einkaufszentren 52
Einlagen 102
Einzelhändler 46, **49**, 50–52
    Stoff 110
Electronic Point of Sale (EPOS) 42, 49
Empirelinie 76
England, Katy 179
Entwurfsmuster 45
EPOS *siehe* Electronic Point of Sale
erogene Zonen **18**
ethnische Models **62**, 63
ethnische Stoffe und Stile 22, 140
Etiketten
    Faserinhalt 96
    Pflegehinweise 96
etikettieren 45
Eugénie, Kaiserin 24
Expofil, Paris 110

F

Fächerwahl (Ausbildung) 10–11
Fachmessen 30, 104
Fachpublikationen 38, **102**
Factory-Outlet 52
Fadenlauf 126
Fads 34
Fähigkeiten, Checkliste 8–9
Fälschung 54–55
Falten 131
Farbe(n) 77, 88–95
    Additivfarben 92
    Akzentfarben 92
    Analogfarben 91, 92, **93**
    Farbprognose 94
    Farbsysteme 92, 94
    Farbterminologie 92
    flüchtige Farben 92
    Gefühle, Farben und 88, 92
    Grundfarben 92
    kalte Farben 88, 92

Klima und Farbwahl 88
Komplementärfarben 91, 92
Kontrastfarben 81, 92
neutrale Farben 92
Pastellfarben/-töne 88, 92, 93
Primärfarben 88–89, 91
Proportion, Farbplatzierung und 81
Saison, Farbe und 88
Sekundärfarben 88, 91
substraktive Farben 88, 92
symbolische Bedeutungen 88
Tertiärfarben 89
warme Farben 92
Wertigkeit 89, 92
Farbenindustrie und Farbprognosen 94
Farbkreise 88, 90
Farblabors 94, **95**
Farbspektrum 88, 90
Fasson *siehe* Ausschnitt
FILAsia Trendforum **99**
Filialketten 51
Filzen 106
Fischgratköper 98
Fitness- und Sportbekleidung 17, **17**
Flanell 98
Fotografie, Mode- 72, 123, 179–180, **179**
Fox, Shelley 44
Franchising 52
Frankfurter Allgemeine Zeitung 38
freie Illustration 65, 68–69
Freizeitkleidung und Textur 80
French Connection 51
Frisuren 164
Frith, Paul 140
Frotteeplüsch 98
Frotteestoff 98
Frühadopter 21, 33
Funktionen der Kleidung 17–21
Futteralkleid 76

G

Gabardineköper 97
Galliano, John 26, 127, 142, 179
Gap 29, 51
Gaultier, Jean-Paul 25, 63
Gelb 88
Gernreich, Rudi 25
Gewebearten 96, **97**, 98,
Gewebefilmdruck 105
Gingham 98
Givenchy, Hubert de 25, 26
Gleichgewicht/Asymmetrie (Designprinzip) **83**, 84
Graduate Fashion Week **174**
Graduierung (Designprinzip) 76, 81, **82**
Greer, Neil 75
Grieve, Amanda 179
Großhändler 42, 43, 45, 108

Groves, Andrew 150
Grundausstattung, Atelier der Ausbildungsstätte 112–113, 134
Grundtypen, Körper und **58**
    ektomorph
    endomorph
    mesomorph
Gummi 102, **105**, 136

H

Harmonie (Designprinzip) 76, 81, **83**
Haute Couture 25–26, 28, 44
Heimarbeiter 44
Hemdkleid 76
Herrenmode **7**, 55, 70, 114
    unabhängige Geschäfte 51
Hillel, Jacob 119
Hongkong 47
Hosenanzug 26, **27**, 79

I

IdeaComo 110
Illustration *siehe* Zeichnung
Iman 63
Innenfutter **128**
Inspiration **146**, 146–147, **147**
Intarsien 99
»integriertes Stricken«, computerunterstütztes 42
International Colour Authority 94
International Herald Tribune 38
International Textiles 38
Internet 38
    Internetshopping 53–54
Interstoff, Frankfurt 110, **110**

J

Jacquard 99
Jacquardgewebe 98, **141**
Japanische Modeindustrie 42
Jeans **21**, 34, 40, 49, 127
jemenitisches Hochzeitskleid **19**
Jerseystoffe 97, 99
JIT *siehe* Just-in-Time-Produktion
Jobbers *siehe* Vertriebsfirmen
Journalismus, Mode- 35, 38, 179, **179**
Just-in-Time-Produktion (JIT) 42

K

Karan, Donna 24
Karrieren in der Mode 177–180
Kaschmir 47, 140
Kattun 98

Kaufhäuser 51
    Konzessionshändler **50, 51,** 52
Kerben 122
Kettfäden 96
Kettwirken 99
Kindermode 47
Klein, Calvin 24, 47
Kleines Schwarzes 88, 89
Klima und Farben 88
Knöpfe und Knopflöcher 43, 44, 69, 82, 84, 128
Köpergewebe 98
Kommunikation und Kleidung 22–23
Konstrast (Designprinzip) 76, 81, **83**
    und Farbe 81, 92
    Simultankontrast 92
Konzessionshändler **50, 51,** 52
Korbkleid **109**
Kord 98, 125
Körper und Grundtypen **58**
    ektomorph
    endomorph
    mesomorph
Kors, Michael 26
Kostenberechnung 54, 141
Kragenlinie 120
Kreativität 147–148, 150
Kultur, Mode und 34–35
Kunstpelz 96
Kunststoff 127

L

Lacroix, Christian 25
Lang, Helmut 29
Lanvin, Jeanne 25
Lauren, Ralph 25
Le Blon, Jacques-Christophe 88
Lebenslauf 180–181
Leder, nähen 112, 127
Lehrplan 12–14
Levi's 34, 40, 54
Lieferanten, Stoff- 108, 110
Lifestyle 48
Lingerie 18–19, 42, 99, 114
Linien (Design) 77, **79**
Logos 54
London Fashion Week 34
LVMH 26

M

MacLennan, Sandy 94
Macromedia Freehand 74
Madonna 63
Maendler 48
Märkte 52, 53, **53, 140,** 141, 143
»Magalogues« 53
Mappen 11–12, 14, 172–174, 180, 181

Markennamen 54
Marketing 47–49
Markierungen 122, 124
Marktforschung 47–48, 49
Maschenstäbchen 98
Maschenwaren 11, 96, 97, 98, 100
    ausstellen **173**
    Herstellung 42, **42**, 47, 99
    »integriertes Stricken« 42
    nähen 127
    technische Zeichnungen 72
Maschenwarenarten 99, 100, 101
Maß nehmen und Muster erstellen 113–115
Maßschneidern 44, 118, 126, 127, 128, 134
Matrixmarketing 49
Mattel **138**
McCartney, Stella 26, 63
McDowell, Colin 21, 26, 179, **179**
McQueen, Alexander 26, 64, 150, 179
Medien 34, 35, 38, 179, **179**
Menkes, Suzy 35, 179
Merchandising 178
Messen, Fach- 30, **103**, 105
    Stoffmessen 110, **110**
metallische Farben **93**
Miu Miu (Prada) 26
Miyake, Issey 64, 106
Modeillustration 65
Modekalender 29, 30
Modellieren an der Schneiderpuppe
    siehe Drapieren
Models 58, 63, 164
    »ethnische« Models 62, 63
Modenschauen 29, 30, 34
    Abschlussmodenschau 14, 161, 162, **163**, 164, **164, 165, 166, 167, 168**
    Besuch von Modenschauen 28
    Medien 35, 38, 165
Modernismus 21, 35
Monochromfarben 92
Moss, Kate **63**
Mullins, Aimée 64
Munsell Colour System 92
Musterformen 118
    und Abnäher 119
Musterschneider/-schnitt 40, 42, 43, 44, 46

N

Nähmaschinen 40, **40, 41**, 112, 113, 127
Nähte und Körperproportion **84**
Nadelabstand 99
Nesselmodell 119–122
Netzwerk 174–175, 177
neutrale Farben 92
»New Look« (Dior) 25, 76
Newton, Sir Isaac 88
Nike 54
Nuancen 89

Nuttall, Sonja 105
Nutzen (Funktionen der Kleidung) 17

O

Oberteile und Abnäher 119, **119**
optische Mischungen 92, 93
Otto *siehe* Versandhäuser
Overlocknaht **127**

P

Pailletten 81
Palmer, Gladys Perint 64
Pantone Professional Colour System 94
Pariser Modeindustrie **24**, 24–25
    Stoff- und Garnmessen 110, **110**
Pashmina 140
Paspeltaschen 128
Passform 127, **128**, 129, 130
Pastellfarben 88, 92, 93
Pelze 23
    Kunstpelz 98
physische Merkmale, Analyse 48
Pitti Imagine Filati, Florenz 110
Plagiate 54–55
Plastik 102
Plisseerock, Nessel- und Mustermodellentwicklung **132**
Polartec 102
Polhemus, Ted 35
Polyesterfaser **97**
Posamente **43**
Position markieren 122
PostScript 74
Prada: Miu Miu 26
Praktikum 13–14, 174–175
Praktikumsbericht 175, 177
Preisfestsetzung (Projekt) 141, 143
Preisschwellen 54
Preiszyklus **56**
Première Vision, Paris 110, **110**
Presse 35, 38
    siehe Medien
Pressen 130
Prêt-à-porter 25, 28
Primärfarben 88–89, **91**
Prinzess 76
Private Label 46
Produktionsauftrag 45
Produzententypen 44–47, 177
Prognosefirmen, Tätigkeit in 180
Prognosen
    Farbprognose 94
    Modeprognosen 35, 180
Projekt 137ff.
    Absichten und Zielvorstellungen 139
    Anlass und Saison 139–140
    gesponsertes Projekt 138, **139**

    individuelles Projekt 138
    Inspiration 146–147
    Material- und Stoffauswahl 140–141
    praktische Aufgaben 143
    Preisfestsetzung 141, 143
    Projektkritik 157
    Recherche 138 ff.
    Teamprojekt 138–139
    Wettbewerbsprojekt 138
    Zielmarkt 140
Proportion (Designprinzip) **83**, 84
    Farbplatzierung 81
    Positionierung von Nähten **84**
psychoanalytischer Ansatz 18–19
Psychografik 48
Public Relations 178
Punks 20

Q

Quant, Mary 25, **26**
Quelle *siehe* Versandhäuser
Quellensammlung 152–153

R

Rabanne, Paco 25
raffen 81, **82**
Ready-to-wear (Prêt-à-porter) 25, 28
Reißverschlüsse **43**, 69, **127**
Religion 48
Rhythmus (Designprinzip) 76, 80, **82**
Rippenstrick 99
Rive Gauche (Yves Saint Laurent) 26
Rootstein (Adel) Schaufensterpuppen 62
Rot 88, 89, 90, 91, 92

S

Saint Laurent, Yves 26
Saison und Farben 88
Samtgewebe 98
Satingewebe 98
Nähte 122, 127, **127**
    Französische Naht **127**
    Gestaltung/Nahtlinie 77
    Kappnaht **127**
Schafspelz, bedruckter 106
Scham (Funktionen der Kleidung) 18, **18**
Schattierungen 89, 91, 92
Schaufensterpuppen 62
Schmuck (Funktionen der Kleidung) 19, **19**
Schneiderpuppen 113
Schnittentwicklung 115, 118–119, 125
    Papierschnitt 115, 118, **118**, 125
    Schnittmuster **125**, 125–126, **126**
    Schnittmustertisch 112, **112**
    Werkzeuge 115, **115**

schräg drapieren 118, 123
Schrägbandeinfassung **127**
Schrägschnitt **44,** 77, 118
Schuhe **162,** 164, 165, 171
Schultern 120
Schulterpolster 120
Schussfäden 96
Secondhandkleidung,
    Wiederverwertung **142,** 143
Seide 106
Sekundärfarben 88
Shopberichte 50
Silhouette(n) 76–77, **78**
Simultankonstrast **90,** 92
Singer Nähmaschinen 40, **41**
Skizzenbuch 12, 123, 150, 152, **152**
Smith, Paul 29
soziale Differenzierung 20, **20,** 22
soziale Selbstaufwertung **20,** 21, 34
soziale Zugehörigkeit **20,** 20
sozioökonomische Gruppen, identifizieren 48, 49
Sozzani, Franca 38
Spitze 102, **140**
Sponsoren 138, **138, 139,** 143
Sportbekleidung **16,** 17, 42, 49
    entwerfen **118**
    Maß nehmen 114
Sproles, George 17
Staffierarbeiten 46
Staflex 102
Standardgrößen 113–114
Stapel 96
Steppnaht **127**
Stereotypen 22, **22**
Stimmungscollagen 153, **153**
Stoffbündel 46
Stoff 96 ff.
    Appreturen 105, 127
    Druck 105, **105,** 106, 122
    Faserinhalt und Gewicht 96
    gestrickt *siehe* Maschenwarenarten
    gewebt *siehe* Gewebearten
    Kollektionsaufbau 106–107
    Muster sammeln 12, 80, 94
    Stoffauswahl 105–106, **106**
    Stofflieferanten 108, 110
    Textur 77, **79,** 80
    Wiederverwertung **142,** 143
    zuschneiden 125–127, **126**
Storey, Helen 6
Strahleneffekt (Designprinzip) 76, 81, **82**
Stretchstoffe 125, 129
Strich 98, 125
Stricken *siehe* Maschenwaren
Strumpfwaren 42, 114
Stylist 179
substraktive Farben 88, 92
Süddeutsche Zeitung 38
»Suffolk puffs« **98**
Sunday Times 179

Supplex 102
Sykes, Plum **178**
Sympatex 102
synthetische Materialien 102

T

Tactel 102
Tätowierungen **19,** 22
»Tage der offenen Tür« (Ausbildungsstätten) 10
Tanguy, Howard 68
Taschen:
    bügeln 134
    Paspeltaschen 128
    Position markieren 122
technische Zeichnungen 70, 71, **71,** 72, **72**
Tencel 102
Tertiärfarben 89
Textilindustrie 96, 102, 108, 110
Textil-Mitteilungen 38
Textile View 38
TextilWirtschaft 38
Textur 77, **79,** 80
    und Kontrast 81
Themenkarten 154, 157
Thermodruck 105
thermoplastische Kunststoffe 99
Toile *siehe* Nesselmodell 119–122
Töne 89
Trends 34–35, 48
Trendscout 180
»Trickle-down«-Effekt 33, 35
T-shirts 34, 74, 99
Tüll 102
Twiggy 58

U

unabhängige Läden 50, **50,** 51
Ungaro, Emanuel 25
Universal Product Code (UPC) 42
Unterwäsche *siehe* Lingerie

V

Valentino 25
Veblen, Thorstein 35
Vektoren 71, 74, 75
Verfallsdatum 28–29
Verführung (sexuelle Attraktivität) (Funktionen
    der Kleidung) 18–19
Versandhäuser 53
Versus (Versace), Gianni 26
vertikale Nähte 77
vertikale Produzenten 44
Vertragsunternehmen 45, 46
Vertriebsfirmen 45, 108, 110
Victoria, Königin 24

Videopräsentationen 75
View Colour 36
Viewpoint 36
Vilene 102
Viloft 102
virtueller Laufsteg 75
Viskose, fibrillierte 97
Vogue 9, 35, 38, 88, 179
Vreeland, Diana 9, 88
Vuitton, Louis 26

W

Warenzeichen 54
Wattierung 102
Webkante 98, 106
Weiß 88, **89, 89**
Wek, Alek 63
Werbung 45, 47, 63
Werte und Einstellungen 48
Westwood, Vivienne 20, 63
Whipcord 98
Wiederholung (Designprinzip) 76, 80, **82**
Williams, Tim 34
Williamson, Matthew 14, 181
Wintour, Anna 35, 179
Women's Wear Daily 38
Worth, Charles Frederick 24, **24**

Y

Yamamoto, Yohji 29

Z

Zeichnung 64, **65**
    Aktzeichnen 64, 65, 68
    freie Illustration 63, **68,** 68–69, **69**
    schematische (technische) Zeichnungen
    71–73, **72**
Zeit und Zeitplanung 28–29, 42
Zeitgeist 34, 146
Zeitschriften 33, 35, 38, 63, 72
    siehe Fachpublikationen
Zielmärkte identifizieren 48
Zweitlinien 26, 29
Zwischenbetriebe 108
Zwischenfutter 128
    schmelzbare Zwischenfutter 102
Zwischenmeisterbetriebe 45, 46

Bildnachweis

Peter Anderson 21; 22
Mit freundlicher Genehmigung von Helen Baker 58
Lynette Cook 71; 72; 77; 81; 84
Nicholas Darrieulat 138 (unten)
Yvonne Deacon 59–61; 66–67; 69 (unten); 85–86; 120
Carrie Donovan 70
Mit freundlicher Genehmigung von East Central Studios 102–104; 106; 110
Mit freundlicher Genehmigung von Eastman Staples Ltd. 114 (oben); 115
David Edelstein 125 (oben); 126 (unten); 127; 128 (oben links)
Tim Griffiths 23, 64, 139 (oben); 145 (oben rechts); 160 (oben links); 178–181
Ian Hessenberg 121 alle außer oben links
Sue Jenkyn Jones 25; 40; 46 (oben links und oben rechts); 49; 50 Mit freundlicher Genehmigung von Gotham Angels; 51–53; 68 (oben); 73; 95; 99 (oben); 104–105; 112; 116–117; 118 (unten); 121 (oben links); 124 (unten rechts); 126 (oben); 131 (rechts); 134–136; 139 (unten); 140–141; 142 (unten links und unten rechts); 145 (unten rechts); 146 (links); 148; 152–153; 156; 160 (Mitte); 162 (oben links und unten links); 163–165; 168–171; 173–175
Mit freundlicher Genehmigung von Trevor Jones, Department of Textiles, UMIST 97.
Hannah Jordan 124 (links und oben rechts).
Mit freundlicher Genehmigung der Learning Resources am London Institute und der London College of Fashion Study Collection 17 (unten); 18 (Mitte); 24; 41; 46 (unten); 113; 114; 118 (oben); 122; 128–129; 133
Jieun Lee 65; 68 (unten)
Garth Lewis & Ferdy Carabott, Chromafile 90–91
Niall McInerney 1; 6–8; 10; 11; 13; 62–63 (alle außer oben); 78–79; 82–83; 89; 92–93; 99 (Mitte); 100–101; 105 (unten links und unten rechts); 107; 109; 123; 131 (links); 132 (rechts); 142 (oben links und oben rechts); 143–144; 145 (links); 146 (rechts); 147; 149; 150–151; 155; 160; 166–167; 182
Mit freundlicher Genehmigung von Nazanin Matin 176
Mit freundlicher Genehmigung von Mattel 138 (oben)
Christopher New 40 (oben); 45; 46 (oben Mitte); mit freundlicher Genehmigung von Crombie Ltd.
Ilaria Perra 74, 119
Mit freundlicher Genehmigung von Popperphoto 17 (oben); 18 (oben links und rechts); 19; 20; 26; 27
Mit freundlicher Genehmigung von Adel Rootstein Ltd. 62 (oben)
Honey Salvadori Cover
Teerabul Songvich 125 (unten); 132 (links); 153 (links)
Greg Stogdon 16
Joanna Sykes 42–44
Riccardo Tisci 152, 154
Mark Tynan, Foto mit freundlicher Genehmigung von Charlie Allen 130; 99 (unten)
Malin Vester 14
Andrew Watson 162 (rechts); 164 (unten)
Naoko Yokoyama 69 (oben)

Danksagung

Herzlichen Dank an all die Studierenden und Kollegen, die mich in Vergangenheit und Gegenwart durch Ihre kreative Arbeit, ihre Kommentare und Beiträge zum Schreiben dieses Buchs inspiriert haben. Besonderer Dank gilt Dani Salvadori am Central Saint Martins College of Art & Design für ihre Unterstützung und fachliche Beratung; Andrew Haslam und Phil Baines, die mir in verschiedenen Arbeitsstadien eine große Stütze waren und mich an ihrer Erfahrung und ihrem Fachwissen teilhaben ließen. Roger Sears, Jo Lightfoot und Robbie Mahoney, die mich in der Vorbereitung dieses Buchs ermutigten und unterstützten, sowie Christopher Wilson und den vielen hilfreichen Händen, die im Verborgenen Text und Layout strukturierten. Besondere Erwähnung gilt auch Cleia Smith, Chefredakteurin bei Laurence King, ohne deren geduldiges Zureden Sie dieses Buch nicht in Händen halten würden.

Dank auch an alle, die ich um Rat bat und die mir großzügig ihre Zeit und Erfahrung schenkten, besonders meinen Kollegen am Central Saint Martins: Dean of Fashion and Textiles Jane Rapley, Willie Walters, Howard Tanguy, Christopher New, Nathalie Gibson, Toni Tester, Caroline Evans, Malcolm Cocks, Garth Lewis, Leni Bjerg, Jacob Hillel, Shookoh Hakimi, Christine Koussetari und Steven Bateman, Archivar des London Institute am Central Saint Martins, und Katherine Baird am London College of Fashion.

An Tyrone Messiah, der seine Beziehungen spielen ließ, um meinen Computer wieder in Gang zu setzen, wenn er sich mal wieder verabschiedet hatte. Celia Barnett, die mich in die Mysterien der Bildrecherche einweihte und an Sally J.J. Callendar, die mir half, Besuche in Studios und Colleges in den USA zu koordinieren. Timothy M. Gunn, Associate Dean an der Parsons School of Design, New York, sowie dem Museum und der Gladys Marcus Library am Fashion Institute of Technology, New York.

An zahlreiche Unternehmen und Mitarbeiter der Modeindustrie, die sich in der Ausbildung engagieren; viele von ihnen gewährten mir einen Blick hinter die Kulissen, besonders: Shelley Fox, Joe Casely-Hayford, Sonja Nuttall, Suzanne Clements, Anne-Louise Roswald, Sandy MacLennan und Hilary Scarlett an den East Central Studios, Alison Lloyd, Tim Williams, Andrew Tucker; Crombie Ltd., Dawn Stubbs bei der John Smedley Ltd., Catherine Lover, Deanne Morgan Wallace und Monica Fernandes, Adel Rootstein Ltd., Eastman Staples Ltd. und dem British Fashion Council.

Den Fotografen Niall McInerney, Tim Griffiths und Andrew Watson. Den Illustratoren Yvonne Deacon, David Edelstein, Lynette Cook und Ilaria Perra.

Ich danke weiter den Modeschöpfern und allen anderen Mitwirkenden, deren Arbeit in diesem Buch erscheint: Tariq Ali, Jeremy Au Yong, Wayne Aveline, Karen Bagge, Carrie Barber, Daniel Barry, Christine Bertelsen, Alex Bircken, Peter Cash, Hussein Chalayan, Tania Chuck, Carrie Donovan, Mark Durno, Talei Fawcett, John Galliano, Dean Gardner, Connie Groh, Andrew Groves, Luc Goidadin, Sarah Heard, Jenna Highman, Henry Hilsky, Lisa Hjelm, Kimino Honma, Lutz Huelle, Nak Hyun Kim, Henrietta Jander, Anthony Keegan, Kenichi, Marie Langlois, Jieun Lee, Susanne Lieb, Jason Lim, Richard Lo, Stella McCartney, Diane Mainstone, Fumie Majekodunmi, Jason Masterson-Copley, Carlos Marcant-Filho, Danny Margolin, Nazanin Matin, Noora Niinikoski, Pod Numbenjapol, Claire O'Connor, Rebecca Owens, Charlotte Palmer, Phillipa Reiss, Clements Ribeiro, Adam Richardson, Laure Riviere, Signe Rose, Michael Sikiakis, Teerabul Songvich, Oliver Steinhaus, Riccardo Tisci, Mariama Tushimeriwe, Malin Vester, Deanne Morgan Wallace, Charlie Watkins, Tristan Webber, Arkadius Weremczuk, Matthew Williamson, Samantha Willis, Gerard Wilson, Iris Wong, Trish Worral und Naoko Yokoyama.

Und schließlich danke ich meinen teuren Freunden und meiner Familie für Ihre Toleranz. Sie wussten immer genau, wann der Zeitpunkt gekommen war, an dem man mich mit Kaffee, Schokolade und Nackenmassagen ablenken musste.

Widmung

Für Grant Rogan, Oscar Jenkyn Jones und zum Gedenken an meine Mutter Grace Elizabeth.